IGBO

Is the

Humankind Race

To Mary Theresa.

Everything about Igbo Is Beautiful

NNE NTETE

ISBN 978-1-64515-780-9 (paperback)
ISBN 978-1-64515-781-6 (digital)

Christian Faith Publishing, Inc.
832 Park Avenue
Meadville, PA 16335
www.christianfaithpublishing.com

Printed in the United States of America

DEDICATION

Late Prince Simon, Ọrjiakọ, Ọsapụrụ S.O. Papa Simon-Ebughu, the Father of the author, Princess Akụefete, Igbochidonkechinyeregị, Imemụrụọha, Kechipetronilla, Martina, Nne, Tete, Simon-Ebughu. Papa thaught the author about Chineke or Chukwu Okike Abịama or Elohim, or Yahweh the Lord Almighty God and Ndị Igbo/the Igbo people.

Late Princess Royal Magdalene, Ezibụakụ, Ojembaenweiro, Mama, Ezeugo Simon-Ebughu,the Mother of the author, Princess Akụefete, Igbochidonkechinyeregị, Imemụrụọha, Kechipetronilla, Martina, Nne, Tete, Simon-Ebughu. Mama, who the author named the Docile Goose that laid 14 Golden Eggs, narrated Chineke or Chukwu Okike Abịama/God and Ndị Igbo/the Igbo people to the author.

Late Prince Chukwuma, Chucky, Felix, Simon-Ebughu the eldest brother, when he was alive, always read the Bible to Princess Akụefete, Igbochidonkechinyeregị, Imemụrụọha, Kechipetronilla, Martina, Nne, Tete, Simon-Ebughu to the author.

Late His Royal Highness (HRH) King Ezeugo Ezeanyịka Okosisi 1. The maternal grandfather (MGF) of the author, Princess Akụefete, Igbochidonkechinyeregị, Imemụrụọha, Kechipetronilla, Martina, Nne, Tete, Simon-Ebughu was the Urualla' greatest king.

Late Her Royal Highness (HRH) Queen Akụobi Nwalọlọ Ikodiya Ntete Ube Ezeugo; Maternal Grandmother (MGM) of the author, Princess Akụefete, Igbochidonkechinyeregị, Imemụrụọha, Kechipetronilla, Martina, Nne, Tete, Simon-Ebughu. HRH Queen Akụobi Ntete Contributed immensely to the documentation of this book through Oral Traditional account she passed down to the author.

Late HRH Queen Nwanyịjabụ M! M! M! Durugbọ Ebughu. The Paternal Grandmother (PGM) of the author, Princess Akụefete, Igbochidonkechinyeregị, Imemụrụọha, Kechipetronilla, Martina, Nne, Tete, Simon-Ebughu. HRH Queen Queen Nwanyịjabụ passed down an immeasurable Oral Traditional account the author utilized in the documnetation of Igbo is The Humankind Race.

Late Reverend Monsignor James Hunt who was a clean, honest and refined Christ-like priest appreciated people from every ethnic group. He made a trip to Urualla in his lifetime.

Late The Most Reverend Bishop Thomas V. Daily D.D. who had genuine love for people from every ethnicity. He was a reliable friend of Ndị Igbo/the Igbo people. E Chiri Ya Echichi Mgbe Ọ gara Ala Igbo.

Late New York City Mayor Ed Koch who had a thorough knowledge that Ndị Igbo/the Igbo people as Hebrews participated in building the pyramids in Egypt. He included the author, Princess Akụefete, Igbochidonkechinyeregị, Imemụrụọha, Kechipetronilla, Martina, Nne, Tete, Simon-Ebughu in the Mayor's Talent Bank after her academic achivement in 1985.

Nne Anyị Dị Asọ Maria, Biko Buru Arịrọ Izọpụta Ndị Igbo Na Aka Ndị Na Achị Anụmanụ Bugara Atọ Na Ime Otu Dị Ngozi Ka Ndị Igbo Nwere Onwe Ha Na Oge Nkea. Ise O!O!O!O!O!O!O!O! Gbam. Kpọm. Kwem. Amen.

May the Will of Atọ Na Ime Otu Dị Ngozị/Chineke/Chukwu Okike Abịama/Elohim/Yahweh/Almighty Lord God/Creator be done for Ndị Igbo na OyiriIgbo now and forever Ise O!O!O!O!O!O!O!O! Gbam. Kpọm. Kwem. Amen.

CONTENTS

Introduction

The foundation of the Igbo word and its connection with creation, biological science, and technology:

The Igbo Alphabet:

A B C CH D E F G G GB GH
GW H Ị I J K KP KW L M
N NY NW Ṅ Ñ Ọ O P R S
SH T Ụ U V W Y Z

a b c ch d e f g gb gh
gw h ị i j k kp kw l m
n ny nw ṅ ñ ọ o p r s
sh t ụ u v w y z

COCONUT TREE OR The COCONUT PALM (COCOS NUCIFERA) FROM OKOROBI EZEMAZŲ URUALA.

The Urualla people in Igbo Land consider UKWŲ Akị Bekee (The COCONUT PALM (COCOS NUCIFERA) as Ezigbo Oshishi Na-Nye Ndụ (The Valuable Tree that enhances Life). Every part of the coconut tree, from the roots up to the leaves are utilized and found to be useful to the Urualla people.

PHOTO CREDIT: PICTURE IS FROM PRINCE RAPHAEL UGONNA EZEAHŲRŲKWE COCONUT TREE: FROM LATE PRINCE SUNDAY SYLVANUS UDEQZQR OKOSISI EZEANYỊKA OF OKOROBI EZEMEAZŲ, ISHIOBIUKWU URUALLA. IN IDEATQ NORTH LOCAL GOVERNMENT AREA (LGA) OF IMO PROVINCE/REGION, WEST AFRICA

The coconut is very important for Urualla people in the pre-liminary traditional marriage ceremony known as *Ịkụ Aka N'Ụzọ* (to knock on the door). Every suitor must present the coconut to the future bride first before the proposal with the ring during the cultural/traditional engagement ceremony.

The families of the suitor and the maiden have the obligation to conduct diligent search on each other. The investigation should not be limited to the following reasons listed below before the cultural and traditional engagement ceremony should be celebrated.

1. Both families should verify the family background of each other. They must verify credible history on *Ogologo Ndụ* (longevity which is very essential to the royal family) on each other's family background. *Abụghị Agbọ Ara* (a family without history of mental malady), *Anaghị Anwụ Ọnwụ Ike, Mgbabi N'ike* (not prone to sudden death at a young

9

age). *Enweghị Ọrịa E Buru Pụta Ụwa* (no history of congenital anomaly, hereditary disease, physical deformity, *Akwụkwụ* [epilepsy]), *Ohu* (slave), *Osu* (outcast). *Diala* and/or *Nwafọ* were not allowed to intermarry with an *Ohu* or *Osu*. An honest *Ohu* with a noble behavior might have a chance to intermarry with *Diala* and/or *Nwafọ*.

2. Abusive, destructive, impulsive, and insensitive behavior such as *Igbu mmadụ* (homicide) *Ikwụdọ* (suicide) and other tragic death. Other verified unpleasant and untimely related death issues associated with the family members.

3. Families associated with evil, robbery, and theft. Family members who are known to have the reputation or tendency to be pathological liars and/or have the history of engaging with controversies which Urualla culture considered as an abomination or *(Nsọ Ala)*.

4. The promiscuity issue should be investigated properly. Nobody would condone an unfaithful spouse from both sides of the family.

If both families were satisfied with the *Onye Ajụjụ Jụọ, Onye Nkụ Kụọ* (one made an inquiry, one made a recommendation), the suitors' family would make an appointment with maiden's family for *Ịkụ Aka kpam kpam na ọnụ ụzọ* (knock on the door).

The suitor and his family should perform the preliminary ceremony known as *Ịgbaị Akị Bekee* (the presentation of the coconut), which also includes the proposal with the engagement ring.

Why the coconut? The Urualla people have so many sayings about the coconut that relates it to love and fertility. Some of them are:

1. *Umerenne Akị Bekee tere aka karịa Oru.* (The coconut's maternal kinship folks home could be located at the infinity.)

2. *Akị Bekee kuru mmiri fegoro n'elu.* (The coconut drew water and flew up). *Mmiri Akị Bekee kacha mmiri nile ocha.* (The coconut water is the purest form of water in existence). *Mmiri Akị Bekee agbarụghị agbaru. Ọ dị ụtọ. Ọ na-enye ndụ ọma. Ọ na-edozi ahụ nke ọma. Ọ na-agbado ndụ.* (The

coconut water is never polluted. It is sweet. It refreshes life. It rejuvenates life. It sustains life.)

3. *Akị Bekee dịka Eziokwu na-aga zarazara. Anaghị echere eziokwu echiche dika ebe a na atụ ashị.* (The coconut is like the spontaneous truth. There is no need to concoct the content of the truth like where a lie is being told).

4. *Akị Bekee bụ Ọ bịa ogboro ma e were Mma Oge ghechashịa abịrbịọ ya.* (Coconut is refined when husked out of the fibrous layer with a machete.) *Abịrbịọ Akị Bekee dị ka anya ụfụ, anya ukwu, ekworo, Ịgbanama, Iwe ọkụ na Mmadụ ịma sọ onwe ya.* (The coarse fibrous outer layer of the coconut is like enviousness, greed, jealousy, lust, anger, and selfishness.)

Na Urualla eji Akị Bekee ebido omenala ịlụ nwanyị maka na e ji Akị Bekee atụnyere ihe omimi nke Chineke jiri gozie Ndị Igbo na mmadụ nile nọ n'ụwa. (At Urualla, the coconut is the preliminary focal gift during the initial cultural/traditional ceremony for the engagement feast. The reason is based on the fact that the Urualla people truly believe that coconut is a representation of a symbolic mystery of God's holistic blessing to Ndị Igbo and all humankind). Urualla people consider the coconut as both a fiber, a fruit, a nut, a seed, and water.

The coconut has three eyes. The Urualla people clearly understand that the germination of the coconut (which brings new life) occurs from its third eye. Like the third eye of the coconut, the engaged couple symbolically acquire every quality of the third eye. According to Urualla ancestors, after the initial engagement ceremony with the coconut, the engaged couple who were known to possess a pair of visible biological eyes acquired the third eye (like the coconut). The third eye stimulates special spiritual vision in the engaged couple's brains, hearts, and minds. The clean spiritual energy of the third eye of the engaged couple blinds them off from every other individual who exists in the world. That acquired eminent third eye of the engaged couple is supposed to enable them to limit themselves exclusively to each other. The third eye is the fulcrum of the spiritual desire that must and should continue to trigger the affectionate love the engaged couple feel whenever they look or think about each other. That third eye, according to the Urualla ancestors, is the resourceful embodiment in the driving surge of powerful compelling force of an intimate love. The unconditional love acquired from the third eye after the coconut ceremony will endure and sustain the couple's relationship in their new life. The couple initiated and fortified their journey together with the traditional coconut engagement. That coconut has supplied them with the third eye which will prolong their relationship into a long lifetime as a married couple. The Uruallans prioritize the coconut as one of the major parts of the initial traditional engagement ceremonial feast due to the holistic botanical composition and value they ascribed to the coconut. The Urualla people consider *UKWU Akị Bekee* (the coconut palm *[Cocos nucifera]*) as *Ezigbo Oshishi Na-Nye Ndụ* (the valuable tree of life). Like the coconut and diamond, *Chineke* or *Chukwu Okike* (Abraham), God, Yahweh, carefully multifaceted *Ndị Igbo. Gbam. Kpọm Kwem.*

AHỊHARA/ARỊRA. NDỊ IGBO JI AHỊHARA OR ARỊRA EBIE JI. Ọ NA NYERE MMADỤ AKA NSHỊ AGAGHỊ ESHI IKE. (NDỊ IGBO or Igbo people toss their yams with AHỊHARA or ARỊRA VEGETABLES. The AHỊHARA OR ARỊRA VEGETABLES prevent constipation).

ERO AGBỌGHỌ KỌTARA ERIRI E JIRI HIE YA NA ANOCHI ANYA ANỤ NA AZỤ MGBE A NA ETE OFE. (A lady determines her belt mushrooms served as meat and fish substitutes inside the soup pot.)

ERO MKPU. (ERO MKPU mushrooms serve as meat and fish substitutes inside the soup pot.)

ERO MỤ O! ERO MỤ O! ERO M KPARA AKA N'ALA FORO.

ERO M KPATARA NA-UBI NNE M, ERO M KPARA AKA N'ALA FORO.

ACHARA NA ERO TỊTỊTỊRỊTỊ NA ANOCHI ANYA ANỤ NA AZỤ MNA ITE OFE. (The atchara and tiny mushrooms serve as meat and fish substitutes inside the soup pot.)

CHỌKWỤ CHỌKWỤ IGBO NA AGWỌ AFỤ-ERE (cancer) NA NNỤ ỌRỊA. (A sour source is a cure for cancer and several diseases.)

Image by An Unknown Author, Internet Circulation

EDE KỌCHỤỌ M MA M BỤCHỤỌ GỊ NA EME AHỤ LỌTỌỌ N'IME AFỌ MA E JIRI MMANỤ AKWỤ, NNU NA OSE RIE YA. (The KỌCHỤỌ M MA M BỤCHỤỌ GỊ COCOYAM brand promotes health alimentary canal.)

Image by An Unknown Author, Internet Circulation

JI ỌNA MA ỌBỤ ỤNA NA ASA/ACHA EDO EDO NA MMANỤ AKWỤ JUPUTERE NA CARATOGHA. (The yellow yam and red palm oil are loaded with carotene.)

Photo Credit: LATE PRINCE FELIX CHUKWUMA SIMON-EBUGHU. THE AUTHOR'S SIBLING.

OSHISHI UBE NA EJIBEGHỊ EJI DỊ NA IME NGWURU LATE PRINCE SIMON-EBUGHU AND LATE PRINCESS MAGDALENE EZIBUAKỤ SIMON-EBUGHU. THE AUTHOR'S PARENTS. THE TREE IS LOCATED AT ỤMỤEZEARỌ OR ỤMỤEZEARỌDỊ VILLIAGE AT URUALLA.

The ube tree is not ready for harvest.

Photo Credit: Prince Felix Chukwuma Simon-Ebughu
ONYE UBE IGBO RUORO YA RASA YA OR YA RARAMA.
ONYE UBE IGBO LUOLO Ọ LACHA YA. (One should consume
one's Igbo pear when they are palatably roasted.)

Image by An Unknown Author, Internet Circulation
OKA A HURU NA ỌKỤ NA UBE IGBO ERURU ERU DỊ
ỤTỌ NA ENYEKWA NDỤ. (Roasted corn and Igbo pears are deli-
cious. They are also nutritious.)

Photo Credit: Eddy Kanayo Anayo
(July 10, 2017
https://www.facebook.com/eddy.k.anayo?hc_ref=ARSYm-bIk0q0oP7DUENnLBc3W3Eu1SWtXDjph9CFpt8IbmBAGQ-Fbj_NYnyFjkuXMp3u8&fref=nf)

A GHỌJURU UBE IGBO NA EKETE/NKATA ASATỌ. UBE BEKEE EJULIGHỊ OTU EKETE/NKATA

JI BỤ IHE UKWU DỊRỊKWA NNUKWU MKPA NA ALA IGBO. (YAMS ARE BIG DEALS AND VERY IMPORTANT IN THE IGBO LAND). AHA MMADỤ DỊ KA AHA JI. NDỊ IGBO/

IGBO PEOPLE NA-EME EMUME DỊ ỌKPỤ KWA AFỌ KWA AFỌ BAYERE IRI JI ỌHỤRỤ. ỌGARANYA NA ALA IGBO/ IGBO PEOPLE NA ELO ỤTARA JI, WEREKWE ỤTARA JI NA-AKWA ỌBGỊA.

N'ISHI/ISI MBIDO which means, in the beginning.

The NTỌNALA Igbo are the customs, foundation' and or traditions associated with the actions of God's words as they were and are still related to Ụmụ Igbo when the Lord God Almighty created humankind. The Lord God embedded and sealed His Actions and Words during and after the creation of human-kind inside His mission statement words known as IGBO. IGBO is the short form of IGBODOANYA, IGBOSHIKWO IGBOCHIDONKECHINYEREGỊ and IGBOKWABA. These Four letter words-IGBO, were/are still the channel whereby human-kind replicated/s the Lord God's creation from generation to gener-ation after He created Adam the first humankind. *Ndị Igbo nwere Ahịa anọ na ụbọchị/ụboshị anọ. Ụbọchị/Ụboshị Ahịa anọ Igbo bụ Nkwọ, Eke Oịre na Afọ.* (Igbo people have four markets and four weekdays. They are Nkwọ, Eke Oịre, and Afọ). Mkpụrụ akwụkwọ anọ nke a sụpụere Igbo bụ otu ihe banyere ihe kpatara ndị Igbo jiri nwe ahịa anọ. (These four-letter words, Igbo, are the reason Igbo people have four markets and four weekdays).

Adam was the only humankind the Lord God created on earth. It seemed most likely that the archangels, angels, as well as Ndị Igbo were in existence when *Atọ na ime otu dị ngozị, Chineke nna Onye Okike, Chukwu nwa Onye Nzọpụta na Chukwu Mmọ Nsọ kere mmadụ mbụ* (the Holy Trinity; God the Father, God the Son, and God the Holy Ghost, the Lord God Almighty created the first human). The Lord God assigned to Ndị Igbo/Igbo people who were one of those that were around Him to always continue to perform His divine special tasks of creation for the benefit of humankind. The Lord God *bụ Agbara Ukwu.* The Lord God *kajara akaja.* The Lord God *jiri aka ya dịrị onwe ya.* The Lord God *enweghị ishi mbido.* The Lord God *enweghị ishi ngwụria.* The Lord God *bụ one kere ụwa na ihe nile dị na elu ụwa.* The Lord God *bụ Osebiri ụwa nke ihe nile.* The

Lord God *bụ Ọkpụ Mmadụ Kpụrụ Nwoke mbụ. Otu ahụ ka o shiri dịrị.* That could explain why the Lord God who has no beginning or end enthroned His divine blueprint associated with the creation of humankind inside Igbo. *Gbam. Kpọm Kwem.*

In Genesis 1:26–27, "God said, Let us make man in our own image, in the likeness of ourselves, and let them be masters of the sea, the birds of heaven, the cattle, all the wild animals and all the creatures that creep along the ground." It might not be a burden or wild guess to grasp who the Lord God was discussing with when the Lord God almighty said, "Let us make man in our own image, in the likeness of ourselves—" The Lord God fashioned Eve into humankind from one of Adam's twenty-four ribs. According to Genesis 2:21–22, "Then, Yahweh God made the man fall into a deep sleep. And while he was asleep, He took one of his ribs and closed the flesh up again forthwith. God fashioned the rib He had taken from the man into a woman and brought her to the man."

The Lord God created humankind to be masters of the lesser creatures including the cattle. The Lord God created humankind to be superior to the cattle. The Lord God did not create any cattle colony. The Lord God did not create the cattle to colonize Ndị Igbo/the Igbo people or any ethnic group in any part of the world.

The word *Igbo* is the representation of an indelible precept of God's constitution as it relates to the creation of humankind. The four letters in the word, Igbo, are the seal, legacy, and continuity of the actions of the spoken words that originated from *Chinekengịrị* (*Chinekengịrị* means the God that creates DNA) or in the popular short form, *Chineke. Chukwu* (*Chukwu* means *Chiukwu*), The great God. *Chukwu* is the short version of *Chiukwu. Chiukwu* or *Chukwu Okike* Abraham. *Ndị Igbo*/the Igbo people always call upon *Chukwu Okike Abịama* (*Abịama* means Abraham). Abraham is Abaraham in Igbo. (Abaraham means named after me). *Chineke, Chukwu Okike Abịama* means the Almighty God and Creator of Abraham and/or God the Creator.

Below is the definition and/or the meaning of DNA.

DNA: Deoxyribonucleic acid means one of two types of molecules that encode genetic information. The other is RNA. DNA is a double-stranded molecule held together by weak hydrogen bonds between base pairs of nucleotides. The molecule forms a double helix in which two strands of DNA spiral about one other.

Definition of DNA (from MedicineNet)

(https://www.medicinenet.com/script/main/art.asp?articlekey=3090)

As a matter of fact, Igbo is exactly the manifestation of the same actions, activities, and spoken words that occurred when God created humankind. In Genesis 1:27, it says, "So God created Humankind in his image, in the image of God He created them Male and Female." Information from the Bible indicates that Adam, the first man, was the only human who received the vital life force (VLF, the air) directly from God when God created man and woman in His likeness and image. Eve, the first woman was the only human whom God fashioned up out from one of Adam's ribs when God created man and woman in His likeness and image. God blessed Adam and Eve and gave them only one explicit commandment. To be exact, God blessed and said to Adam and Eve in Genesis 1:28: "God blessed them, God said to them, 'Be fruitful and multiply, and fill the earth and subdue it; and have dominion over—every living thing that moves upon the earth.'"

In the Bible, God gave Adam and Eve the first parents of the only known human race (not the black human race or the white human race) an uncomplicated commandment mentioned above so they might dwell in the Garden of Eden as long as they could. In Genesis 1:31, it says, "God saw everything that he made and indeed, it was very Good." *Chineke/Chukwu Okike Abịama bụ ome mma.* At this juncture, every human needs to understand clearly that in the beginning, God created every animal and human in pairs (male and female). God, in His infinite wisdom, never made a mistake in the process that produced the creation of the universe. The Lord God was calculative when He created animals the way they were/are. The omnipotent, omniscient, and omnipresent God created humankind male and female, specifically in His likeness and image. In the beginning, God did not create the black human race or the white human race. Yahweh (God) created only one human race. Therefore, every human and/or everyone should use whatever gifts one has received from the Lord God to serve one another faithfully. The Lord God did not create slaves, therefore every humankind should work as a team in administering God's personal gifts and graces which He had bestowed on people in different forms in order to care for and love each other. Every human from every ethnic group is the child of God.

Excerpts From //www.facebook.com/Omnipotent-Omnipresent-Omniscient-God-232405093457294/:

> Each one should use whatever gift he has received to serve others, faithfully administering God's grace in its various forms.
>
> If anyone speaks, he should do it as one speaking the very words of God.
>
> If anyone serves, he should do it with the strength God provides, so that in all things God may be praised through Jesus Christ.
>
> To Him be the glory and the power for ever and ever. Amen.
>
> —1 Peter 4:10–11.

The Lord God tirelessly created the world and everything in the universe for six days. From the beginning to the end of each day when God created the world, God always accessed and evaluated His work on daily bases for those six days. The Lord God always observed and saw that everything He created was good at the end of each day during those six days. The Lord Almighty God certainly acknowledged that everything He created in those six days was good. Bearing that in mind, every situation in life should be glorified and praised through Jesus Christ the son of the living *Chineke* or *Chukwu Okike Abiama* or God Yahweh. Amen.

Reference extracted directly from the Bible established that God never created any *bad* thing. Genesis 1:9–10 stated that God created "the dry land 'earth' and the mass of waters 'sea'" and "God saw it was good" on the third day. Each time the Lord God targeted His daily task in the course of creation for six days, God always evaluated His accomplished goals and "God saw that it was Good." The Lord God gave Adam and Eve the Garden of Eden for their dwelling place (not the black human race or the white human race or slave/slaves). Adam and Eve were naked and did not feel ashamed before each other when they were at Eden, their dwelling place. They complied with God's commandment and enjoyed the loaded luxuries God had created in the Garden of Eden for them. Then, one day, the devil came into their lives and deceived them. Adam and Eve disobeyed God. Genesis 3:21 states, "Yahweh God made tunics of skin for the man and his wife and clothed them." God evicted them from the Garden of Eden and Adam had to till the soil, according to Genesis 3:23: "From which he had been taken." Genesis 3:24 states, "He banished the man, and in front of the garden of Eden…to guard the way to the tree of life." After the disobedience of the first humans created by the Lord Almighty God, Adam and Eve, the single source parents gave birth to Cain and Abel as well as their subsequent children.

God's first ordinance in His spoken commands for the actions associated with "Be fruitful, multiply, fill the earth" to humankind were encoded inside Igbo. Igbo is the very exact actions and words of the Lord God when He created humankind. God bequeathed those very exact actions and words inside the genetic code of Ndị Igbo/the Igbo people. God's authoritative decree in the creation of humankind started right from the beginning of the ancient time before and after creation. That God's authoritative decree in the creation of humankind is known as: IGBODOANYA, IGBOSHIKWO, IGBOCHIDONKECHINYEREGỊ And IGBOKWABA, the short universal popular version is known as Igbo. IGBO was/is an important regulatory legacy of creation that originated directly from the Lord Almighty God.

Ndị Igbo/The Igbo people *bụ Ndị Hebrew* (The Igbos are the Hebrew). *Ndị Igbo*/The Igbo people are *Ụmụ Chineke/Ụmụ Chukwu Okike Abịama*/Ụmụ God and/or Ụmụ Yahweh. The Igbo people are the special skilled builders of *Ụmụ Chineke* or *Ụmụ Chukwu Okike Abịama*, the Lord Almighty God. That is the main reason numerous Igbo names (which will be documented later) always reflect and/or are connected with *Chineke/Chukwu Okike Abịama*/God.

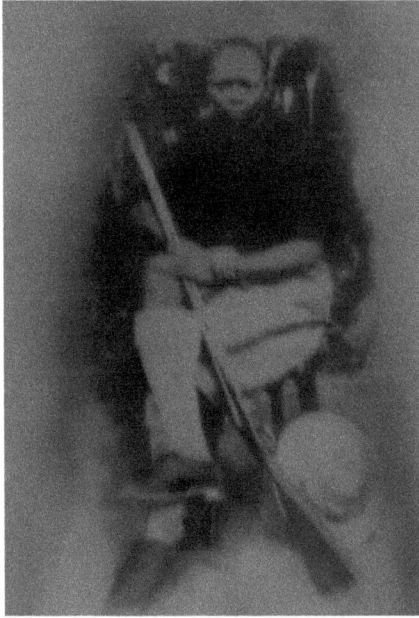

His Royal Highness King Ezeugo Ezeanyịka Okosisi I was born sometime in 1871. He died in 1948.

King Ezeugo Ezeanyịka Okosisi I was Princess Royal Akụefete, Igbochidonkechinyeregị, Imemụrụọha, Kechipetronilla, Martina, Nne, Tete, Simon-Ebughu, and the author's maternal grandfather (MGF). King Ezeugo Ezeanyịka Okosisi I was the paramount ruler of Urualla in the Ideato local government area of Imo Owerri Province in the Arọ Kingdom of West Africa (WA) from 1909 to 1948. Ụmụezearọ village is located at Urualla, where the direct descendants of Arodi/Arọdị, son of Gad, the seventh son of Jakaọbụ/Jacob, currently reside. They were among the group of Jakaọbụ/Jacob's children who relocated from Egypt to settle down in WA in about 1400 BC.

His Royal Highness; King Ezeugo Ezeanyịka Okosisi 1 was born sometime in 1871. He died in 1948.

King Ezeugo Ezeanyịka Okosisi 1 was Princess Royal Akụefete, Igbochidonkechinyeregị, Imemụrụọha, Kechipetronilla, Martina, Nne, Tete, Simon-Ebughu and the Author's Maternal grandfather (MGF).

King Ezeugo Ezeanyịka Okosisi 1 was the paramount ruler of Urualla in Ideato local government area of Imo Owerri Province in the Arọ Kingdom of West Africa (WA) from 1909 to 1948. Ụmụezearọ village is located at Urualla where the direct descendants of Arodi/ Arọdị son of Gad, the seventh son of Jakaọbụ/Jacob currently reside. They were among the group of Jakaọbụ/Jacob's children who relocated from Egypt to settle down at WA in about 1400 B.C.

CHAPTER 1

The *ntọnala*/foundation and *nkọwa*/explanation in the biological formation of human life is the very word known as Igbo. The group of words known as IGBODOANYA/to persevere, IGBOSHIKWO/ to prevent, IGBOCHIDONKECHINYEREGỊ/to protect what God gave you AND IGBOKWABA/to preserve are the Channels of God's recreation of Humankind. The words IGBODOANYA/to persevere, IGBOSHIKWO/ to prevent, IGBOCHIDONKECHINYEREGỊ/ to protect what God gave you, and IGBOKWABA/to preserve are the great four (could also be four great) IGBO (PS). They represent the short version of the abovementioned God's ordained words known as Igbo. The actions of the great four Igbo PS are the sum of all activities that always take place between the sperm and the egg in the fallopian tube during the process of fertilization. Those actions portray the ongoing activities enveloped in the most guarded knowledge of the four great Igbo PS. They are the diligent activities of the sperm inside the egg during the normal three trimesters necessary in the developmental stages and/or formation of humankind. It is of utmost importance that the building task God assigned to the words IGBODOANYA/to persevere, IGBOSHIKWO/to prevent, IGBOCHIDONKECHINYEREGỊ/to protect what God gave you, and IGBOKWABA/to preserve should be expounded in connection with biological science elaborated herein.

The process of Meiosis in the human body is basically used for a particular purpose. Meiosis focuses on the production of gametes— sex cells. The sex cells are the sperms and the eggs. Their goals are to make daughter cells that replicate exactly half as many chromosomes as the original parent cells. The parent cells have twenty-three pairs of chromosomes or a total of forty-six cells. When meiosis occurs, the pair of doubled (diploid) parent cells would undergo phases of cell division. After the cell division, the parent cells become divided into four (haploid) daughter gametes—sex cells which contain the quality of the original properties found in the parent cells. However, mitosis, on the other hand, is a single forty-six cells which also would undergo cell division that would results into two daughter cells with exact copied number of chromosomes.

The words IGBODOANYA/to persevere, IGBOSHIKWO/to prevent, IGBOCHIDONKECHINYEREGỊ/to protect what God gave you, and IGBOKWABA/to preserve are the primary *builders* as well as facilitators of the gametes—sex cells when fertilization happens in the fallopian tubes during the formation of humankind.

The fertilization of humankind and the coordination of the four great Igbo PS actions of the sperm inside the egg always continue to replicate the words ordained by God each time every human is conceived. The activities of the gametes—the sex cells (sperm inside the egg) represent the true blueprint of God's spoken words as they were carefully encoded by the Lord God Almighty Himself inside the four PS (the author would interchange PS and P periodically) words known as Igbo. The four great P words in Igbo denote the manifestation of all building activities which normally take place between the sperm and the egg during the creation and/or formation of every humankind. The formation of humankind is usually (rule out any artificial insemination fertilization and/or the in vitro fertilization conception process) initiated in the fallopian tube and the implantation is normally finalized at a choice spot in the uterus.

According to the *Merriam-Webster* (1828 edition), the definition of *fertilization* is the joining of an egg cell and a sperm cell to form the first stage of an embryo. (https://www.merriam-webster.com/dictionary/fertilization)

The sperm initiates the onset of multiple building task activities associated with the fertilization of the egg right inside the fallopian tube. The sperm and the egg would unite in the fallopian tube to form the single-cell known as the zygote (the zygote is the union of the egg and sperm). Within seven days, the zygote undergoes the process of mitosis. The zygote would progress and continue to undergo some beautiful, intricate and multiple cell divisions to become an embryo and/or fetus of a new baby human. The sperm and the egg are the gametes or sex cells that would eventually undergo a diligent building task which God assigned to NDỊ IGBO. God assigned that task to *Ndị Igbo*/the Igbo people right from the ancient time during creation for the purpose of extending the existence of humankind on earth through reproduction. The dynamic goal or the big deal process known as meiosis mentioned earlier should not be confused with mitosis. The function of meiosis is to accurately generate daughter cells which are precisely half as many chromosomes present in humankind as the original primary parent cells for the purpose of procreation.

These initial activities between the sperm and the egg would continue to progress into the implantation of the zygote inside the womb. The tireless builders, X, and/or Y sperm continue/s his and or her four great Igbo P skilled task inside the egg. The X and/or Y sperm tirelessly anchor/s his or her new fruit of life known as the zygote in a conducive choice area right inside the uterus. The X and/ or Y sperm continue/s to perform the building task for forty gestational weeks till the expected date of delivery.

The author received the abovementioned valuable legacy of the activities between the sperm and the egg through (the passed-down family legacy account), oral traditional history from her maternal grandmother (MGM) (Queen Akụobi Nwalọlọ Ube Ikodiya Ntete Ezeugo). The eighth queen/wife of King Ezeugo Ezeanyịka. (The Okosisi 1 of Urualla). The paternal grandmother (PGM) Queen Nwanyịjabụ Durugbọ M! M! M! Ebughu also provided the author with vital information about Ụmụ Igbo that was relevant in this documentation. The PGM, queen/wife of King Ezearọ Ebughu, the direct descendants of Arodi/Arọdị, son of God, the seventh son of Jacob by Zilpah, son of Isaac, son of Abraham, as well as the MGM who were not in any way educated biologists. The grandmothers (GMs) who revealed and passed down the valuable accounts of the great IGBO PS actions during their lifetime knew a lot about Igbo and procreation as if they were biologists.

The author later connected/coordinated both the GM's accounts mentioned above with various classes from the health care policy graduate program and nursing school program at Brooklyn College/Medgar Evers College/New York City College of Technology Colleges of the City University of New York (CUNY). The author gives credit to Professor Green of the Department Health and Nutrition (Graduate Studies of Brooklyn College). The author coordinated and/or utilized the GM's accounts particularly with Brooklyn College Graduate Health Care Policy and Administration Professor Green's class lectures as well as other biology classes from the programs mentioned above to validate the accounts from the two GMs. With all those formal academic classes from the professors and the oral NTỌNALA IGBO accounts from the two GMs, the author earned a collaborated oral and academic knowledge about Ndị Igbo. The academic and traditional oral account mentioned here represent most of the combination of the all-rounded solid resources that support the origin of Ụmụ Igbo. Those sound bits of information helped the author to establish that the four great IGBO P actions are not restricted or limited to the ethnic group of people known as NDỊ IGBO/IGBO PEOPLE. This is where Professor Green's brilliant class lectures confirmed the author GM'S sound knowledge in the existence of only one humankind race. Professor Green constantly emphasized during her class lectures that there is only one human race. Professor Green emphasized that there are different human ethnic groups in one human race in her class lectures.

The great four Igbo P actions are applicable to every human from all ethnic groups regardless of belief, creed, color, cultural values, custom, educational background, financial status, gender, marital status, nationality, political affiliation, social status, religious affiliation, etc., or you name what the author did not pick up and/or mentioned right here.

The very meaning of the word *Igbo* is the embedded ballpark activities that always take place between the sperm and the egg during the process of fertilization, implantation, the three trimesters, and the entire life span of every human. The juxtaposition process always occurs when the complex four great Igbo P activities found in the word *Igbo* are wisely analyzed accurately. Those actions are carried out by the champion/winner/victorious sperm of the biological father right from the onset of the formation of humankind. That process is initiated during fertilization in the biological mother's fallopian tube. According to the GM, *Ajụjụ bụ, kedụ ihe dị nsọ jikọtara Ishi eriri oghere mbụ bụ ebe a na-akpụ nwa na nkọwa banyere ihe a na-akpọ IGBO?* (The question is, what is the divine connection between the onset process of fertilization inside the fallopian tube with the explanation of the meaning of the word *Igbo?*) The author had mentioned earlier that Igbo means *Igbodoanya*/to persevere, *Igboshikwo*/ to prevent, *Igbochidonkechinyeregị*/to protect what God gave you, and *Igbokwaba*/to preserve. The abovementioned words have been God's ordained four great Igbo P building task actions during fertilization. Those God's ordained building tasks of the four great Igbo P actions in the fallopian tubes during fertilization definitely unite humanity from every ethnic group in the whole wide world.

Definition of Fertilization

Fertilization: Between Human Egg/Sperm Cell Fertilization; excerpts from Wikipedia

Human fertilization is the union of a human egg and sperm, usually occurring in the ampulla of the fallopian tube. The result of this union is the production of a zygote cell, or fertilized egg, initiating prenatal development. Scientists discovered the dynamics of human fertilization in the nineteenth century. The process of fertilization involves a sperm fusing with an ovum. The most common sequence begins with ejaculation during copulation, follows with ovulation, and finishes with fertilization. Various exceptions to this sequence are possible, including artificial insemination, *in vitro* fertilization, external ejaculation without copulation, or copulation shortly after ovulation. Upon encountering the secondary oocyte, the acrosome of the sperm produces enzymes which allow it to burrow through the outer jelly coat of the egg. The sperm plasma then fuses with the egg's plasma membrane, the sperm head disconnects from its flagellum and the egg travels down the Fallopian tube to reach the uterus. (https://en.wikipedia.org/wiki/Human_fertilization, 02/19/2018)

Excerpts regarding human fertilization on When Do Human Beings Begin? "Scientific" Myths and Scientific Facts *by Dianne N. Irving, MA, PhD*

Now that we have looked at the formation of the matured haploid sex gametes, the next important process to consider is fertilization. O. Rahilly defines **fertilization** as: "…procession of events that begins when spermatozoon makes contact with a secondary oocyte or its investments, and ends with the intermingling of maternal and paternal chromosomes at metaphase of the first mitotic division of the zygote. The zygote is characteristic of the last phase of fertilization and is identified by the first cleavage spindle. It is a unicellular embryo." The fusion of the sperm (with 23 chromosomes) and the oocyte (with 23 chromosomes)…at fertilization results in a live human being, a single-cell human Zygote, with 46 chromosomes… the number of chromosomes characteristic of an individual member of the human species" (quoting Moore). (*International Journal of Sociology and Social Policy* 1999, 19:22–36 in press) (https://www. princeton.edu/~prolife/articles/wdhbb.html 02/19/2018)

Picture of Her Royal Highness, Queen Akụobi Nwalọlọ Ikodiya Ntete Ube Ezeugo. The Maternal Grandmother (MGM)

of Princess Royal Akụefete, Igbochidonkechinyeregị, Imemụrụọha, Kechipetronilla, Martina, Nne, Tete, Simon-Ebughu, the Author. Queen Akụobi Ntete Ezeugo was the eighth queen/wife of King Ezeugo Ezeanyịka Okosisi I of Urualla. The MGM was 107 years old in 1995 before she joined Ndị Igbo's ancestors from Urualla. The baby insert is the author's granddaughter, Royal Princess Obiamaka Uchenna Obinna-Okafor.

His Royal Highness, King Ezeugo Ezeanyịka Okosisi I, was born sometime in 1871. He died in 1948.

King Ezeugo Ezeanyịka Okosisi I was Her Royal Highness, Princess Royal Akụefete, Igbochidonkechinyeregị, Imemụrụọha, Kechipetronilla, Martina, Nne, Tete, Simon-Ebughu, and the author's maternal grandfather (MGF). King Ezeugo Ezeanyịka Okosisi I was the husband of Queen Akụobi Nwalọlọ Ikodiya Ntete Ube Ezeugo, the author's MGM. The author's MGF Married thirty-one times. The Author's MGM is the eighth queen/wife of the monarch.

CHAPTER 2

IGBODOANYA, IGBOSHIKWO, IGBOCHIDONKECHINYE-
REGĮ, AND IGBOKWABA, (the short form, IGBO) and scientific
attributes:

Igbodoanya or Perseverance

The word *igbodoanya*/perseverance portrays the normal onset
as well as the relentless actions of the champion, winner, and/or vic-
torious sperm from the biological father's ejaculation. According to
Dr. Charles Lindeman, there are 180,000,000 to 380,000,000 or
more sperms per milliliter per ejaculation. (http://www2.oakland.
edu/biology/lindemann/spermfacts.htm)

When the champion, winner, and/or victorious sperm pene-
trates the biological mother's egg, there would be a vital viable swift,
preventive action initiated from the champion or winner or victo-
rious sperm. That action will deter the other competitive sperms
numbered from the minimum of a drop of about 180,000,000 to
a maximum of about 380,000,000 per ejaculate spermatozoon who
started the race with the champion sperm from having the chance to
penetrate the egg. Dr. Charles Lindeman of the Oakland University
Rochester Michigan carefully explained human fertility and the
sperm motility when he stated, "It takes only one Sperm to fertilize
an Egg. It takes ONE sperm to make a baby." Dr. Charles Lindman
emphasized that a sperm bears either the X chromosome (female) or
the Y chromosome (male). A sperm does not carry both the X and
Y chromosomes which are the decisive factors for the sex of babies.
Dr. Charles Lindman and other researchers are of the opinion that
the Y chromosome, which is the male sperm, swims faster while the

X chromosomes, which is the female sperm, are stronger and live longer in the canal of the reproductive environment. (http://www2. oakland.edu/biology/lindemann/spermfacts.htm)

Below are excerpts of the answer for the frequently asked questions regarding the swift or swim action of the sperms from Dr. Charles Lindman's

Question: "I have heard that male sperms swim faster and female sperms live longer. Is this true?"

> Answer:
> There is some truth to this idea. There is a technique called "swim up" to help people have some control over the sex of their child, but it is not very effective (ratio from 50/50 to around 60/40 for males/females). It works like this: A sample of sperm cells is spun at a very high speed, which makes all the cells clump together at the bottom of the container. After the spinning is stopped, the sperm cells are allowed to swim freely again. The faster cells (the male sperm cells) swim up out of the clump faster than the female cells (generally) and are collected for use. Another technique people try is timing sex with ovulation to influence the sex of their child. The argument that it is that having sex soon after the woman has ovulated will increase the likelihood the faster male sperm will get to the egg first. Whereas in sex slightly before ovulation, male sperms will die off, leaving only the female sperm around to fertilize the egg by the time it is ovulated. Once again, this technique isn't very effective.
> (http://www2.oakland.edu/biology/lindemann/faq.htm)

The abovementioned early characteristics of the X and the Y chromosomes could very well have probably been the reason why men are physically bigger and stronger than the women. The women indubitably, on the other hand, generally have the innate tendency to be emotionally stronger than men. These facts about the early characteristics of swimming movement found in the X and the Y chromosomes could clearly have established the reason men and women could be viewed as being somehow different from each other. Men have their special gift from God. Women also have their special gifts from God too. Both men and women should recognize and understand their respective roles in the society which could promote harmony, love, peace, and unity to the benefit of humankind. The author objectively maintains a conservative stand with the so-called women's quest for women's equality with men. The men fertilize both male and female in the fallopian tubes. The women go through the normal forty weeks of gestation, give birth, nurse/suckle both male and female. Both men and women play different and vital roles during procreation. Both men and women are very important and needed for their remarkable roles in the society. Both men and women should focus on appreciating and respecting each other's roles in the society, not fighting for equality. The unreasonable fight for gender equality gives rise to an unhealthy competition in the society. It could probably not be feasible that men and women are equal. The author sometimes gets mathematically involved in the men and women's equality issues.

Mathematics, according to the *Merriam-Webster Dictionary*, is the science of numbers and their properties, operations, and relations and with shapes in space and their structure and measurement. Arithmetic, according to the *Merriam-Webster Dictionary*, is a branch of mathematics that deals with computation—nonnegative real numbers. Arithmetic also means the sum of a set of numbers divided by the number of numbers in the set. In arithmetic, for numbers to be calculated, they have to be real. Mathematical science, on the other hand, includes the measurement of numbers, their properties, operations, relations with shapes in space, and their structure. Clearly, the pictures of the couples below did not meet with the prime mathematical factors previously defined above. Therefore, there is nothing to be calculated. Just as God fashioned Eve out from Adam's rib so the six females below like Eve were symbolically made from single ribs of their partners. Eve was one with Adam; therefore, *women are supposed to be one with men.*

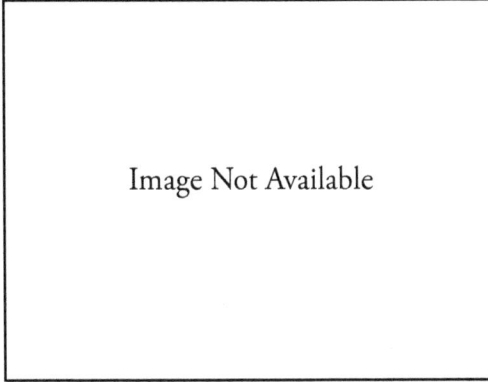

Image Not Available

There is only one human race.

(Photo Credit: https://www.istockphoto.com/photo/double -dating-is-awesome-gm474199977-35385282)

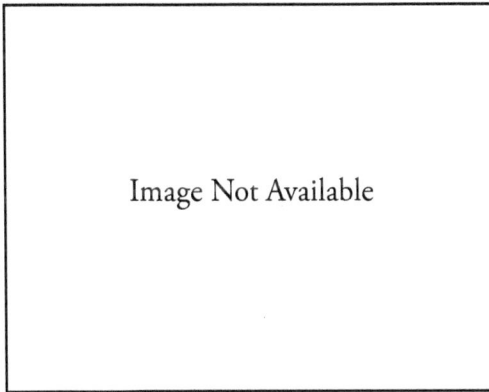

Image Not Available

There is only one human race. It is *vital* for every human to develop the desire of being in concord and harmony with each other. *Oneness between every human with each other is the key that will lead to joy, love, and peace.*

(Photo Credit: https://www.istockphoto.com/photo/summer-holidays-with-great-friends-gm470747135-35285884)

That is why *Ndị Igbo* had/has the saying *Nwoke anaghị ebu afọ ime. Nwoke anaghị amụ nwa. Onye na nke ya. Onye na nke ya.* There is only one human race. *Onye na nke ya. Onye na nke ya.* The author's niece Princess Chika celebrated *oneness with her husband* during her traditional wedding.

That is why *Ndị Igbo* had/has the saying *Egbelegbe daruo ala nwanyị arịa ya elu. Nwanyị anaghị arị elu nkwụ. Onye na nke ya. Onye na nke ya.* There is only one human race. *Onye na nke ya. Onye na nke ya.* The author's great nephew Ndụbụishi celebrated *oneness with his wife* during his traditional wedding.

The men's sperms fertilize the women's egg in the fallopian tubes by the grace of *Chineke* or *Chukwu Okike Abịama* or God Yahweh's ordained virtue of the four great Igbo P actions. Men's sperms lose their Mitochondria in the process. Women's mitochondria and other factors progress the necessary actions required after the fertilization to create millions of cells that eventually become a baby and/or another human. Both men and women maintain their roles inside the uterus (knowingly or unknowingly) in harmony, love, peace, and unity when they are procreating another human.

That slight difference in sperm swimming action between the X and the Y chromosomes in every human swiftly reverts back when they unite with the egg. The X and/or the Y chromosomes definitely would undergo the similar normal building task process found in the four great Igbo P actions in the fallopian tubes during the process of fertilization. That happens after the X chromosomes must have exhibited the innate trait of longevity to become a girl or the Y chromosomes also must have established the gifted trait of swift action to become a boy. That could also have explained the reason most men grow up bigger, handsome and stronger (act like the beautiful and flashy male peacocks) than women. Women, on the other hand, are naturally emotionally fortified in compassion, kindness, tenderly loving, and patient when they provide care after they are/were delivered of their babies. Women are endowed with the gifts they need to nurture and patiently raise both their female and male babies. The male offspring most of the times will eventually grow up to be big and physically strong, and female offspring will most of the time plausibly grow up to be emotionally strong. These early important solid innate attributes for both male and female definitely are sufficient to prepare and help every human live in harmony, love, peace, and unity with each other until transition to the eternal life.

Based on the above explanation, both the Y gametes-sex cell (male) and the X gametes-sex cell (female) are basically fortified with valuable gifts even as either a sperm or an ova/egg respectively before ever any human is born. The X and Y chromosomes, however, play vital roles from during fertilization, conception, implantation, and throughout the gestational period in the procreation of humankind. Both men and women, boys and girls, must appreciate, recognize, respect, and utilize each other's values/talents effectively so as to enjoy the number of years each individual has to live out in this earth or planet and/or the world. Men and women should focus on their roles in the society and resist fighting for equality.

There is no doubt that the champion or winner or victorious sperm of all biological fathers from every ethnic group made every person or individual or human a champion, winner, and/or a victorious person. Right in there inside the fallopian tube, the definite action of the champion or winner or victorious sperm, which is color-blind, absolutely renders every individual from all ethnic groups that make up humans in the whole wide world similar and/or alike. That could establish the notion that all humans on the earth are made up of champions or winners and/or victorious people from the one and only one true sperm race of their biological father that persevered and fertilized the egg of their biological mother over other multimillion sperms. The honest human race is the actual and factual competitive sperm race that usually originated from a minimum of 180,000,000 to 380,000,000 or more per milliliter per ejaculation of a virile male during the process of reproduction. The world has always been populated with humans who were/are champions or winners and/or victorious from the abovementioned sperm race.

The sperm race would possibly be considered as a definite fact that could demonstrate that there is nothing like the black human race or the white human race. If an individual or a group of people whose thinking faculty/ies was/were controlled with black race and white race prejudices, there was/were a great need for those people to halt right here. Here is a crucial factor enriched with the undiluted truth regarding the only one human race. The presentation in this documentation is loaded with almost every factual answer necessary for those concerned in acquiring the knowledge needed for their modification of black race– and white race–prejudiced behavior. Those groups and/or the individuals should be empowered with valuable truth in the form of food for thought presented in this documentation. The knowledge acquired herein could be useful in the modification of every thought process that triggers the behavior and action that degrades the only one human race. The concept of black race and white race is loaded with fallacy and evil. The black race and white race promote negativity, destroy and distort the beauty, concord, harmony, love, and unity Chineke, Chukwu Okike Abịama, Yahweh left as His legacy to the only one true human race when He created Adam and Eve. The human race could possibly have originated from a single parent.

Igboshikwo or Prevention

The words *Igboshikwo*/prevention are the actions of the champion sperm when it spatters enzymes in its new environment inside the egg to mark its territory.

According to information "For the structure in Neuroanatomy" from Wikipedia:

> For fertilization to occur, sperm cells rely on hyaluronidase (an enzyme found in the acrosome of spermatozoa) to disperse the corona radiata from the zona pellucida of the secondary (ovulated) oocyte, thus permitting entry into the perivitelline space and allowing contact between the sperm cell and the nucleus of the oocyte. (https://en.wikipedia.org/wiki/Corona_radiata_(embryology))

The champion or winner or victorious sperm would form an intricate garland of beaming streams of light akin to the radiation of joy. The awesome action is comparable to the feelings of tenderness, kindness, and love. In the absence of rape cases, the biological parents also exhibit similar feelings of love, kindness, and tenderness to each other when they are making babies. The champion or winner or victorious sperm celebrates her/his victory by settling down and uniting with the egg. The settlement and/or the fusion between the champion or winner or victorious sperm and the egg must be actualized through the action of Igboshikwo or prevention without disruption among the competitive sperms from the other minimum of 180,000,000 to 380,000,000 and above maximum sperms/atozoon who started the race with the champion or winner or victorious sperm. Having secured the environment, the gametes-sex cells which are haploid cells (Which means the humankind gametes/haploid cells or sex cells are made up twenty-three chromosomes unlike the somatic/diploid cells also known as body cells, which contain forty-six chromosomes) get down to their business of the formation of a new humankind baby. The sperm (the male gametes-sex cell) and the ova or Eegg (the female gametes-sex cell) contain half of the copy of forty-six somatic/diploid chromosomes (haploid). The haploid cell contains twenty-three cells from each gametes cells (the sperm or the ova/egg). The fusion between the sperm and the egg, which are the male and female gametes-sex cells (with the twenty-three chromosomes from each gametes-sex cells, the sperm and the ova/egg will form forty-six somatic diploid cells for the new baby human) ultimately result to the formation of the morula/zygote. The new creation must not be disrupted by the presence of another competitive sperm from the other minimum of 180,000,000 to 380,000,000 and above maximum spermatozoon who started the race with the champion or winner or victorious sperm. Since the competitors did not have the chance to penetrate the egg after they were released, the vital/viable swift preventive action from the champion or winner or victorious sperm force the competitors to sluff off.

Ndị Igbo or the Igbo people consider this action of Igboshikwo/ prevention as the manifestation of God's infinite love *(Ihụnanya Chi/Chineke/Chukwu/Nna)*. In this action, God's love is therefore expressed between the sperm and the egg of the biological parents of every ethnic group in the one and only one human race. The author's MGM (Queen Akụobi, Nwalọlọ Ube Ntete, Ezeugo) and PGM (Queen Nwanyịjabụ M! M! M! Durugbọ Ebughu) pointed out that

Ndị Igbo/the Igbo people regard the preventive *Igboshikwo*/prevention action of the sperm as the Eziokwu Ọdọ Bụ O zuru Mba Ọnụ (another truthful common universal denominator and/or reality). Actually, according to the author's MGM and PGM, *Igboshikwo*/prevention and/or the preventive action of the champion/winner sperm are the core indications of monism among humankind. It is also concrete evidence that there is no such thing as the black race or white race. *Ndị Igbo*/the Igbo people are *Ojemba enwe iro or ilo.* It means that *Ndị Igbo*/the Igbo people are cheerful travelers who always get along with people from other different ethnic groups.

That *Ojemba enwe iro* or *ilo* attribute of *Ndị Igbo*/the Igbo people could be traced back to their ancestors when they left the land of Canaan to Egypt. According to Exodus 12:40, "The time that the Israelites spent in Egypt was Four Hundred and Thirty Years." The Israelites lived 430 years in the land of Egypt before they relocated back to the land of Canaan, Kiriath-Arba (or Hebron, the dwelling abode where Abraham and Isaac resided as aliens).

Joseph was sold to Egypt by his brothers where he became a governor through his agrarian policy. Genesis 47:13–26 says, "And on all the earth around there was now no food anywhere, for the famine had grown very severe and Egypt and Canaan were both weak with hunger. Joseph accumulated all the money…and put the money in Pharaoh's palace. When all the money…was exhausted…came to Joseph pleading…for our money has come to an end. …when the year was over, they came…and said to him…take us and our land in exchange for food…become Pharaoh's serfs… Thus Joseph acquired all the land in Egypt for Pharaoh… Then Joseph said to the people… on Pharaoh's behalf. Here is the seed for you to sow the land. But of the harvest you must give a fifth to pharaoh… So Joseph made a law, still in force today, as regards the soil in Egypt that one fifth should go to the pharaoh. Only the land of priests did not go to the Pharaoh."

Joseph brought his brothers and his father Jacob whom God renamed Israel to Egypt. Both Joseph and Sesostris I, who was the compassionate pharaoh, treated the children of Jacob/Israel with kindness and died around 1635 BC. A Pharaoh named Sesostris III was the second in line who succeeded Sesostris I. Sesostris III enslaved the children of Jacob/Israel in the land of Egypt. Amenemhet III succeeded Sesostris III after his death. Exodus 1:8–22 gave an account of how (Amenemhet III was not cited in the Bible) the third pharaoh who succeeded Sesostris I, the kind pharaoh continued to enslave, maltreat, and persecute the children of Jacob/Israel in the land of Egypt. Exodus 2:1–10 depicted that Moses was born (at about 1517 BC not cited in the Bible when Amenemhet III succeeded Sesostris III) and was raised by the pharaoh's daughter who found him by the banks of River Nile. Moses knew his heritage when he grew up. Moses requested from Pharaoh to let the children of Jacob/Israel go, but Pharaoh refused and continued to persecute the Israelites. Exodus 7:14 provided the information regarding the first plague from God to the Egyptians when the Pharaoh refused to let the children of Jacob/Israel go. Exodus 8:12 revealed how God sent a total of ten plagues to Pharaoh and his Egyptian people so they could let the children of Jacob/Israel leave the land of Egypt. During Exodus, the ancestors of *Ndị Igbo*/the Igbo people did not relocate with other children of Jacob/Israel when they left Egypt back to the land of Canaan Kiriath-Arba (also known as Hebron, where Abraham and Isaac resided as aliens), where they relocated out from their journey to Egypt.

The following were the group of the sons of Jacob/Israel who relocated to the Ọdịda Anyawụ nke Africa (West Africa).

Ndị Igbo/Igbo people who are/were the descendants of Naphtali, the sixth son of Jacob/Israel together with Bilhah.

Ndị Igbo/Igbo people who are/were the descendants of Gad, the seventh son of Jacob/Israel together with Zilpah.

Ndị Igbo/Igbo people who are/were the descendants of Asher, the eighth son of Jacob/Israel together with Zilpah.

Ndị Igbo/Igbo people who are/were the descendants of Benjamin, the twelfth son Jacob/Israel together with his beloved wife Rachel.

Those children of Jacob/Israel gradually left Egypt from about 1571 BC after the birth of Moses to about 1491 BC during the mass Exodus when the Israelites finally left Egypt after the plagues. *Ndị Igbo*/the Igbo group mentioned above could not endure the oppression and persecution from the harsh pharaohs, therefore they traveled out of Egypt down to Obodo Ọdịda Anyawụ nke Africa (West Africa) and settled down predominantly at Aba, Agụlụeri, Akọkwa, Anịocha, the Arọs, Calaba, Enugu, Ịgala Ịlla, Ijebu Igbo, Isoko, Ichekiri, kalagbarị Mbammiri group, Nembe, Nri, Nssụka, Ọkigwe, Ọka (the colonial team misspelled to coin out Awka), Oji, Ọnịcha (misppelled Onitisha), Ọrlụ, Ọtụrụkpo, Obigbo, Obodo Ukwu, Opobo, Osina, Owerre, Ụmụahịa, Ubiaja, Urualla (to mention few) na Obodo dị na Ọwụwa Anyawụ soro nọrọ na Obodo ndị ọdọ dị na iche na iche nọ na Ọdịdana Anyawụ nke Africa (West Africa). *Ndị Igbo*/the Igbo people have suffered persecution right from before and after when they left Egypt and migrated to the Obodo Ọdịda Anyawụ nke Africa (West Africa). Certain groups of people from different ethnic groups of humankind from one era to another have burned, hacked off heads, killed, maimed, murdered, persecuted, roasted, slaughtered, snuffed off lives, and tortured *Ndị Igbo*/the Igbo people. It is unclear if the perpetrators and persecutors mentioned earlier from one era to the other had attacked *Ndị Igbo*/the Igbo people believing they could have exterminated Ụmụ Igbo off from the face of the earth. While certain ethnic group constantly slaughter and aim at exterminating the existence of Ụmụ Igbo, the great Igbo P building task actions from *Ndị Igbo*/the Igbo people continue to obey Chineke or Chukwu Okike Abịama or the Almighty God, the Creator, with their untiring building performances through the actions of the champion or winner or victorious sperm inside the egg during fertilization, populating humankind. No matter what situation Ụmụ Igbo found themselves, they never relent their efforts obeying Chukwu Okike Abịama by performing the great Igbo P actions during fertilization in the fallopian tube. Ụmụ Igbo play vital responsibility in promoting and propagating the human race. It includes the very families and the ethnic groups involved in persecuting *Ndị Igbo*/the Igbo people. Regardless of the harsh and morbid situations the Igbo people had been subjected to, *Ụmụ Igbo na Ndị Igbo* continue to remain the obedient children of Chineke or Chukwu Okike Abịama and/or Yahweh.

Igbochidonkechinyeregị or Protection

The words *Igbochidonkechinyeregị*/protection focus on the actions related to the protection of the fruitful union between the champion or winner or victorious sperm and the egg. At this stage, the egg and the sperm have successfully formed one body known as the embryo/morula/zygote. The champion or winner or victorious sperm had lost the tail earlier. The fused body resembles a crown. The champion or winner or victorious sperm had already spewed some enzyme in the wreath-like new environment that formed a barricade which had prevented other 180,000,000 to a maximum of 380,000,000 sperms from penetrating the fertilized egg. The sperm at the same time guides and protects the new life that will eventually form into a new human known as the fetus/baby. That new life becomes a new complex multimillion cell which consists of the forty-six somatic diploid cells found in the body of every human in all ethnic groups. This stage, according to the author's maternal and paternal grandmothers, is the hallmark that represents the source of the most important cardinal belief system point of *Ndị Igbo* in *Chi Onye* or personal chi. The grandmothers explained that the winner sperm at that point had clearly marked and would continuously focus on protecting her/his territory. That is the reason *Ndị Igbo*/ the Igbo people strongly believe in *Onye kwe Chi Ya kwere* (If one exhibited faith in one's personal God, one's personal God would exhibit faith too). *Onye kwe Chi Ya kwere* is the fundamental source of belief that enables *Ndị Igbo* to devote their faith and trust in Chi or Chineke or Chukwu Okike Abịama or God. The link between *Igbochidonkechinyeregị* (Protection of what God gave humankind) and the Igbo-ness of Ụmụ Igbo are directly associated with the exact utterances God proclaimed during the creation of Adam. God's divine will and spoken words to build and protect humankind were unleashed onto the word *Igbochidonkechinyeregị* by God to *Ndị Igbo*. The word *Igbo* purely originated from the will of God to mark His revered replication of actions and words when He created the first mankind in the four Igbo P actions during fertilization in the fallopian tube. The statues of God's words during creation are always revealed effectively each time the four Igbo P actions take place during fertilization in the fallopian tubes. Hence, *Igbochidonkechinyeregi* is a necessary and/or compelling, powerful protective action in the replication of God's ordinances during the creation of humankind. God's words of creation, which were divinely pegged inside the building task actions of the great four Igbo P replication processes serve as the personal innate soul Chi, or Chineke, or Chukwu Okike Abiama, or Elohim, or El Olam, or God, and/or Yahweh. God permanently inculcated the indelible skill to build inside *Ndi Igbo* or the Igbo people's deoxyribonucleic acid (DNA). *Ndi Igbo* or the Igbo people clearly understand that right from the beginning of creation, God weaved inside the name *Igbo* a high moral value that translates into one of the most known existing high-quality gifts of divine spiritual heritage. That heirloom was bequeathed to Umu Igbo and their lineage from generation to generation by God, Elohim, or El Olam, the Creator of humankind. Chinekengiri (The Chi God that creates DNA) or Chukwu Okike Abiama or El Olam or God or Yahweh. *Ndi Igbo*/the Igbo people culturally depend, serve, and worship God.

God primarily created *Ndi Igbo*/the Igbo people and endowed Umu Igbo with the unique and uncanny talented gift of building anything right from the scratch. El Olam, God the Creator, mandated Umu Igbo to be builders when Elohim enthroned the four great Igbo P actions inside the word *Igbo*. That is why *Ndi Igbo*/the Igbo people are Umu Igbo Chinekengiri, Chukwu Okike Abiama, El Olam God, the Creator of the talented builders. Umu Igbo simply know how to *build*. Umu Igbo simply obey God when they build anything and everything out from nothing wherever they are domiciled all over the world. Umu Igbo cannot help themselves when they build because they are the instruments whereby God continues to populate humankind throughout the world. Umu Igbo are not stubborn or stupid for they are like the obedient children complying with Chinekengiri, Chukwu Okike Abiama, El Olam, God the Creator. Umu Igbo focus on Chinekengiri/Chukwu Okike Abiama their Father's instructions when they build. Umu Igbo always comply with Chineke or Chukwu Okike Abiama or God of Ndi Igbo. The core actions of Ndi Igbo are fundamental directives of God's actions and words when they perform their marvelous building tasks wherever they settle down in any part of the world. If *Ndị Igbo* or Igbo people only built exclusively in Igbo land, they would have inadvertently veered off from the directives mandated by Chineke or Chukwu Okike Abịama. Ụmụ Igbo are the servants of Chineke or Chukwu Okike Abịama or God. Gbam. Kpọm Kwem.

Ụmụ Igbo have their innate unavoidable weakness, which is that they cannot help themselves being the builders associated with the four great Igbo P actions, which has been inculcated inside the Igbo word.

Just like the bull elephants are constantly poached because the Lord God endowed them with their tusks since after He created them, likewise, Ụmụ Igbo have been baked, beheaded, boiled, broiled, drowned, exterminated, dehumanized, slaughtered, sundried—you name it—by various ethnic groups because they consider Ndị Igbo their threats. Those other ethnic groups, including the colonial team, do not have the knowledge and the origin of Ndị Igbo. Ndị Igbo have great value for every human who has existed and still exists in this world. That is the reason they always relocate when they are being targeted and persecuted by any other ethnic group. On behalf of Ụmụ Igbo all over the world, the author sincerely forgave the persecutors right here.

There is a great need for other ethnic groups to understand and appreciate Ndị Igbo based on the four great Igbo P actions. The author appeals to humankind all over the world to henceforth cease and desist from persecuting Ndị Igbo. Ụmụ Igbo must continue to obey Chineke or Chukwu Okike Abịama or God each time Ndị Igbo build and multiply humankind from every fallopian tube of every ethnic group all over the world. Ndị Igbo or Igbo people thrive and rely on God who created the world and everything in it. God instructed Ụmụ Igbo exclusively to assume His mandated responsibility to continue building up MMADỤ NA IME ỤWA NKE CHUKWU OKIKE ABỊAMA. EL OLAM God the Creator NYERE ANYỊ ỤMỤ IGBO AHA DỊ NSỌ/ỤTỌ MAKA NA CHUKWU MAZURU IHE NILE NA EME NA ỤWA.

Igbokwaba or Preservation

The word *Igbokwaba*/preservation elaborates on how the actions of the champion or winner or victorious sperm devotes its time and energy to preserve human lineage from fertilization to fermentation or death.

Igbokwaba/Preservation *bụ Nwanyị na Nwoke Ezu ike.*

Igbokwaba/Preservation *bụ Ọkụkọ Okeọkpa/Nnekwu ukwu teghete na anaghị arahụ ụra.*

Igbokwaba/Preservation *bụ Nga Mmadụ ruru kpọtọgha ishi ya bie.*

Genetic Code and Connection with Igbo

What is a genetic code?

Quick answer: A genetic code in a dictionary meaning is for when "words" are formed by sequences of three nucleotides called "codons." Each codon defines or codes for a specific amino acid. (https://www.reference.com/science/genetic-code-10a22647 ab463e9b?aq=genetic+code&qo=cdpArticles)

Genetic code is what makes every humankind who the female and male are.

The genetic code is the unique constitution Chinekenịgrị/Chukwu Okike Abịama/God Ndị Igbo ordained in every human when He created Adam and Eve. All humankind inherited their genetic codes from their biological parents, their grandparents, and subsequent ancestral parents. This is the core evidence as to why Chinekenịgrị/Chukwu Okike Abịama/God/Yahweh Chose Ndị Igbo to be His selected builders for procreation.

There is a CHIMERA revelation, which is a rare/unique special knowledge the Lord Chinekenịgrị/Chukwu Okike Abịama/God/Yahweh deposited into the word known as Igbo. That is why Ndị Igbo, especially Urualla people has a wise saying that has a lot to do with CHIMERA factor.

Ya Kpatara, Ebe Nịgrị Nwa Shiri Lọọ Ụwa Na Agbụrụ anyị, Ya hiri Gbaruo Elu. (Wherever a child picked up DNA within our ancestral lineage, let that child meet up her/his developmental milestones).

CHIMERA is a situation when the regular DNA test result might not manifest the DNA of both biological parents of a child they gave birth to. That does not necessarily mean that the child isn't their biological offspring. It simply means that the child had picked up her/his ancestral parent's DNA from either or from both biological parents.

CHIMERA (means God-created or God-made personal chi) provides the ancestral/primeval and/or sibling's hidden DNA that manifests themselves in some family members when the biological parents' DNA does not match with that of their offspring/s. When that happens, it does not necessarily mean that the offspring in question does not belong to the biological parents. Most of the times, such children are geniuses.

CHIMERA is the source of Ndị Igbo's belief in reincarnation.

CHIMERA is the source of Ndị Igbo's belief *Na Oke Ochie Mmụọ Lọrọ Ụwa* (That the great elderly spirit has reincarnated).

CHIMERA is one of the greatest gifts Chinekenịgrị/Chukwu Okike Abịama/God gave to Ndị Igbo, which is one of the factors that account for their deep-rooted wisdom.

CHIMERA is the fulcrum to the concept of *Otu Nne Mmụọ, Otu Chi anaghị Eke.*

CHIMERA is the common core *Onye Kwe Chi Ya Kwe*, powerful Igbo knowledge, which could be linked to the common single parent for all humankind.

CHIMERA was the reason Igbo people left Egypt around 1571 BC to settle down *na ọwụwa Anyanwụ obodo dị na ọdịda Anyanwụ nke Africa.*

CHIMERA is the reason Ndị Igbo/people has currently refused to be constantly annihilated and persecuted in the coined out "N-word" slavery country named Nigeria.

CHIMERA is the reason Igbo people currently need to put a *final stop* to killings that aim to them being exterminated out from the face of the earth.

CHIMERA is the personal chi DNA link between every human to the DNA of her or his first biological single parent created by Chinekenịgrị/Chukwu Okike Abịama/God/Yahweh.

CHIMERA is a powerful DNA connection to all humankind, which originated with the DNA of the ancestral/primordial single parent.

CHIMERA is the fundamental proof that Chinekenịgrị/ Chukwu Okike Abịama/God/Yahweh did not create the black humankind race or the white humankind race and/or slavery.

CHIMERA is the pivotal source of *Onye Kwe Chi Ya Kwe. Gbam. Kpọm Kwem.*

Scientists had traced the origin of all humankind from a source of a single biological parent: Adam and Eve. Adam was the first male whose rib was fashioned into Eve. Chinekenịgrị/Chukwu Okike Abịama/God Ndị Igbo created Adam. Chinekenịgrị/Chukwu Okike Abịama/God Ndị Igbo fashioned Eve out of a single rib He took off from Adam.

Below are excerpts from the genetic code showing the Adam10 and Adam17:

ADAM10 and ADAM17 are the best characterized members of the ADAM (A Disintegrin and Metalloproteinase)—a family of transmembrane proteases. Both are involved in diverse physiological and pathophysiological processes. (https://www.ncbi.nlm.nih.gov/ gene/102)

Igbokwaba/preservation action is among the ultimate biological proofs that Chineke/Chukwu Okike Abịama/God deposited the *legacy* of procreation inside the four great Igbo P actions. According to excerpts from scientists below:

> Previous genetic research has indicated the existence of two ancient modern human individuals who passed their genes along to all humans living today, what scientists have referred to as our *most recent common ancestors*, or MRCAs. The first, designated "Mitochondrial Eve," lived between 190,000 and 200,000 years ago, and the second, "Y-chromosomal Adam," between 50,000 and 115,000 years ago.

Now, a team of researchers led by Stanford University's Carlos Bustamente and David Poznik have redefined the ranges for Y-chromosomal Adam and Mitochondrial Eve, placing them at 120,000 to 156,000 years ago and 99,000 to 148,000 years ago, respectively. The most significant finding relates to the relative timing of their existence.

"Previous research has indicated that the male MRCA lived much more recently than the female MRCA," said Carlos Bustamante, PhD, a professor of genetics at Stanford. "But now our research shows that there's no discrepancy." The study results suggest that genetic Adam and Eve lived much closer together in time than previous studies have suggested."

(http://popular-archaeology.com/issue/june-2013/article/researchers-shed-new-light-on-genetic-adam-and-eve)

Igbokwaba/preservation with its actions utilizes the indefatigable as well as indefeasible Adam's genetic coded attributes from Chineke or Chukwu Okike Abịama to preserve the human race after the creation of Adam and Eve, the biblical first parents. The Adam genetic codes provide *Igbokwaba*/preservation action with the ability and power to aid humankind both in the prevention and/or curing/healing of various diseases. The Adam genetic codes help *Igbokwaba*/preservation action with the incredible role to clean, fight (foreign intruders inside the body), fortify, repair, and restore damaged tissues in every humankind.

Genomic Locations for ADAM17 Gene

Genomic Locations for ADAM17, Gene *chr2:9,488,486-9,555,792* (GRCh38/hg38), *Size:* 67,307 bases.

Orientation: Minus strand; *chr2:9,628,615-9,695,921;* (GRCh37/hg19)

Genomic View for ADAM17 Gene

Genes around ADAM17 on UCSC Golden Path with GeneCards custom track

Cytogenetic band:

2p25.1 by Ensembl

2p25.1 by Entrez Gene

2p25.1 by HGNC

ADAM17 gene in genomic location: Bands according to Ensembl, locations according to GeneLoc (and/or Entrez Gene and/or Ensembl if different)

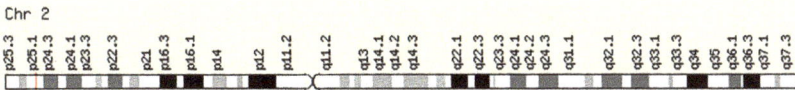

Chr 2

GeneLoc Genomic Neighborhood • Exon Structure • Gene Density

RefSeq DNA sequence for ADAM17 Gene

NC_000002.12

NC_018913.2

http://www.genecards.org/cgi-bin/carddisp.pl?gene=ADAM17

The essential role of *Igbokwaba*/preservation is that each time Ndị Igbo builds through procreation, the recreation of humankind, they are performing the job and/or role Chineke/Chukwu Okike Abịama/God had assigned to them after He created Adam, the first human.

The above explanations clearly expounded how the word Igbo has been connected to the undisputed biological tract which supports the great four Igbo P's powerful key actions from the champion and/or the winner/victorious sperm during the formation of humankind in the fallopian tube for all ethnic groups.

Igbo is the short form of the four great P's, which are *Igbodoanya*/ to persevere, *Igboshikwo*/to prevent, *Igbochidonkechinyeregi*/to protect what God gave you, and *Igbokwaba*/to persevere.

Perseverance, prevention, protection, and preservation are the four great Igbo P actions that occur during fertilization of all humankind in the fallopian tube. The fertilization, implantation, and the entire process from conception to the birth of humankind in all ethnic groups even till human demise indubitably remains/ undergoes the same four Igbo P actions. Basically, the four Igbo P actions' process during fertilization in the fallopian tube are the actual powerful rudimentary IGBODOANYA, IGBOSHIKWO, IGBOCHIDONKECHINYEREGỊ, and IGBOKWABA or Igbo word that existed during the onset of God's creation of human- kind. That is the reason, IGBODOANYA, IGBOSHIKWO, IGBOCHIDONKECHINYEREGỊ, and IGBOKWABA or Igbo represent, but not limited to the following:

1. The building action of God's spoken words during the cre- ation of humankind or Mmadụ (Mmadụ means the beauty of life).
2. The blueprint of God's word in building action during the creation of humankind.
3. The continuity of God's durable and/or dynamic building work during the creation of humankind.
4. The enduring building of the image and likeness of divine attribute which God bestowed upon humankind during and after creation.
5. The building legacy of God's words in action during the creation of humankind.
6. The building of and the seal of God's words in action during the creation of humankind.
7. The building job in the replication of the spoken words of God during the creation of humankind.
8. The building work action that represents the wisdom of God's love during the creation of humankind.

When God was ready to create humankind, God spoke in Genesis chapter 1:26, "Then God said, 'let us make Humankind in our image, according to our likeness; and let them have dominion over…" God created humankind through His divine spoken words. God proclaimed His very words of creation and inculcated His words into the words known as IGBODOANYA, IGBOSHIKWO IGBOCHIDONKECHINYEREGỊ, AND IGBOKWABA or

IGBO. From that moment, the word *Igbo* served as the embodiment of God's statutes and ordinances when He created humankind in his likeness and image. The words IGBODOANYA, IGBOSHIKWO, IGBOCHIDONKECHINYEREGỊ, AND IGBOKWABA or IGBO had always carried out the building tasks and actions of God's spoken words faithfully (in the four Igbo P action processes during fertilization in the fallopian tubes) during the creation of humankind in His likeness and image from generation to generation till today. When the words IGBODOANYA, IGBOSHIKWO, IGBOCHIDONKECHINYEREGỊ, AND IGBOKWABA or IGBO are diligently executed from the great four Igbo P actions and process during fertilization in the fallopian tubes, the actions basically depict the *primary building* task Chineke/Chukwu Okike Abịama/Elohim/God/Yahweh assigned to Ndị Igbo/the Igbo people for the creation of every subsequent humankind after Adam and Eve.

Dika otu Chineke Nna shiri kee ihe nile, dozie ha ka ha dịrị na ụdị na ụdị. Ọ bụ otu aka aa ka Chineke shiri keye Mba nile kenye ha ozi ha ga ejere ya were ruo mgbe Chineke ga akpọ mmadụ ka ha lọta na ala eze ebighịebi. Ọ bụ otu aka ahụ ka Ụmụ Igbo si na aga ozi Chineke, or Chukwu Okike Abịama, or Elohim, or El Olam God the Creator, or Yahweh *ziri ha mgbe nile. Ụmụ Igbo, biko ụnụ elekwela anya na azụ. Gaa nụ n'ihu. Ozi nke a Chineke, or Chukwu Okike Abịama, or Elohim, or El Olam,* God the Creator, or Yahweh *kenyere Ụmụ Igbo karịrị Aku na Ụba maọbụ Ọchịchị na ihe ndị ọdọ dị na iche na iche Chineke or Chukwu Okike Abịama* or Elohim, or El Olam, God the Creator, Yahweh kere n'elu ụwa. *Ụmụ Igbo, biko, obi ụnụ bụrụ otu. Hụnụ onwe ụnụ na-anya.*

God created Ndị Igbo or Igbo people to be His builders.

In Genesis chapter 1:28, after God created the first male and female, God blessed them and God said to them, "Be fruitful and multiply, and fill the earth and subdue it, and have dominion over the fish of the sea and over the birds of the air and over every living living thing that moves upon the earth." The words IGBODOANYA, IGBOSHIKWO, IGBOCHIDONKECHINYEREGỊ, AND IGBOKWABA or IGBO are the anchorage of God's work through His spoken words. Each time the four great Igbo P actions happen during fertilization in the fallopian, God's words and work are revealed, revered, and replicated in the creation humankind. The four great IGBO P actions during fertilization in the fallopian tubes replenish the population of humankind. The four IGBO P actions are absolutely necessary in the world so that humankind should continue to accomplish the one commandment God gave to humankind which was/is, according to Genesis 1:28–29, "God blessed them… Be fruitful and multiply, and fill the earth and subdue it…the earth."

Ndị Igbo or the Igbo people should continue to remain focused in performing the building task God had assigned to them right from the AEON. Obedience to Chineke or Chukwu Okike Abịama or Elohim, El Olam, God the Creator, or Yahweh is supremely divine and/or better to winning any leadership position. Leaders hold positions and leave positions, but the four great Igbo P actions ordained by God remains durable and constant within Ụmụ Igbo. Wherever Onye Igbo is domiciled in any part of the world, that Onye Igbo would instantly commence the innate building actions from Chineke or Chukwu Okike Abịama or Elohim, El Olam, God the Creator, or Yahweh. The "capital crime" Ndị Igbo/the Igbo people committed is that they bore inside their DNA the name of the divine words that were/are converted into actions for the creation of humankind. Those noble words are manifested in the four great Igbo P actions which Chineke/Chukwu Okike Abịama/God accorded to Ụmụ Igbo. Another "capital crime" Ndị Igbo/the Igbo people committed is that they are the obedient and selected Ụmụ Chineke/Chukwu Okike Abịama/God, who always fulfills the divine task. God inculcated inside their DNA (starting from Adam, the first human) through their name known as IGBODOANYA, IGBOSHIKWO, IGBOCHIDONKECHINYEREGỊ, AND IGBOKWABA or IGBO. God coded/fortified inside Ndị Igbo/the Igbo people's DNA with the uncanny knowledge on how *to build*.

To build was and has been the primary gift God or Chukwu Okike Abịama meshed into the cells and fibers of Ndị Igbo/the Igbo people. Chukwu Okike Abịama created Ụmụ Igbo *to build, to build, to build* no matter what. That is all Ndị Igbo/the Igbo people know how to *do*. Ụmụ Igbo can build anything and everything from the scratch. It is unclear or unknown if anything or anyone can stop Ndị Igbo/The Igbo people from *building* anything and everything. Ndị Igbo/the Igbo people *na-arịọ Chineke/Chukwu Okike Abịama*/God *mgbaghra maka njọ ha* (an act of contrition) *mgbe nile ha mejọrọ mmadụ ibe ha ya na Chukwu Okike Abịama.*

Ndị Igbo/the Igbo people *na-akpụpụ arụ ma mmadu kpaa arụ megidere Chineke/Chukwu Okike Abịama*/God *na mmadụ Chineke kere eke.* (This is purification.)

Ndị Igbo/the Igbo people *na-eme ọpịpịa maka njọ ha mgbe ọbụla ha jehere ụzọ Chineke/Chukwu Okike Abịama*/God/Elohim/Yahweh (This is repentance).

Ndị Igbo/the Igbo people *na-rịọ Chineke/Chukwu Okike Abịama/ God arịrịọọ enyem aka mgbe nile ma ha nọrọ n'mkpa.*

Maka ihi na;

Chi Ndị Igbo/the Igbo people *dị mma.*

Chi Ndị Igbo/the Igbo people *mụ anya.*

Chinaedu Ndị Igbo/the Igbo people *mgbe nile.*

Chukwuma ihe nile na eme Ndị Igbo/the Igbo people.

Ndị Igbo/the Igbo people *bụ Ụmụ Chineke/Chukwu Okike Abịama*/God *mgbe nile.*

Ndị Igbo/the Igbo people *Chekwubere na Chineke/Chukwu Okike Abịama*/God *mgbe nile.*

Ndị Igbo/the Igbo people *na-agọzi na-eto Ọkaka Chineke/ Chukwu Okike Abịama*/God *mgbe nile.*

Ndị Igbo/the Igbo people *na-ekele Chineke/Chukwu Okike Abịama*/God *mgbe nile.*

Ndị Igbo/the Igbo people *na-ekpere Chineke/Chukwu Okike Abịama*/God *ekpere mgbe nile.*

Ndị Igbo/the Igbo people *na-tụrụ Chineke/Chukwu Okike Abịama*/God *mma mma ma ọ dị mma ma ọ dị njọ mgbe nile.*

Ndị Igbo/the Igbo people *tụkwasara obi ha na Chineke/Chukwu Okike Abịama*/God *Ụmụ Igbo.*

Obishiri Ndị Igbo/the Igbo people *ike na ime Chineke/Chukwu Okike Abịama*/God *site na ndụdị ga ndụ fere na ndụdị ga ndụ were ruoo mgbe ebighi ebi. Gbam. Kpọm Kwem.*

Onyebụchukwu Ndị Igbo/the Igbo people? *Onweghị. Gbam. Kpọm Kwem.*

Onyekachukwu Ndị Igbo/the Igbo people? *Onweghị. Gbam. Kpọm Kwem.*

There are about 196 countries on earth/planet or in this world. It is plausible to postulate that one Onye Igbo or a couple of Ndị Igbo could have or reside/s in the 196 countries mentioned above. It is awesome to inform the readers right here that it is also plausible that one and/or a couple of Ndị Igbo/the Igbo people from *Obodo dị na Ọdịda Anyawụ nke* Africa has/have maintained domiciliary in the 196 countries known to exist in this world. The ability of Ụmụ Igbo, bụrụkwa Ụmụ Chineke/Chukwu Okike Abịama/God to do everything they do purely out of nothing did or does not originate out from their own making or power. Ndị Igbo/the Igbo people simply depend on the ntọnala/foundation established for them by Chineke or Chukwu Okike Abịama or Elohim, or Yahweh when God instructed that they must conform to total resignation to Osebiriuwa who owns heaven and earth and does everything for Ụmụ Igbo. Ndị Igbo/the Igbo people have been and are still the same Ụmụ Chineke/Chukwu Okike Abịama/God they have always been after God created the first male and female. Ndị Igbo/the Igbo people are always performing the *building* task Chineke/Chukwu Okike Abịama/God had assigned to them to do ever since after God created humankind. *Na ihi nke a,* or therefore, the four great Igbo P actions (below) which are IGBODOANYA, IGBOSHIKWO IGBOCHIDONKECHINYEREGỊ AND IGBOKWABA during fertilization in the fallopian tube are the one and only true humankind race. The four great Igbo P actions during fertilization in the fallopian tube had always been, has been, is still, and shall continue to be the enduring image and likeness of God and divine attribute which God bestowed upon humankind during creation. Therefore, IGBO BỤ MMADỤ (Igbo is the beauty of life). IGBO BỤ UGO SARA ASA ASARAGWERE. IGBO BỤ UGO SARA ASA A NAGHỊ ECHU ECHU. IGBO BỤ God's selected special ỤMỤ CHINEKE/CHUKWU OKIKE ABỊAMA/GOD. GBAM. KPỌM KWEM. (Period).

The only human real reliable race showing IGBODOANYA, the initiation of the four great Igbo P building actions during fertilization in the fallopian tube. The subsequent actions IGBOSHIKWO, IGBOCHIDONKECHINYEREGỊ, AND IGBOKWABA continues until transition of humankind to the glory of Chineke or Chukwu Abịama or God or Elohim or Yahweh. The short form of IGBODOANYA, IGBOSHIKWO, IGBOCHIDONKECHINYEREGỊ, AND IGBOKWABA is Igbo. The above champion/victorious/winner has prevented other sperms from penetrating the egg.

Drawn by Royal Princess Obiamaka Uchenna Obinna-Okafor, the granddaughter of the author.

Photo Credit: **Abraham Madu' via AfricanWorldForum** africanworldforum@googlegroups.com

ỌJỊ IGBO.

CHAPTER 3

The hardcore truth still remains that Ndị Igbo/the Igbo people were/are not the IBO people. IBO means "to accuse"; therefore, the three-letter words IBO are off the tangent from what the four-letter IGBO words represent. The *primordial,* full words IGBODOANYA, IGBOSHIKWO IGBOCHIDONKECHINYEREGỊ, AND IGBOKWABA could be linked up within the primeval biological four great Igbo P actions that occur between the gamete sex cells during fertilization from the inception of the existence of humankind. When the four great Igbo P actions happen during fertilization, the actions subsequently progress to the birth of a baby and/or *mmadụ*/humankind. The Igbo people and/or Ndị Igbo sincerely believe that they are the selected special children of God known as Ụmụ CHINEKENGỊRỊ (which means God that created deoxyribonucleic Acid [DNA] or Ụmụ CHIUKWU OKIKE ABỊAMA or CHUKWU OKIKE ABỊAMA/Great God of Abraham). CHINEKENGỊRỊ is the full name of Chineke. Ọkaka Chineke or CHIUKWU OKIKE ABỊAMA or CHUKWU OKIKE ABỊAMA *kere eligwe na ala* (the Great God of Abraham/Abaraham that created heaven and earth). The Agbasa IGBO Agwụ Ndị Igbo (the reliable beginning and end Almighty God of the Igbo people).

CHIUKWU OKIKE ABỊAMA or CHUKWU OKIKE ABỊAMA/GREAT GOD OF GREAT GOD OF ABRAHAM/ABARAHAM and/or CHINEKENGỊRỊ or CHINEKE onye okike na enweghị ishi mbido ma ọbụ ishi ngwushị that named Ndị Igbo Ụmụ Osebiriụwa/Chineke/Chukwu Okike Abịama and/or Ndị nke ya (God the Creator, the Most High who has no beginning or end and called Ndị Igbo/His people). Ndị Igbo/Igbo people most of the time name their children Nwachukwu (child of God). Ndị Igbo/the Igbo people, actually, are the children of God. The personal chi of Ndị Igbo/Igbo people is Chi/Chineke/Chukwu Okike Abịama due to the four Igbo P actions during the process of fertilization in the fallopian tube. Chineke/ Chukwu Okike Abịama Ndị Igbo/Igbo people *mụ anya, na echekwaba, na edu ha mgbe nile site na mgbe O kechara ụwa.* (The ever living God of Ndị Igbo/Igbo people guides and leads them since He first created humankind). *Ọ bụ site na Uche Chineke/Chukwu Okike Abịama Ndị Igbo/Igbo People onye nke mụ anya ka Ọ kpachapụrụ anya were ama mụ ihe na ịhụnanya nke ya zuru oke ghụọ ụmụ ya ahụ, nye ha ụbụrụ ishi na enweghị atụ.* (The ever living God of Ndị Igbo/Igbo people willingly and out of His love endowed His children with the wisdom of brain power which could not be duplicated).

Ndị Igbo/Igbo people *nọrọ onwe ha ebe ha nọ mgbe* Chineke/ Chukwu Okike Abịama *kere ụwa.* Ndị Igbo/Igbo people did not bribe Chineke/Chukwu Okike Abịama when He created human-kind. *Ọ bụ ya ga-eme ka mmadụ nile nọ na-ụwa ghọta na Ụmụ Igbo enyeghị Chineke/Chukwu Okike Abịama aka na azụ, awufu, mmanyị, ma ọbụ iri ngari. Ọ masịrị Chineke/Chukwu Okike Abịama, Elohim na Ọkaka nwe ụwa ya were mee ka ntọ na ala okwu Osebiriụwa kwuru mgbe O kere ụwa bụrụ ihe omimi na eme mgbe ọbụla aga akpụ nwa na afọ.* That is the reason people from other ethnic groups should strive to understand that Ndị Igbo or Igbo people did not bribe God or carry out any campaign for God to enthrone the holistic blueprint legacy of the four P Igbo actions during the process of fertilization in the fallopian tube inside the Igbo word. Chineke/Chukwu Okike Abịama/God *na-echekwaba na-alụrụ Ụmụ Igbo ọgụ mgbe nile* (God protects and fights for Ndị Igbo or Igbo people). Ndị Igbo or Igbo people *ji ọgụgụ ụbrụ ishi ha nke Chineke/Chukwu Okike Abịama nyere ha na arụ ọtụtụ ọrụ dị n'iche n'iche. Maka, ọ bụ ozi Ọbashị/Ọbasị kere ha dinyere ha ka ha n'eje. Ọrụ di n'iche n'iche* Ndị Igbo or Igbo people *na arụ mgbe nile kariri ọtụtụ ihe ndị a:* (Ndị Igbo or Igbo people dedicate their lives to serving God by utilizing their gift of their brainpower from God in building different projects according to God's will). Such projects are not limited to:

Aha Igbo IGBODOANYA, IGBOSHIKWO, IGBOCHIDO-NKECHINYEREGỊ NA IGBOKWABA *bụ ihe eji akpụ nwa nile a mụrụ na elu ụwa.* (the Igbo name and/or Igbodoanya/to persevere, Igboshikwo/to prevent, Igbochidonkechinyeregị/to protect what God gave you and Igbokwaba/to preserve are the four Igbo P actions that facilitate the process of fertilization in the fallopian tube). *Igbo bụ ugegbe ihụnanya* Chineke/Chukwu Okike Abịama (Igbo is the reflection of God's love). In addition to that:

The Ndị Igbo/Igbo people can start from the scratch or out of nothing, build almost anything because Chineke/Chukwu Okike Abịama/God *na-echekwaba na-alụrụ Ụmụ Igbo ọgụ mgbe nile.*

Ị gba mgbere ịzụ ahia doro Ụmụ Igbo anya (Ndị Igbo or Igbo people are experts in business commerce/investment).

Ị gụ akwụkwọ guruo ya n'ngwụshị na ihe nmụta dị na iche na iche doro Ụmụ Igbo anya (Ndị Igbo or Igbo people are highly educated to the highest level found in different academic fields/professions).

Ị kọ ihe n'ubi doro Ụmụ Igbo anya (Ndị Igbo or Igbo people are highly skilled in farming).

Ị ji ụrọ kpụọ efere/ọkụ/ite nkụwa doro Ụmụ Igbo anya (Ndị Igbo or Igbo people are highly skilled at pottery work).

Ị kpụ ụzụ doro Ụmụ Igbo anya (Ndị Igbo or Igbo people are highly skilled in gold/silver/bronze/iron works).

Ị rụ ụlọ na ụzọ doro Ụmụ Igbo anya (Ndị Igbo or Igbo people are skilled real estate and road construction builders).

Ndị Igbo bụ ụmụ Chineke/Chukwu Okike Abịama Ndị arụ/alụ ọrụ/ọlụ (Igbos are the children of God and builders) and many other noble work builders that are beyond the scope of this documentation.

Ndị ishie/ichie Ndị Igbo dobere nne na nna Ụmụ Igbo nile mkpọrọgwụ ntọna ala bụ omenala Igbo nwata Igbo nile ga ana edobe. (The Igbo ancestors left the foundation and tradition of the Igbo culture to the their descendants through their biological parents). *Nke mbụ bụ na Ndị Igbo bụ Ụmụ Chineke/Chukwu Okike Abịama.* (The top on the list is that Ndị Igbo are the children of God). *Maka na ihi nke a Ụmụ Igbo agaghị eru unyri maka Chineke/Chukwu Okike Abịama dị nsọ. Chineke/Chukwu Okike Abịama anaghị eru unyri cha cha.* (Bearing that in mind. Ụmu Igbo should strive to be clean all the time because God is Holy and is never dirty). *Ndị Igbo mụọ nwa nwoke, ha ga ebe ya ugwu ma ọgatacha mkpụrụ abalị asatọ site na ụbọchị a mụrụ nwa nwoke ahụ* (Every Igbo male must be circum-cised eight days after he was born). *Ndị Igbo ga abụrịrị ndị nkpakọba/ nchịkọta Akụ na ịrụ ụlọ/ụnọ. Na ihi, onye na akụsa akụsa agaghị enwe ike ịrụpụta ihe ọbụla. Onye nkụsa ga agaghachi azụ rụgharịa ihe ndị ọkụsara. Mgbe ọ rụchara ya ka ọ ga-enwe ike bido nkpakọba/nchịkọta Akụ na ịrụ ụlọ/ụnọ ọdọ/ọzọ.* (Ndị Igbo/Igbo people must be perfect builders because anybody who destroys will find it difficult to build until the person rebuilds that which that person had destroyed). Ndị Igbo/Igbo people are the children of God. Ndị Igbo/Igbo peo-ple believe Chineke/Chukwu Okike Abịama/God is their king and leader. Ndị Igbo/Igbo people could be found in every nation all over the world. Wherever nation Ndị Igbo/Igbo people settle down, they immerse themselves with their characteristic implosion.

The presence of Ndị Igbo/Igbo people in any community they settle down on, contribute immensely to the positive economic abundance of such town. To build, construct, and restore runs in Ndị Igbo/Igbo people's DNA. Ndị Igbo/Igbo people are peaceful and God-fearing people. Any surprise Ndị Igbo/Igbo people are resilient, solid, tenacious, and above all are nothing but excellent archivers. In the past, right from the beginning of creation, God gave Ndị Igbo/Igbo people an unsurpassed moral value which has trans-lated into their spiritual heritage and wealth. It is possible that envy, ignorance, narrow-mindedness as well as prejudice from other eth-nic groups are the key factors that continuously push the non-Igbos to slaughter Ndị Igbo/Igbo people periodically in their attempt to exterminate them. Some other ethnic groups, particularly from the northern Ndị Ugwu na Obodo dị na Ọdịda Anyawụ nke Africa had perniciously been exterminating Ndị Igbo/Igbo people even before Obodo Ọdịda Anyawụ nke Africa (West Africa) gained her indepen-dence from *Ndị Ọchịchị Aghụghọ na Ama m ihe Mkpu Bụ ihe ụfọdị Ndị Bekee mere* (some clever and cunning Caucasian colonial rulers did to) her people. *E nwekwere ụfọdị Ndị Bekee mere ihe Ọma na ala Igbo.* (There were some Caucasians who did good in Igbo land). They built churches, hospitals, schools, and other good deeds in Igbo land.

The colonial team, for instance, in 1945, some Ndị Ugwu (northern extremists with assistance from *nwa bekee)* for no apparent reason resorted to unnecessary killing actions directly aimed to exterminate Ndị Igbo/Igbo people. They resorted to gruesome beheadings, grunt hacking, and maiming of thousands of mostly innocent Ndị Igbo/Igbo people who resided in the land of Ndị Ugwu (Northern) Obodo Ọdịda Anyawụ nke Africa (West Africa). *Nwa bekee buyere ha ngwa agha ha jiri mekpaa* Ndị Igbo/Igbo People *ahụ mepịa ha anya*. Nobody was arrested for the atrocities mentioned above. The fact and truth are/were clear that from 1966 to 1971, millions of Ndị Igbo/Igbo people's lives, both old and young, pregnant women and children were snuffed off by the Ndị Ugwu or the northerners in the land predominantly occupied by the other ethnic groups. They should not have killed Ndị Igbo/Igbo people if they understood that all humankind is one and similar in the eyes of God who created humankind in His own likeness and image.

Ndị Igbo/Igbo people are currently seen domiciled everywhere at the land acquired by Ndị Ugwu or the northerners. Ndị Igbo/Igbo people who reside all over Ndị Ugwu's land in the north simply obey God when they build and build and build and build every necessary infrastructure (or you name it) useful to humankind in that geographic area. Ndị Igbo/Igbo people always unleash their innate building talents anywhere they are domiciled in the whole wide world.

The fact is that if the Ndị Ugwu (northerners) na Obodo dị na Ọdịda Anyawụ nke Africa agitators were to accept the author's challenge and subject themselves to DNA tests, most of them probably could have one way or the other inherited inside them (one of their humankind gametes/haploid cells or sex cells which are made up twenty-three chromosomes) from Onye Igbo/an Igbo person. One should not forget that all humankind originated from a single biological parent. (Refer to the genetic code showing the Adam10 and Adam17.)

The Igbo people have mingled with other ethnic groups wherever they are/were in every part of the world. Therefore, each time these other Ndị Ugwu ethnic group youth from the north performed their massacre of Ndị Igbo/Igbo people, it could not be ruled out that they might have unknowingly ended up the lives of one of their biological parents. Another reminder is that Ndị Ugwu *na kwa mgbo mgbe aluru Agha nwanne na nwanne* (the soldiers from the north who fought the Civil War of 1966 to 1970) "lụrụ" *ọtụtụ ụmụ agbọghọ Ndị Igbo mgbe agha biri.* They "married" most of the Ụmu Agbọghọ Igbo (The Igbo teenage girls) without performing the appropriate and required Igbo traditional wedding/bride price. That kind of marriage or relationship/union between man and woman is considered a pure crime known as Ịgba Nwanyị (RAPE) in Igbo Land.

The girls mentioned above bore many children for *ndị ọkwa mgbọ* (civil war soldiers). *A lụru agha nke a mana akọrọ akụkọ ya maka ihe nchete na Obodo nile dị na Ọdịda Anyawụ nke Africa.* Most of the Ndị Ugwu (northerners) *na Obodo dị na Ọdịda Anyawụ nke Africa kọkwara akụkọ ya bụ agha na ụdị nke ha. Ndị Ugwu kwara mgbọ kpọrọ ọtụtụ ụmụ agbọghọ Ndị Igbo ahụ na ụmụ ha mụọrọ ha lawa na obodo ha bụ Ala Ugwu.* (The soldiers claimed the teenage girls and their children from the Igbo land and relocated back to the north. Those Igbo teenage girls' children have grown up and probably are among the young adults who became members of the current agitators issuing eviction notices to Ndị Igbo/Igbo people in 2017. It is plausible that most of these brilliant agitators possibly could be half Ndị Igbo/Igbo people and/or half ndị ụgwụ other o yiri Igbo ethnic group humankind. The agitators should reflect and sleep over every demand from Ndị Igbo/Igbo people and be careful/wise enough not to dishonor one of their biological parents.)

It is worthy to recognize the fact that Ndị Igbo/Igbo people were given only twenty pounds per family regardless of the hundreds of thousands/million pounds per family as well as collective billions of funds Ndị Igbo/Igbo people actually deposited in their bank accounts after the civil war. That was a horrific and solid economic blockade plan executed directly toward Ndị Igbo/Igbo people to completely wipe Ụmu Igbo out of the face of the earth. It is of an utmost importance to recognize that Ndị Igbo/Igbo and people like Jacob/Israel, their great ancestor, organized themselves and did the following:

Rịọ Chineke/Chukwu Okike Abịama/God mgbaghra maka njọ ha mgbe nile ha mejọrọ mmadụ ibe ha ya na Chukwu Okike Abịama mgbe a lụrụ agha (made a collective and an individual act of contrition for the civil war crimes).

Gwaa Aka ọbara, kpụpụ arụ Ndị Igbo/Igbo people *kpara megidere mmadụ na Chineke/Chukwu Okike Abịama/God mgbe a lụrụ agha* (performed traditional purification ceremonies for the civil war crimes).

*Mee ọpịpịa maka njọ ha megidere mmadụ Chineke/Chukwu Okike Abịama/*God/Elohim/Yahweh *mgbe a lụrụ agha* (showed repentance for the civil war crimes).

*Rịọ Chineke/Chukwu Okike Abịama/*God *arịrịọọ enyem aka maka ịkpachigha akụ na ụba na nri ọnụ nke mmadụ ibe ha napụ ha na nmegido.*

Ndị Igbo/the Igbo people *bere Chineke/Chukwu Okike Abịama/God akwa.*

Ndị Igbo/the Igbo people *Chekwubere na Chineke/Chukwu Okike Abịama/God na oge nke ahụ.*

Ndị Igbo/the Igbo people *Kelere Chineke/Chukwu Okike Abịama/*God *na oge nke ahụ.*

Ndị Igbo/the Igbo people *toro Chineke/Chukwu Okike Abịama/*God *na oge nke ahụ.*

Ndị Igbo/the Igbo people *Tụkwasara obi ha na Chineke/Chukwu Okike Abịama/*God *na oge nke ahụ.*

Chineke/Chukwu Okike Abịama mara ihe ọjọ nile emere Ndị Igbo/the Igbo people *na oge nke ahụ.*

*Chineke/Chukwu Okike Abịama/*God Ndị Igbo/the Igbo people *dị mma, mụrụ kwa anya na duzie Ụmụ Igbo, na meghere ha ụzọ mgbe nile.*

*Chineke/Chukwu Okike Abịama/*God Ndị Igbo/the Igbo people *dị mma were mụrụ anya, lụọrọ ụmụ ya Ndị Igbo ọgụ, dube Ndị Igbo site na ụbochị mmegbu ahụ nile were ruoo na ụbochị ndụ Ụmụ Igbo nile, were ruo mgbe ndụ ebighị ebi. Ọ gaziela, ise O! O! O! Amen.*

*Ụmụ Igbo nke Chineke/Chukwu Okike Abịama/*God *azọshiela ụkwụ na ala ike na oge* Ndị Igbo/the Igbo people *ji eze na ekprị ekweri nkwụ karịrị ahụhụ.*

Ndị Igbo/Igbo people started from the foundation again and built their ways and themselves up to commendable financial stability in Obodo dị na Ọdịda Anyawụ nke Africa.

E bidokwala ha igbukpọshịkwa Ụmụ Igbo ọzọ.

Ụmụ Igbo nke Chineke/Chukwu Okike Abịama/God e bewa kwala akwa kpọọ mkpu jụ!ọ!ọ!

ONWERE ONYE Ọ GA-DIRI MMA

O nwere onye ọ ga-dịrị mma ka e gbukpọọ Ndị Igbo/The Igbo people
O nwere onye ọ ga-dịrị mma ka e megbuoo Ndị Igbo/The Igbo people
Nnamdị Kanụ rụchaa ọlụ ọma
Ụfọdụ Ụmụ Igbo a kpasashịa ya
O nwere onye ọ ga-dịrị mma ka e gbukpọọ Ndị Igbo/the Igbo people
O nwere onye ọ ga-dịrị mma ka e megbuoo Ndị Igbo/the Igbo people
O nwere onye ọ ga-dịrị mma ka e gbukpọọ Ndị Igbo/the Igbo people
O nwere onye ọ ga-dịrị mma ka e megbuoo Ndị Igbo/the Igbo people
Nnamdị Kanụ rụchaa ọlụ ọma
Ụfọdụ Ụmụ Igbo a nara aka azụ na akpa
O nwere onye ọ ga-dịrị mma ka e gbukpọọ Ndị Igbo/the Igbo people
O nwere onye ọ ga-dịrị mma ka e megbuoo Ndị Igbo/the Igbo people
O nwere onye ọ ga-dịrị mma ka e gbukpọọ Ndị Igbo/the Igbo people
O nwere onye ọ ga-dịrị mma ka e megbuoo Ndị Igbo/the Igbo people
Nnamdị Kanụ rụchaa ọlụ ọma
Ụfọdụ Ụmụ Igbo a wefee aka na azụ ree Ndị Igbo
O nwere onye ọ ga-dịrị mma ka e gbukpọọ Ndị Igbo/the Igbo people
O nwere onye ọ ga-dịrị mma ka e megbuoo Ndị Igbo/the Igbo people
O nwere onye ọ ga-dịrị mma ka e gbukpọọ Ndị Igbo/the Igbo people
O nwere onye ọ ga-dịrị mma ka e megbuoo Ndị Igbo/the Igbo people
Nnamdị Kanụ rụchaa ọlụ ọma
Ụfọdụ Ụmụ Igbo bọshaishia
O nwere onye ọ ga-dịrị mma ka e gbukpọọ Ndị Igbo/the Igbo people
O nwere onye ọ ga-dịrị mma ka e megbuoo Ndị Igbo/the Igbo people
O nwere onye ọ ga-dịrị mma ka e gbukpọọ Ndị Igbo/the Igbo people
O nwere onye ọ ga-dịrị mma ka e megbuoo Ndị Igbo/the Igbo people
Nnamdị Kanụ rụchaa ọlụ ọma
Ụfọdụ Ụmụ Igbo e rie ngarị
O nwere onye ọ ga-dịrị mma ka e gbukpọọ Ndị Igbo/the Igbo people
O nwere onye ọ ga-dịrị mma ka e megbuoo Ndị Igbo/the Igbo people

O nwere onye ọ ga-dịrị mma ka e gbukpọọ Ndị Igbo/the Igbo people
O nwere onye ọ ga-dịrị mma ka e megbuoo Ndị Igbo/the Igbo people
Nnamdị Kanụ rụchaa ọlụ ọma
Ụfọdụ Ụmụ wuo ya anya ọkụ
Biko Ụmụ Igbo jikọta nụ obi ụnụ ọnụ ka anyị nwe ike inwere onwe anyị
O nwere onye ọ ga-dịrị mma ka e gbukpọọ Ndị Igbo/the Igbo people
O nwere onye ọ ga-dịrị mma ka e megbuoo Ndị Igbo/the Igbo people

Ndị Igbo/The Igbo people relocated from Egypt to their current geographic ancestral home and place of abode na ọwụwa anyanwụ nke Obodo Ọdịda Anyawụ nke Africa (West Africa) way back between 1635 BC (when Joseph died in Egypt) and 1491 BC, the Exodus when the Israelites left Egypt. Moses was born in between those dates in 1571 BC Ndị Igbo/Igbo people left Egypt around the time when Moses was born because they were enslaved and persecuted. The presence of enslavement and persecution like a plague lingered on, continued to follow Ụmụ Igbo for no apparent reason till this current generation in the twenty-first century. Ndị Igbo/Igbo people have been persecuted all their lives back in time both from the past till the present. It is not as if none of those events of mass slaughtering of Ndị Igbo/Igbo people were not documented. The issue is/was that the murderers who slaughter Ụmụ Igbo denied their actions. They bluntly refuse/refused to admit that by slaughtering Ndị Igbo/Igbo people with impunity, they have been and were/are aiming at exterminating Ụmụ Chineke/Chukwu Okike Abịama/God. The murderers believed they own Obodo dị na Ọdịda Anyawụ nke Africa and the Igbos. The Igbos commit themselves in the hollow of their Chi/Chineke/Chukwu Okike Abịama/Yahweh/God's hands. Every ethnic group in Obodo Ọdịda Anyawụ nke Africa (West Africa) and all over the earth owe it to themselves to recognize and respect each other's talent, utilize each other's talent, work and live in harmony with each other. Every individual is a champion or winner or victorious sperm of her/his father who fertilized his/her mother's egg (refer to earlier pages).

Every individual is her/his biological parents' best. The earth/planet/world is filled up with the same similar individuals who are the champions or winners or victors of humankind, different from other ethnic groups with rich but different cultures. If every individual should celebrate the truth expounded in this documentation by understanding that every individual is/was a champion or winner or a victor of humankind, then respect for one another should prevail within all ethnic groups. Humankind should be viewed as the bevy of champions or winners or a victorious *ndị mmadụ* (beauties of life) because that is exactly what people really are. All humans should treat each other with appreciation for winning the one and only humankind sperm race elaborated in (chapters 1 and 2).

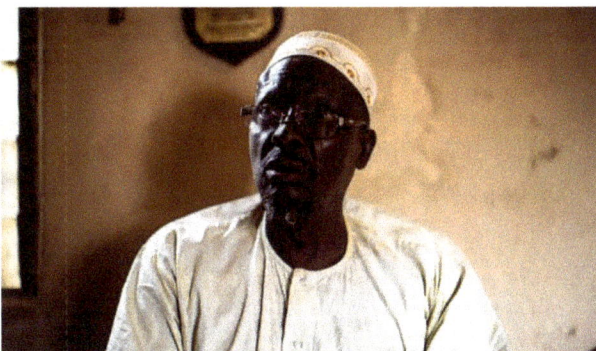

Bala Mohammed, a Nigerian soldier who recounted his experiences fighting against Biafra for the Nigerian army. Mom journeyed with her mother and siblings from one town to the next, fleeing Nigerian soldiers. She ended up in a camp where children died of malnutrition every day. My father, also Igbo, didn't run. He stayed in his village, a hamlet nestled in a dense forest resting on the bank of the Niger River. It became a refuge of hundreds of Igbo families who had nowhere else to go. No one knows how many people died in the war, and the Nigerian government has never presented an official death toll of it. Neither has the United Nations, but estimates range from one to three million. Go to pages 44 and 45 to verify Bala Mohammed's teary testimony.

(Photo Credit: https://www.yahoo.com/news/m/a19ae3bc-993b-3de9-bb5c-4f4ecd453b36/opinion%3A-why-young-africans.html)

(Photo credit: **Abraham Madu' via AfricanWorldForum** <africanworldforum@googlegroups.com>

Asụsụ, Ntọnala na Omenala Igbo tara ọjị igbo dịkwa nsọ, ya mere Igbo jiri dị omimi.

ỌJỊ IGBO BỤ IHE NTỌNALA NA ỌDỊNALA NDỊ IGBO. ONYE WETERE ỌJỊ WETERE NDỤ

Chineke/Chukwu Okike Abịama/Elohim/Yahweh/God *nyere* Ndị Igbo *oke onyinye*

Ọjị bụ onyinye si aka Chineke/Chukwu Okike Abịama/Elohim/ Yahweh/*God bịa*

Ọjị Igbo *na agba iberibe karịrị abụọ*

Ọjị Igbo *na agba iberibe atọ, ma ọbụ anọ, ma ọbụ ise*

Ọ na-ara ahụ a hụ ọjị Igbo *gbara iberibe ishei ma ọ bụ asaa*

E ji ọjị Igbo *egoshi na anabatara mmadụ nke ọma na njem*

E ji ọjị Igbo *eme omenala nile dị na iche na iche na ala* Igbo

Ọjị Igbo *anaghị anụ asụsụ ọdọ/ọzọ karịa asụsụ* Igbo

Okwere kweshie ike

Iseeeeeeee!oooooooo!

Prince Simon Orjiako Simon-Ebughu's exotic apples from ỤMỤEZEARỌ or ỤMỤEZEARỌDỊ URUALLA.

CHAPTER 4

Chineke/Chukwu Okike Abịama/God enthroned the four great P Igbo actions inside the Igbo name to secure an unbroken procreative function after the creation of the first human parents. The Ọbashị or Ọbasị Onye nwe ụwa/owner of the world sealed His spoken words inside the Igbo name. The Lord God Yahweh embedded inside the Igbo name an ongoing legacy in the process creation of humankind from generation to generation until world without end. Chineke/Chukwu Okike Abịama/God enthroned *His* exact spoken words during creation inside the great four P actions of Igbo during fertilization in the fallopian tube so as to make all humankind the best of their biological father's champion/winner/victorious sperm. The great four Igbo P actions during fertilization made every individual a champion, a victor, and a winner through the grace of Chineke/Chukwu Okike Abịama/God. The great Igbo four P actions during fertilization made every person undergo a similar process during procreation in the presence of Chineke/Chukwu Okike Abịama/God. The four great P Igbo actions with the biological parent's sperm in the biological mother's egg during fertilization in the fallopian or outside the fallopian tube is color-blind in the eyes of Chineke/Chukwu Okike Abịama/God. Yahweh, the most high God, utilized the four great Igbo P actions to establish the only one human race. God did not establish the black human race or the white human race.

The onset activities of the four great Igbo P actions from the champion/winner/victorious sperm inside the egg during fertilization and the subsequent forty weeks normal gestational three trimester cycles end up to produce a one-of-a-kind fruitful result known to Ndị Igbo as mmadụ or a person. The translation of Mmadụ/

Humankind in the Igbo language is the Beauty of life. Ndị Igbo or Igbo people and their spoken language are the only ethnic group of people among all other ethnic groups which have existed in the universe or earth or planet or world that has the translation of humankind/person as Mmadụ or the beauty of life.

The union of the biological father's winning champion spermatozoa with the biological mother's egg/oocyte takes place most of the times in the fallopian tube. Sometimes fertilization could occur outside the fallopian tube for couples who could not conceive through the natural normal process. The *champion* or *victor* or *winner* sperm utilizes the four great P actions in Igbo to perform the most brilliant, complicated, greatest, and wonderful cell division process in the uterus within forty weeks before the birth of every Mmadụ/humankind. The four great P actions in Igbo clearly show the calculated and constructive decision which the *champion* or *winner* or *victor* sperm had to make during the formation of Mmadụ/humankind. The four great P actions in Igbo take place during the formation of every human from all ethnic groups. The four great P actions in Igbo are the only authentic, factual, real, reliable, and truthful one and only known legacy from Chineke/Chukwu Okike Abịama/God during the creation of the human race. There have not been and there is no existing biological evidence that explicitly dichotomizes the activities of the four great P actions in Igbo words (with any other elaborated process), which could establish the existence of the black human race and/or the white human race. There have not been and there is no biological premise that supports the black human race and white human race. There has not been and there is no current biological proof that can substantiate that there is more than one human race. There has not been and there is no current biological evidence that can disprove the validity of the four great Igbo P actions in the fertilization of humankind. There has not been and there is no current biological proof that can establish that the four great P actions of Igbo during fertilization, and the fallopian tube is different in every ethnic group that currently exists in the one human race. There has not been and there is no proof that there are more than one human race based on any different action other than the four great P Igbo actions during fertilization in the fallopian tube since the beginning of the creation of humankind.

Actually, there has not been and there is no current human from any ethnic group who is truly black or white in complexion. Humankind could be described and/or observed as being brown (different hues and/or shades from very light to very dark brown complexion), brownish-dark, navy blue due to the severe heat of the sun and/or the deoxygenated blood in the veins for those who dwell in the extreme hot climates. On the other hand, humankind could similarly be described and/or observed as being pinkish-orange, orangish-pink, pinkish-red, reddish-pink, pinkish-yellow, yellowish-pink, ripped olive, orangish-yellow, yellowish-orange in complexion.

Let the reader experience the truth/reality about the various complexions found in people from different ethnic groups. The author hereby encourages the reader who up until this moment considers herself or himself as a black person to place a black-colored object (it could be a black piece of paper or black piece of cloth) next to her or his skin. The same test is applicable to the reader who up until now considers herself or himself as a white person to place a white-colored object (it could be a piece of paper, cloth) next to her or his to skin. The readers who conducted the tests at this juncture need to have personally discovered the undiluted truth.

The attachment/label of the inaccurate black and white colors to the human complexion should be considered as a violation of the very true nature of the divine dispensation (DD) when Yahweh the Lord God created humankind.

The black and white colors could denote positive traits just like every other color. The black and white colors could equally be associated with negative connotations. As a matter of fact, the black color is the original and true state of nature. Among so many other positive attributes, black color is the symbol of life. Black color portrays discipline, power, and strength. Judges wear black colors which helps them to conceal their emotions and display their discipline, power, and strength in their various courtrooms. The positive trait in the black-colored robe helps to distinguish judges apart from other parties in the courtroom. The judge's black-colored robe majestically creates an atmosphere of superiority in the courtroom. Therefore, black is supreme and/or superior to all colors. The prestige from the black-colored robe (when the honorable judge raises her/his hands) helps to display the judge's honorable authority when judgements and orders are issued out in courts. In the fashion world, black color is elegant, formal, prestigious, seductive, strong, and sophisticated. Sometimes, blacklisted situations could propel some humans to positive inspirational drive, which could lead to fortune/prosperity in their lives. Bearing these in mind, if any ethnic group should be considered to be the "black race," let the abovementioned positive attributes be accorded to those humans associated with the so-called "black race" ethnic group.

The negative traits associated with the black color might not be limited to the so-called black mysteries. The concept of the "black mysteries" possibly could adversely influence individuals who unfortunately dwell in the negative, distorted sides of meaning of black in their lives. The negative connotations associated with the black Color are not limited to black death, black humor, blacklist, and Blackmaria.

The negative trait side of white could be connected to the saying known as the "white trash." White has always been associated with "one being cold with no effect." In some parts of Igboland, the burial outfits and masks are often white in color. The white costumes, instruments, objects, and outfits associated with the burial ceremonies represent death.

White color, on the other hand, when adequately related to the appropriate positive traits should be expected but not limited to immaculately clean, colorless, and spotless. The truth of the matter is that white color is absolutely associated with innocence and purity. The white color is definitely the balance of all colors and is expected to be neutral. The representation of white color is focused on being impartial. White color above all denotes equality/sagacity. If any ethnic group should be considered to be the "white race," it should be very important for that group to assume the responsibilities found in the positive attributes associated with the white color mentioned above. At this point, readers should have come to realize and agree with the author that it is possible no human is actually black or white.

It is necessary now for all humankind to apply the positive traits found in the black and white colors mentioned above in every aspect of their lives. It is of utmost importance to bring to the attention of the group of people who artificially introduced the extraneous as well as an unsubstantiated "black race" and "white race" color concepts into the only one human race that they actually circumvented the truth. Every human, both the oppressed and the oppressor, must reject the falsehood associated with the "black race" and the "white race" concepts and embrace the truth. The positive traits in black color (although no humankind is actually black) possess the followings: authority, beauty, confidence, courage, culture, elegance, formality, honor, order, prestige, power, seduction, sophistication, strength, tradition, and trust.

Kings, queens, emperors, heads of state, rulers, lawmakers, and judges utilize the positive traits in the black color to implement their power. The ethnic group that considers themselves superior utilize the attributes found in the black color to oppress and dominate the ethnic group they falsely labeled as the "black race."

The positive traits in white color (although no humankind is actually white) possess the following: colorlessness, immaculately clean, impartial in judgment, innocence, purity, spotlessness, symbol of equality, and above all, a white color is the balance of all colors and is expected to be neutral. One of the typical examples from the positive attributes found in the white color (which some groups of people among the "white race" had refused to adhere to) is that the white color is a symbol of equality. Some groups among the "white race" bluntly refused to accept that both people from the "black race" and the "white race" through the four P IGBO actions during the process of fertilization in the fallopian tube are similar.

Some groups of people from the white race believe they are superior and powerful. They consider themselves to be the powerful group among humans, who would perpetually dominate the other group of humans they consider to be the "black race." That group had cultivated a particular behavior that has been purely linked to fabricated falsehood. That group uses false idea regarding the "black race" and the "white race," which they have already fortified with their abuse of power and privilege to colonize, dominate, and enslave other groups labeled as the "black race." They are the group who believe and condone the "white race" superiority ethics directed toward the control of the economic power and positions in the society. The four great P actions in Igbo had clearly established that no human is actually white in color. Similarly, no human is actually black in color. It is quite amazing that a particular ethnic group of humans came up with a verifiably false notion associated with color and established it as the culture that has overshadowed the *truth* for centuries. The fabricated lies became an alternate truth (which is the absolute *lies*) that divided humankind into the "black race" and "white race." The ethnic group who claim to be the "white race" have completely failed to represent what the positive traits in the white color stand for. Some of the group from the "white race" selectively superimposed the superior attribute found in the black color (typically the black robe of the judge) and turned it around as their effective weapon of dominance over the group they targeted as the "black race." The so-called "black race" males are confined and/or sentenced to jail or grave simply because they lacked proper representation at the top in both the judicial system as well as other high, powerful positions in the society.

Again, one of the positive attributes of the white color is that it is the balance of all colors and it is expected to be neutral. Most of the people in the ethnic group who consider themselves as the "white race" (but they are not actually white) might have covertly and/or overtly bluntly refused to be neutral and pure in their minds and hearts. Some groups of people from the "white race" ethnic group cunningly superimposed the authentic meaning of the perfect qualities found in the white color, such as equality, being neutral, being innocent, being pure, and being spotless. The "white race" ethnic group that claim superiority over the "black race" ethnic group have no desire to accept that they're only one humankind race. Some people among the ethnic group from the "white race" had cleverly converted the perfect attributes associated with both the black color and white color of virtue to vice. The same "white race" group progressed their plan by thwarting the true meaning of the positive attributes associated with the white color. The have subtly weaved in their distorted, horrific negative perception into the "black race" people (nobody is black) and indoctrinated every ethnic group in the society to believe that "black race" people are lazy. The "black race" people (nobody is black) are treated with sub-human dignity negatively created by the oppressors and at the same time loaded with distorted attributes and finally assigned to the oppressed "black race" group.

Some of the "white race" group deliberately planted the seed of discord among the so-called "black race" people. Once the "black race" people engage in fighting and killing each other (just what is actively going on with the herdsmen slaughtering Ndị Igbo in "the N-word" country), the so-called "white race" exploits the wealth of that "n-word" country with impunity. The colonial "white race" group created a lingering hatred among the so-called "black race" in the N-word country when they consolidated the northern and the southern protectorates in 1914. Some "white race" ethnic group mentioned above did not stop there. Those "white race" groups quite often unleashed their smoldering behavior of hatred and dumped them on the targeted ethnic group they considered as the "black race" by killing them for no apparent reason. Some group from the "white race" train delegated some puppets from the so-called "black race" ethnic groups to do their dirty jobs in disguise.

The non-indigenes who rule "the N-word" country are a perfect example. The puppets from the "black race" fight tooth and nail to persecute/victimize their fellow "black race" members. The puppets confiscate their fellows' so-called "black race" victim's wealth and transfer the looted wealth to their "white race" colonial masters.

It is important that the society must recognize that every individual won the only human race that took place in the fallopian tube during fertilization through the four great P Igbo actions. Every human is a champion or winner or victorious. Every human is endowed with special gifts from Chineke, or Chukwu Okike Abịama or God, who created humankind in His likeness and image. Some of the very so-called "white race" who are not tolerant of the group they had downgraded as the "black race" would turn around and harvest all the meaningful goodness' connected with the black color and turn them to their advantage. The same group of some people from the "white race" ethnic group who refused to embrace and/or welcome everything they considered what the "black race" stands for would selectively turn around to superimpose every goodness connected with the black color to their advantage. Some of the so-called "white race" people utilize the positive attributes the black color represents even though they virtually condemn and consider the so-called "black race" people substandard humans. The intimidating group exceled in high profile, powerful, and paid professions found (for instance) in the legal field such as the position of the court judges in black robes, sophisticated black fashion icons (just to mention a couple of black positive attributes). These groups mentioned earlier capitalize on the positive attributes associated with the black color and use them as their weapons to dehumanize and subdue the so-called "black race" human group.

It was alleged that the revolutionists who hailed from Britain and Germany whose plans were to eradicate the existence of Ndị Igbo and other Onyiri Igbo groups of people, the original British indigenes of Britain, introduced the "black race" and "white race" notion to sabotage their existence. Those early British and German medieval pioneers distorted the history at that time after they fought wars associated with their so-called race and/or religion to mask the truth surrounding the superior intelligent brain attributes they unmasked during their interactions with Ndị Igbo and other Onyiri Igbo groups of people in that part of the world. That could explain one of the reasons Ndị Igbo/Igbo people are/were constantly attacked, barbecued, baked, beheaded, boiled, broiled, butchered, dehumanized, eradicated, executed, exterminated, humiliated, imprisoned, killed, maimed, murdered, roasted, shish-kebabed, slaughtered, sliced, persecuted, etc. by the puppets of colonial masters from the Obodo Ọwụwa Anyawụ dị na mpaghara Ọdịda Anyawụ nke Ala Africa. That has to stop.

The truth about Ndị Igbo and other Onyiri Igbo groups of people who were the original British indigenes mentioned above shall unravel someday in the future.

"I have travelled across the length and breadth of Africa and I have not seen one person who is a beggar, who is a thief such wealth I have seen in this country, such high moral values, people of such caliber, that I do not think we would ever conquer this country, unless we break the very backbone of this nation, which is her spiritual and cultural heritage and therefore, I propose that we replace her old and **ancient education system**, her culture, for if the Africans think that all that is foreign and English is good and greater than their own, they will lose their selfesteem, their native culture and they will become what we want them, a truly dominated nation".

Lord Macaulay's Address to the British Parliament on 2nd Feb 1835

2-2-1835

Here are the sensational excerpts from Lord Macaulay's address to the British parliament on February 2nd, 1835, which is controversial. There are two versions in circulation over the internet. They stated, "I have travelled across the length and breadth of Africa and I have not seen one person who is a beggar, who is a thief. Such wealth I have seen in this country, such high moral values, people of such caliber, that I do not think we would ever conquer this country, unless we break the very backbone of this nation, which is her spiritual and cultural heritage and therefore, I propose that we replace her old and Ancient Education System, her culture, for if the Africans think that all that is foreign and the English is good and greater than their own, they will lose their self esteem, their native culture and they will become what we want them, a truly dominated nation." It is very important that every ethnic group should appreciate/respect each other's culture. It is pure insensitive mindedness on the part of any ethnic group who had deliberately circumvented and/or distorted the truth about the culture and spiritual heritage of their other fellow human's ethnic group for the purpose of confiscating their natural resources. The fact that Lord Macaulay's "speech" actually colonized, dehumanized, and broke the very backbone of the nations in Africa as he proposed and executed (with all what he mentioned above) purported to the creation and imposition of the same names assigned to some of the African countries without considering any link associated with the indigenous people who owned the land. As a matter of fact, Lord Macaulay's so-called speech considered the native people who dwelt in Africa before his arrival as threats to his colonial team. Lord Macaulay's supposed speech and his colonial team muddled up people with distinctive cultures, languages, and traditions who naturally were highly evolved culturally and spiritually from different tribes all over Africa together. The colonial team oftentimes designate derogatory names to the colonized countries they had created with a high level of audacious impunity. The seed of discord sewn by colonial team during the creation of the abovementioned countries in Africa germinated quickly. The sewn seed of discord grew rapidly with their calculated accuracy. The colonial team from Europe wasted no time right from the time the Berlin Conference took place till the present time, had continued to perpetually exploit and harvest the fruits of financial wealth in Africa. While the indigenous people of Africa were primed by the colonial team to constantly fight and kill each other from one era to the other, the colonial team forever carefully exploited and harvested the abundant African natural resources freely. The disputed excerpts from Lord Macaulay's address to the British parliament on February 2nd, 1835, is a clear indication but not limited to the smoldering effect of "a truly dominated nation" of Ndị Igbo were and are still mostly affected by the seed of discord sewn by the colonial team because every ethnic group in "the N-word country" named Nigeria hate them morbidly.

Sensational news sometimes distorts reality and the above are not exceptions. It has not been verified if Lord Macaulay could have operated mostly in the kingdoms associated with predominantly Benin, Ndị Igbo Oduduwa/Yoruba indigenes of the southern protectorate. It is also vague if Lord Macaulay could have made the alleged address to the British parliament in February 2nd, 1835, that the caliber of people he could have interacted with would have been Indians or people from the African continent. The fact still remains that the colonial team actually suppressed the ingenuity of the Benin, Ndị Igbo, and the Oduduwa people known as the Yoruba ethnic groups and other empires/kingdoms. The colonial team could definitely have trampled on the dignity of the Benin, Ndi̱ Igbo, and Oduduwa/Yoruba indigenes they renamed as the "southern protectorate." They merged the northern/southern protectorates and renamed the empires/kingdoms of the southern protectorate with the derogatory N-word country they coined out to be known as Nigeria. The colonial team went further to pick up the non-indigenes who were/are uneducated nomads to rule "the N-word" slavery country they created. The colonial team confiscated and currently continued to exploit gemstones such as the alexandrite, beryl (bixbite, emeralds, morganites), corundum (sapphires and rubies), diamonds, gradandedite, garnet, opal, tanzanites, topaz, tourmaline, crude oil, exotic wildlife, even humans (as slaves). Precious metals such as bronze, gold, platinum, silver, titanium, to mention a few abundant natural resources that come from all over the countries located in the African continent. The colonial team had/has not relented their untiring avaricious grasping, gold-digging, freeloading exercises on grappling the wealth in almost every country in the continent of Africa. The colonial team operated on the Lord Macaulay's so-called information and exploited the abundant natural Wealth that was unlimited in the powerful empires/kingdoms of the southern protectorate. The colonial team subdued the culture and "moral values of the people of such calibre" from the southern protectorate. The action of the colonial was in conformity with the so-called speech from Lord Macaulay, which stated, "…ever conquer this country unless we break the very backbone of this nation, which is her spiritual and cultural heritage and therefore I propose we replace her old and ancient education system her culture, for if the Africans think that all that is foreign and English is good and greater than their own, they will lose their self esteem, their native culture and they will become what we want them, a truly dominated nation."

A truly dominated Igbo and other southern protectorate's empires/kingdoms and other African nations indeed. The inestimable trillions of monetary funds looted by the colonial team from various African countries for many centuries had been securely deposited all over the banks in the European countries. Gemstones and precious metals were and are carefully stashed/secured in the collection vaults of various European wealthy and the royal family's estates. Gemstones as well as the precious metals mentioned above had always been in the possession of the wealthy and the royal families for many centuries. Those treasures probably could be estimated to be worth over tens of trillions of dollars per family. The authenticated dazzle, razzle, sparkle, and reflection of light found in the unique original gemstones and precious metals from the countries in African always scintillate on the bangles, bracelets, crowns, earrings, necklaces, tiaras, scepters, adorned, and/or worn by the colonial team, the rich and royal people of the eighteenth century as well as the current members of various European royal families. The colonial team who carved out the African continent among themselves either confiscated, coveted, exploited, neo-conned, and/or illegally acquire/ed the treasures in the African continent.

Recently, a beloved member of the royal family announced to the entire world that the main center diamond gemstone of the engagement ring he personally secured and designed for his fiancée and wedded wife originated from Botswana, a country in Africa. It was documented that in July 26th, 1833, the House of Commons in England passed the third reading for the abolition of slavery initiated by William Wilberforce. William Wilberforce died on July 29th, 1833, three days after slavery was abolished. The abolition of slavery was recorded in the nineteenth century, yet slavery was actively still going on, especially in "the N-word" country named Nigeria. The lovely, diverse, and inclusive wedding ceremony dated May 19th, 2018, portrayed an objective ray of hope that will primarily trigger an action that should hopefully facilitates an end to the annihilation and extermination of Ndị Igbo/Igbo people in "the N-word" country named Nigeria.

The primary role of the European royal wives has always been to reproduce children who will become the heir to the thrones. Children are always the future hope of every ethnic group found in every culture. Yet, from time to time, Ụmụ Igbo (Igbo children) have been profiled, targeted, beheaded, butchered, extracted from their mother's wombs and had their throats slit (the mothers and the unborn babies perish together with their unborn), killed, maimed, slaughtered for the purpose aimed at eradicating and or exterminating Ndị Igbo/Igbo people out from "the N-word" country named Nigeria. On or about between the 11th to 14th of September 2017, Ụmụ Igbo pre-scholars, preteens, and teenagers were ordered to drink mud water by the coined out "N-word" Nigerian country's soldiers at gunpoint. The children drank the mud water and perished. There was a huge denial from the authorities of "the N-word" country named Nigeria where the incident occurred. The incident was branded "fake news." Young adults from Ụmụ Igbo were also humiliated, slapped around on both cheeks, shamed, and tortured before they were slaughtered. The events that happened on or about the 11th to 14th of September 2017 left so many questions unanswered. Nobody, not even the human rights groups from many parts of the countries in the world, spoke up against the atrocities carried out by the military operation Python Dance ordered by the honorable president of "the N-word" country named Nigeria against Ndị Igbo/Igbo people. Operation Python Dance was directed specifically to the indigenes of the hardcore land of the Ndị Igbo/Igbo people. Tens of thousands of Ụmụ Igbo lives were snuffed out and exterminated.

The colonial team, the wealthy and current royal families who always benefit and glorify their majestic royalty status with their clever-gotten treasures from Africa treat their offspring like newly laid eggs. They will never let their children fall down to the ground, so they do not shatter like the egg. Yet Ụmụ Igbo are being slaughtered with audacity. The current colonial team, the wealthy aristocrats, and the current members of their royal families all over the world who benefit from every natural resource in African countries had never condemned the massacre of Ụmụ Igbo. The royal families all over the world create and help "charitable organizations" of their choices. Yet the pollution created in the southeastern riverine areas of "the N-word" country named Nigeria (where the extraction of natural oil and gas has destroyed and polluted the farmland of the indigenes in the southern protectorate) are left unaided. The burden created by the unregulated exploitation in the extraction of oil by the companies owned by the colonial team renders the indigenes of the southeastern riverine areas as perfect candidates for charitable organization in their own trillion-dollar oil rich land.

Ndị Igbo/the Igbo people *na bere Chineke/Chukwu Okike Abịama/God akwa na oge nkea.*

Ndị Igbo/the Igbo people *na Echekwube na Chineke/Chukwu Okike Abịama/God na oge nkea.*

Ndị Igbo/the Igbo people *na Ekele Chineke/Chukwu Okike Abịama/God ma ọ dị mma ma ọ dị njọ na oge nke a.*

The colonial team had always created great enmity between ethnic/tribal groups, both the indigenes and the non-indigenes of the "N-word" country named Nigeria. The colonial team always gave solid support to the uneducated non-indigenous cattle-rearing normards from the "N-word" country named Nigeria. The colonial team always sold their condemned and/or outdated war weapons to the minority non-indigenes of "the N-word" country, who are also their puppets. The colonial team always resorted to plotting, killing people execution style, to anyone who spoke up against the grievous atrocities they had deliberately and/or not deliberately been committing during and after the November 15, 1884, to February 26, 1885, Berlin conference.

The British House of Commons passed the Abolition of Slavery Bill on July 26th, 1833, yet the participants of the Berlin conference from November 15, 1884, to February 26, 1885, passed their resolution that enslaved and divided the African continent among themselves. The colonial team defied the abolition of slavery and continued to colonize and enslave the indigenous native humans in various countries of Africa after the abolition of slavery on July 26th, 1833.

On January 1st, 1914, a British–educated female journalist was proud to pronounce that she coined the N-word country she named Nigeria in West Africa out of the N-word Niger River during the Pronouncement of the Armalmagamation of Northern and Southern Protectorates. The "coin expert" must have known fully well that the British House of Commons had already passed the Abolition of Slavery Bill on July 26th, 1833, yet she went on and enslaved the citizens of "the N-word" country she named Nigeria in West Africa till today. It should be noted that the British House of Commons had already passed the Abolition of Slavery Bill on July 26th, 1833, before the abovementioned female unilaterally enslaved people from different ethnic groups and/or nations. The British–educated female journalist had enslaved; slavery did not end after it was abolished. The colonial team and the "coin expert" dwelt on utilizing the so-called and sensational Lord Macaulay's contagious, infested, smoldering, and vice-loaded plot to commit the greatest crime against humanity by naming "the N-word" country called Nigeria, her people, and the river of a West African country, the despicable and derogatory name which is exactly the same as negro, nigger, and slavery.

God spoke in Genesis chapter 1:26, "Then God said, 'let us make humankind in our image, according to our likeness; and let them have dominion over…'" Why would any person ever dare to accept and or above all pronounce to be a citizen of "the N-word" country of West Africa? Check out the dictionary meaning on the name of "the N-word" country. Chineke/Chukwu Okike Abịama/ God did not create the great citizens of the ancient empires/kingdoms in that particular geographic area in West Africa to be subjected into permanent slavery from "the N-word" country that was coined out of "the N-word" river. In January 1st 1914, the educated British female journalist (the self-acclaimed) "coin expert" defied God's divine ordinance when she deliberately coined "the N-word" country Nigeria and enslaved humans like her. On that day, the educated British female journalist "coin expert" subtly dehumanized the ancient indigenes as well as the current indigenous and non-indigenous human citizens of the coined "N-word" country she named Nigeria. The educated British female journalist "coin expert" had insulted the highly educated as well as every human in "the N-word" country she named Nigeria for over a hundred years. The educated British female journalist coined the Nigeria country out from the atrocious, contemptuous, dehumanized, offensive, and expressive Nigerian "N-word" loaded with hatred, iniquity, and bigotry. Refer to the origin and usage of the words *negro, niggard, niger,* and *slavery* in this documentation for more clarification.

Nearby words for niggard *means negro and/or slave. This is the dictionary meaning of the N-word atrocity and label* the educated British journalist and "coin expert" *assigned to* the coined out "N-word" country named Nigeria in one of the West African *countries, her citizens, her people, and her river*. In this documentation, the author will continue to use this definition from the dictionary several times for illustration. The reason might not be far-fetched. The citizens of "the N-word" country named Nigeria have been enslaved for over one hundred years. Most of the non-citizen leaders target and annihilate Ndị Igbo/the Igbo people who do not want to be enslaved. Why would any human call herself/himself Nigerian or a citizen of Nigeria "the N-word" coined out country and/or a slave? Negro=Nigger=Niggard=Slave.

Niger–Kordofanian = the river in "the N-word" country

Nigeria = the geographic area of "the N-word" country

Nigerian = The humankind group who are the citizens of "the N-word" country

niger-kordofanian

nigeria

nigerian

nigerien

nigga

niggard

niggardly

nigger

nigger heaven

nigger of the narcissus

Niggerhead

(http://www.dictionary.com/browse/niggard 01/27/2018)

The twenty-first century is the current enlightened era. This is the great intellectual and technological era. The intention of this documentation is to make it clear that no group of people anywhere in the world deserves to have their citizens, their country, and their river dehumanized and labeled with the derogatory "N-word" for over a hundred years and counting. The leaders of the coined out "N-word" country named Nigeria should allow themselves to be educated and enlightened to the required level necessary for them to understand that they are enslaving themselves as well as every ethnic human in "the N-word" country and no longer the colonial team. The leaders of the coined out "N-word" country named Nigeria should allow every human citizen of "the N-word" country including themselves to evolve from slavery. The coined out "N-word" from the colonization team should end instantly. *Gbam.*

In that conference, the colonial team was not concerned with the African tribes they muddled up together in the Berlin Conference from 1884 to 1885. They did not consider if the group shared the same customs, culture, ethnicity, food, language, and tradition. The Berlin Conference occurred from November 15, 1884 to February 26, 1885.

The Berlin Conference violated the following:

The scramblers of Africa muddled up ethnic groups who spoke different languages. The colonial team mandated the African people to speak the English language. The colonial team perpetually enslaved one of the West African countries by fabricating the inflammatory name known as Nigeria. No human deserves to be subjected to be a citizen of a country that means the derogatory "N-word." Chineke/Chukwu Okike Abịama/Lord God/Yahweh created only one male and fashioned out one female out from the rib of the man he created. Chineke/Chukwu Okike Abịama/God did not create any slave for the first pair of humankind He created. Chineke/Chukwu Okike Abịama/God made humankind to speak different languages (Genesis 11:7–9).

That Berlin Conference from 1884 to 1885 should be considered to have been in violation of the Divine Ordinance (DO). Chineke/Chukwu Okike Abịama/God instituted a structural community where ethnic group who speak and understand the same language should dwell in their villages. The colonial team documented in their West African map before the November 1884 and February 1885 about *kings, cities,* and *many villages,* which they ascribed to be the dwelling abode and/or community areas of the Ndị Igbo/Igbo people indigenes in West Africa. The colonial team violated every aspect of the fundamental human rights of Ndị Igbo/the Igbo people indigenes in West Africa when they failed to involve them and other indigenes of the African continent in the conference.

The colonial team coined the country in West Africa where Ndị Igbo were predominantly the indigenous ethnic group with "the N-word" slave name known as Nigeria. The colonial team disregarded the powerful empires and kingdoms of the caliber of the people they interacted with in the residential areas of the indigenous Arọ, Benin, Calaba, Ndị Igbo, Nembe, Oduduwa, Opobo, Ndị Yoruba, etc. Those powerful empires/kingdoms were the wealthy regions they named the southern protectorate. They merged the northern protectorate whose financial budget constantly ran deficit with the southern protectorate that always swelled with surplus. The merger of the northern protectorate and southern protectorate was based purely on economic reasons so that the governor could balance his budgets and send huge amounts of money back home to Britain. The colonial team's female delegate coined/fabricated the northern protectorate and southern protectorate into slavery so that the indigenes from the southern protectorate, which was and still is the source of the surplus wealth, should be enslaved and subdued indefinitely.

The colonial team subjected any humankind whose picture is/was etched inside the passport bearing the name of the "the N-word" country in West Africa called Nigeria to a derogatory image, subhuman standard, and above all to perpetual slavery. The colonial team dehumanized and continues to dehumanize all citizens of Nigeria each time they affirm, articulate, and/or verbalize that they are the citizens of "the N-word" country coined out by the British educated journalist to be Nigeria. The colonial team killed, continues to kill, and exterminates the rightful indigenes of every area where the wealth of nations comes from. The colonial team accomplished their goals by supplying arms to the illiterate nomad cattle-rearing non-indigenes (who act as their puppets) of Nigeria. The colonial team stole and continues to enslave people from the eastern region. They stole and continue to steal the financial proceeds (that belong to Ndị Igbo and many other ethnic groups of the eastern region). The eastern region produces over USD $160 million on crude oil on a daily basis. The stolen goods range from but are not limited to the crude oil, gemstones, precious metals, and other natural resources from the southern protectorate of "the N-word" country called Nigeria. Below is one of the posts that was circulating over the Internet:

The colonial team circumvented the true high moral values, the spiritual, cultural heritage of people of high caliber, powerful empires/kingdoms and continue to bear false witness against Ndị Igbo and many other ethnic groups that are the rightful indigenes from Nigeria.

The colonial team coveted and continues to confiscate almost everything that belong to Ndị Igbo and other indigenous people of the Southern Protectorate in "the N-Word" country they coined/fabricated Slavery name called Nigeria.

The colonial team executed their unilateral opinion labeled in the ancient map on the area they took with an audacious impunity from the slave trade–era of the seventeenth century till today in Nigeria. The colonial team selectively marked the area predominantly populated by Ndị Igbo as the slave coast in the ancient map before they arrived in West Africa. In some maps, there were also areas marked as *undiscovered*; those areas were the villages and Ndị Igbo communities. There were also the Negro and/or slave land in some of the ancient maps of Africa before the 1884 to 1885 Berlin Conference and/or the Scramble Conference of Africa. Ndị Igbo, as well as the indigenes of the southern protectorates were profiled possibly before the 1884 To 1885 Berlin Conference as a result of their wealth in natural resources.

It is very important to carefully study "the N-word" again and again which the author would continue to document several times.

Origin of niggard 1325–75: Middle English *nyggard,* equivalent to *nig* niggard (< Scandinavian; compare dialectal Swedish *nygg;* akin to Old English *hnēaw*stingy) + -ard.

OTU NTIKIRI OKPORO JIAKWỤ (Eight-inch stick of cassava) of Princess Magdalene (Maggi's brand). EZEUGO SIMON-EBUGHU, who was the author's mother, yielded the bountiful cassava in the picture.

OTU UKWU JIAKWỤ MAGGI BRAND NGA AKA SHIRI FOPỤTE YA (one of Maggi's brand of cassava tree after harvest). Princess Magdalene Ezeugo Simon-Ebughu was the author's mother.

CHAPTER 5

In the past, most experts who believed strongly in evolution insisted that humankind originated in Africa. For instance, in 1974, Yves Coppens dug out the famous fossil named "Australopithecus Lucy" in Kenya, Africa. The mandible from the fossil was tested and it was discovered that the human race could be roughly 2.8 million years old. A researcher from the University of Witwatersrand in Johannesburg, South Africa, named Lee Berger stated, "I am delighted to present a new species of the human race." The new species in question was named Homo Naledi. Those evolutionists inferred that humankind evolved from a single parent source. This non-religious finding is a salient point that supports the truth about the one humankind race, which was unconnected with the biblical account. That finding from Australopithecus Lucy conspicuously strikes the truth in the biblical account of one human race. They believed that some group of humans relocated north and south to the temperate regions. The climate change of autumn, spring, summer, and winter, which are different to the hot/warm and rainy seasons found in Africa affected the pigmentation in the eyes, hair, and skin of those humans who migrated away from Africa. Currently, some archaeologists and evolutionists postulated that they excavated human bones in Europe that dated far back earlier that the bones found in Africa. Investigation to the new European bone is pending. The wise intellectuals known as creationists presented the powerful truthful knowledge found in faith/belief wisdom to explain that humankind was created by God somewhere in the Middle East.

Both concepts and theories are good and useful to humankind. Both concepts and theories hypothesized on the origin of humankind from a common single and/or one set of biological parents (BP), a man and a woman. Although the archaeological evidence from both theories presented quite different stories, they all ended up with similar conclusions regarding the existence of humankind originating from one BP as previously mentioned above. Basically, archaeological evidences consists of skeletal remains found at various sites around the world. From these skeletal findings, one can determine the size and physical features of the people who lived at those designated eras and geographical regions. Therefore, the characteristics in the group of humankind who dwelled in a particular geographical region could be reflected but not limited in the color of their eyes and skin, the texture of their hair, their bodily structure, and/or life expectancy. One need not forget that the archaeologist, creationist, and/or evolutionist represented different theories whose conclusions tilted more on the original existence of humankind, which started from one set of BP. There is no evidence/theory so far from the archaeologist, creationist, and/or evolutionist to support that there was/is the origin of "humankind's black race" or "humankind's white race," which originated from a black BP or a white BP. Those lack of evidences absolutely pointed out that so far, there was/is only one humankind original BP race. Until new evidence is established to disprove and/or substantiate that every human is the best of her/his biological father's champion/victorious/winner sperm that performed the four great P actions in Igbo inside her/his biological mother's egg during the onset process in the fertilization of Mmadụ, there is only one humankind race.

Truthfully, in the Igbo culture, every human is either Onye Igbo/an Igbo person or Onyirigbo/Onyigbo/looks Igbo. There are some Onyirigbo or Onyigbo known to Ndị Igbo/the Igbo people as Bekee and/or the Caucasians.

The author's grandmothers who contributed to some of the oral tradition accounts in this documentation stated that Chineke/Chukwu Okike Abịama/God is the creator and maker of the twisted/curly wrapped up NGỊRỊ (DNA) of Ụmụ Igbo humankind as well as the other ethnic group whom Ụmụ Igbo people regard as Ndị Oyirigbo/Oyigbo and/or Ndị Bekee humankind. All humankind, including Ụmụ or Ndị Igbo people and/or Ndị Oyirigbo/Oyigbo/

Bekee, who are the other people who look like the Ndị or Ụmụ Igbo people, are Ndị or Ụmụ Mmadụ or (the beauty of life). According to the author's grandmothers, NGỊRỊ or DNA is the ultimate special key component in the creation of all humankind. The author's grandmothers continued and stated that every Mmadụ or human, Ndị or Ụmụ Igbo, Ndị or Ụmụ Oyirigbo/Oyigbo/Bekee are the fruits of the four P building actions in Igbo during the onset process in the fertilization of Mmadụ. All people *nwere ụbrụ maka ọgụgụ ishi,* which means all people have brains as their thinking faculty. All people are *otu ihe,* which means all people are one of similar or the same kind. That is the reason the fruit of the four P building actions in Igbo during the onset process in the fertilization of Mmadụ depicts that *ka ha bụrụ otu Chi kere mmadụ nile* (meaning Chineke/Chukwu Okike Abịama/God created all humans to be one). Mana, akara aka Chineke/Chukwu Okike Abịama/God dị n'iche n'iche (However, Chineke/Chukwu Okike Abịama/God gave made the finger and palm prints for every human to be different). Mana, Chineke/Chukwu Okike Abịama/God nyere mmadụ nile onyinye dị n'iche n'iche (However, Chineke/Chukwu Okike Abịama/God gave every human different gifts). There is no evidence to substantiate the existence of the black human race or white human race. That is the reason *mmadụ abụghị anụọhịa* or *anụọfịa,* which means humans are not animals. The same reason pointed out that *mmadụ enweghị ike ibụ anụọhịa* or *anụọfịa,* which means humankind cannot evolve to become an animal.

The Igbo tradition held firmly in their culture since the history of creation through the knowledge of the four P actions in Igbo that all persons from all ethnic groups are either similar and/or one. The Ntọnala Igbo or Igbo tradition elaborated in the Igbo culture believe that Chineke/Chukwu Okike Abịama, known as God, endowed every individual from different ethnic groups with different Onyinye na akra Aka meaning (different gifts and finger/palm prints). When every ethnic group acknowledges/respects each other (humankind) outside their ethnicity, then every human will develop the sense of appreciation necessary to recognize each other's different gifts from Chineke/Chukwu Okike Abịama/God. When that happens, hate will disappear. Humankind will benefit from each other's unique gifts from Chineke/Chukwu Okike Abịama/Almighty God. Humankind will love each other just like Chineke/Chukwu Okike Abịama/Almighty God loves humankind. The world will be a pleasant place to live again like the Garden of Eden in Genesis: 1–25: "...And God saw that it was good."

Everything Chineke/Chukwu Okike Abịama/God created was *good*. Every human is the best of her/his biological father's champion/victor/winner sperm that performed the four great P actions in Igbo inside her/his biological mother's egg during the onset process in the fertilization of Mmadụ. It is amazing that during the process of fertilization, the winner sperm loses his *Akwa Nne Nyere Nye Nwa* (the mitochondria). According to Queen Akụobi Ntete Nwalọlọ Ezeugo (Nee Ube), the author's maternal grandmother, the biological mother's egg, which retains her Akwa Nne Nyere Nye Nwa, and/or the mitochondria after fertilization would remain to be the main source of energy responsible for supplying the nutrients necessary in building/waxing the cells of the unborn fetus growing inside her with her. That also clearly elaborates that of every humankind, right here again is the best of her/his biological mother through the tremendous power of the *Akwa Nne Nyere Nye Nwa* or the mitochondria. The biological mother must have made several eggs just like the million sperms from the biological father. Normally, one champion/victor/winner egg could have been released and fertilized by the biological father's champion/victor/winner sperm. Sometimes the fertilized egg splits and becomes identical twins. Other times the biological mother naturally releases two natural eggs and two sperms fertilize them. They become fraternal twins like every other sibling in the family. All individuals are the collective best bunch group of the champions/victors/winners of their biological fathers' sperms and mothers' eggs. Therefore, all individuals are the best collective bunch of the champions who through the four great P actions in Igbo during the onset process of the fertilization in the fallopian tube that evidently won the only one human race (OOHR). Chineke or Chukwu Okike Abịama or the Lord Almighty God established the institution of the first creation when He created Adam and Eve as the first parents of humankind. The subsequent act of creation ordained by Chineke or Chukwu Okike Abịama or the Lord Almighty God (through Adam and Eve) were divinely encoded by God Himself inside the four great P actions in Igbo. The immortal Chineke/Chukwu Okike Abịama/ Almighty God through the four great P actions in Igbo instituted only one human race. The perpetuation of God's actions and spoken words through the four great P actions of Igbo in the fallopian tube during fertilization that occur (in every ethnic group) regardless of the differences in skin color is salient proof that there is only one human race.

The Ntọnala na Omenala Ndị Igbo no doubt had established that every individual from different ethnic groups went through the four great P actions in Igbo during fertilization and above all, people are Ndị Mmandụ who are the beauties of life. There is no ethnic group of people or language that ever existed in the world that can claim they call, consider, regard people, and/or humankind as Mmandụ/Mmadụ/beauty of life, except the Ndị Igbo/the Igbo people. The Old and New Testaments in the Bible are in support of the *Ntọnala Ndị Ịchie*/ancient ancestors of the Ndị Igbo/Igbo people in their belief as well as knowledge of the four great P actions in Igbo. The Ịchie/ancient ancestors of Ndị Igbo/Igbo people had the unequivocal knowledge that Ndị IGBO are Ụmụ Chineke/the children of God.

The unshakable belief of Ndị Igbo/Igbo people in Chineke/ Chukwu Okike Abịama/Almighty God is the primary source of their wisdom. The Igbo people truly believe that God empowered them to understand that there is only one human race when God bestowed his divine handwork of the four great P actions inside Igbo right from the onset process in the fertilization of Mmadụ/the beauty of life. God had extensively created the universe and everything therein for six days. At the end of each day, God observed that His work for each of those six days was good. God's creation and work for six days never produced any creature, object, or situation that was bad. In Genesis 1:1–25, it says, "And God saw that it was good." Most ancient documentations related to the creation of humans including the Bible clearly established that there was only one human race.

For instance, in Genesis chapter 26, when God was ready to create mankind, God pronounced, "Let us make mankind in our image according to our likeness; and let them have dominion over the fish of the sea, and over the birds of the air, and over the cattle, and over all the wild animal of the earth, and over every creeping thing that creeps upon the earth." God bestowed unto Ndị Igbo the divine knowledge of the four P actions in their name Igbo. That knowledge is the truthful manifestation of every four P Igbo action that takes place inside the egg during fertilization in the fallopian tube and the implantation of the fused egg and sperm into the uterus. The result of the four great Igbo P actions is the authentic embodiment of the activities necessary in the replication of creation/formation of human Mmadụ/beauty of life for the perpetuation of God's beautiful work. That is one of the reasons God empowered and revealed to Ndị Igbo/ Igbo people to indubitably believe that they are the special children of God known as Ụmụ Chineke/Chukwu Okike Abịama/Almighty God. God made Ndị Igbo/Igbo people Ụmụ Chineke/Chukwu Okike Abịama/Almighty God when He made them the inheritors of His spoken words during the creation of humankind. God bequeathed inside Aha Ndị IGBODOANYA, IGBOSHIKWO, IGBOCHIDONKECHINYEREGỊ NA IGBOKWABA or for short, Ndị Igbo the honor of His creation of humankind in God's likeness and image so the human race should continue to be fruitful and multiply.

Ndị Igbo/Igbo people have the knowledge that God did not state that they were making black human race and/or white human race. In Genesis chapter 1:27, it says, "So God created humankind (not black or white race) in his image, in the image of God he created them; male and female he created them." In Genesis chapter 1:28, it says, "God blessed them…the humankind he created in His image according to His likeness in the form of male and female. Be fruitful and multiply, and fill the earth and subdue it, and have dominion over the fish of the sea, and over the birds of the air, and over every living thing that moves upon the earth." The beginning of the statement above was exactly the instance that God unleashed the four great Igbo P actions planted into the word *Igbo,* which actually takes place inside the egg during fertilization in the fallopian tube. God at that moment graciously encoded the sacred constitution embodied in the action of creation and its entirety in the four great Igbo P actions of word *Igbo*. The four great Igbo P actions inside the *Igbo* word sacredly became the perpetual channel for procreation just as God had fundamentally expressed His holy and loving involvement during his creation of the first humankind. When God declared he was creating humankind in Genesis chapter 1:26, God stated, "Let us make humankind in our image according to our likeness." God transmitted his decrees as it relates to the reproduction of humankind by His mandate with the actions found in the four Igbo P actions during every fertilization that takes place in humankind. God manifested His infinite love for humankind by creating people "In our image according to our likeness." Genesis chapter 1:26 says God did not allow that kindness toward humankind to end after he created the first human in his image according to his likeness in the form of male and female.

The authentic authority of God's creation was signed over by God into the four great P actions inculcated inside the word *Igbo*. From that moment, Ndị Igbo and their lineage throughout every generation became the servants of God. God made Ndị Igbo to be known as the Ụmụ children of Chineke or Chukwu Okike Abịama or the children of God through His divine legacy embedded inside the four P actions of Igbo during every fertilization in every humankind. Igbo is an indelible precept of Chineke or Chukwu Okike Abịama God's constitution as it was instituted in the process of the creation of humankind in God's image. Ndị Igbo/Igbo people could have been present when Chineke or Chukwu Okike Abịama God created Adam and Eve who were the first man and woman. Ndị Igbo/Igbo people did not campaign for Chineke or Chukwu Okike Abịama/God to infuse inside their name the embodiment of the four P actions of Igbo during every fertilization and formation of humankind. Ndị Igbo/Igbo people did not influence or bribe the just Chineke or Chukwu Okike Abịama/God *ka O mee*/to make Ndị Igbo Ụmụ/children Chineke or Chineke or Chukwu Okike Abịama, the special children of God.

Chineke or Chukwu Okike Abịama/God clearly warned Ndị Igbo *ka ha ghara ime ihe ga-emerụ* NSỌ ALA NA IGWE site na ỤWA TỤ ỤWA nile (not to commit any kind of an abomination against land/earth/heaven from generation to generation). Ọ bụrụ na onye Igbo rụọ ala/merụọ nsọ ala na elu, onye ahụ ga-kpụ arụrụ ala ọrụrụ, medo nsọ ala na elu o merụrụ, tọgharịa, rịọọ Chineke or Chukwu Okike Abịama or God, Ndị Ichie na Mmadụ Mgbaghara. (If an Igbo person committed an offense against the land/earth/heaven, that Igbo person must repent, appease the land/earth, repent, ask God, the ancestors, and humankind for forgiveness).

Ndị Igbo/Igbo people have their strengths and weaknesses just like any other ethnic group. However, the mandated atonement and the fulfilment of the designated requirement by the elders when Onye Igbo had committed an offense purifies the offender. *Onye Igbo rụọ ala/merụọ nsọ ala na elu, Ndị okeyi rere ya ihe Ya kpụọ ala.* That is a unique means of purification in the Igbo tradition. Ndị Igbo/Igbo people are the beloved children of Chineke or Chukwu Okike Abịama/Osebirịụwa/Yahweh. Chineke or Chukwu Okike Abịama *enweghị ishi mbido/O nweghị ishi ngwushị* (The God who has no beginning, He has no end). *Ọ bụ onye okike* (He is the creator). *O kere ihe nile* (He created everything). *Mmadụ apụghị egwa Chineke or Chukwu Okike Abịama ihe Ọ ga-eme.* (Humankind cannot tell God what to do). *Ọ bụ ihe Chineke or Chukwu Okike Abịama or God kwuru ga-eme.* (God is the decision-maker). *Uche Chineke or Chukwu Okike Abịama* or God, *gana eme mgbe nile.* (God's will is always going to be done). That is why through *His* abundant grace, Chineke or Chukwu Okike Abịama or God enthroned into Ndị Igbo/Igbo people's name the procreative words (IGBODOANYA/to persevere, IGBOSHIKWO/to present, IGBOCHIDONKECHINYEREGỊ/to protect what God gave you and IGBOKWABA/to preserve (which is Igbo) as a dynamic continuity of His infinite love and wisdom in the creation of the only one human race.

The act of wisdom in humankind is foolishness in the sight of Chineke or Chukwu Okike Abịama or God. The purpose of this documentation at this point is to unleash the oral documentation the author's maternal grandmother (MGM) and the paternal grandmother (PGM) passed down as their legacies. The legacies have been a top secret preserved in the royal family at Urualla, Ideato, in Imo State Nọ Na Ọdịda Ananwụ Nke Africa.

Ndị Igbo/Igbo people are highly intelligent peaceful group of people whom God chose out of God's divine will to be the custodian of His actions and spoken words during the creation of humankind. God mandated Ndị Igbo/Igbo people to be His builders. Ndị Igbo/Igbo people are the obedient children of Chineke or Chukwu Okike Abịama or Elohim or God or Yahweh. Oftentimes, other ethnic groups have viciously annhilated, killed, persecuted, slaughtered, and aimed at exterminating and/or wipe Ndị Igbo off the face of the earth. Ndị Igbo who survived those attacks always left the persecutors and relocated to a peaceful area. That was the origin of how the children who are/were the descendants of Naphtali, the sixth son of Jacob/Israel together with Bilhah, who are/were the descendants of Gad, the seventh son of Jacob/Israel together with Zilpah, who are/were the descendants of Asher, the eighth son of Jacob/Israel together with Zilpah, who are/were the descendants of Benjamin, the twelfth son of Jacob/Israel together with his beloved wife Rachel, left Egypt between 1500 to early 1300 BC and relocated to Ọdịda Ananwụ Nke Africa. *Ndị Igbo settled down na ala nke Ọwụwa Ananwụ site na-mgbe ahụ were ruo na ụbọchị/ụbọshị tata.*

According to the author's MGM and PGM, *Ọnaghị ekwe ndị mba abụghị Ndị Igbo ịghọta na Igbo enweghị eze.* Ndị Igbo/Igbo people *enweghị Eze dika ndị mba abụghị Ndị Igbo.* Nanị Chineke/Chukwu Okike Abịama/Elohim /Osebiriụwa/Yahweh bụ Eze Ndị Igbo/Igbo people. Ndị Igbo/Igbo people *nwere Ndị Ishiee/Ichiee, Igwe, Onye Ishi, Igwe onye nke bụ Eze. Eze nwe mmadụ. Mmadụ nwekwa eze* (Ndị Igbo/Igbo people technically have no king). The non-Ndị Igbo/Igbo people find it difficult to understand that the Igbo people have no king. God is the king of Ndị Igbo/Igbo people. Ndị Igbo/Igbo people have the upper class royal families which could be considered as Ndị Eze or Igwe king or heaven. Ndị Igbo/Igbo people have their ancestors, Igwe, chief/head of the clan who could be considered to be their rulers. Omenala Igbo bụ, the rulers are the kings who rule the people and the people, on the other hand, in turn, collectively own the king. This is the reason a non-Onye Igbo might not understand Ndị Igbo/Igbo people. Ndị Igbo/Igbo people are endowed with a great gift that could have some similarities associated with the other sons of Jacob/Israel, their Ụmụ Nna who are also domiciled all over the world. Chineke/Chukwu/Osebiriụwa/Yahweh bestowed inside the name Igbo of Ndị Igbo/Igbo people with the gift of the four P Igbo actions during fertilization as a continuity to His creation of humankind from generation to generation till world without end. Chineke, Chukwu Okike Abịama, Elohim, Osebiriụwa ma ọ bụ Yahweh *kere Ụmụ Igbo ka ha mara ya, hụ na anya, na efe ya ofufe na-elu ụwa, ka Ụmụ Igbo na Nna Nna anyị ha* Abaraham, Issac, Jacob, or Jakọbụ/Israel, Reuben, Simeon, Levi, Judah, Issachar, Zebulun, Gad, Asher, Dan, Naphtali, Joseph Benjamin *na ejima nwanne* Jacob or Jakọbụ/Israel a na-akpọ Esau or Esọ *na Ndị Ishiee/Ichiee ndị ọdọ or ọzọ bụ ndị a kpọrọ aha nga a bu ụzọ pụta ụwa soro ya biee ogologo ndụ ebighị ebi na ụwa ọdọ or ọzọ dị na ala eze eligwe.*

Chineke/Chukwu/Osebiriụwa/Yahweh bestowed inside the name Igbo of Ndị Igbo/Igbo people out of His graciousness and wisdom. Chineke/Chukwu Okike Abịama/Elohim/ God/Osebiriụwa/ Yahweh is the greatest mathematician. When a man and a woman are married in the presence of God, one in one adds up to one through God's love. Adam and Eve are one because God fashioned Eve out from Adam's lone rib. In Genesis 2:7, it says, "Then the Lord God formed man from the dust of the ground, and breathed into his nostrils the breath of life and the man became a living being." Adam was the only humankind God created out of dust of the ground. In Genesis 2:21–24, it says,

> So the Lord God caused a deep sleep to fall upon
> man, and he slept; then he took one of his ribs
> and closed up its place with with flesh. And the
> rib that the Lord God had taken from the man
> he made a woman and brought her to the man.
> The man said said, "This at last is the bone of
> my bones and the flesh of my flesh; this one shall
> be called Woman, for out of man this was taken.

> Therefore a man leaves his father and his mother
> and clings to his wife and they become one flesh."

In the presence of Chineke/Chukwu Okike Abịama/Elohim/ God/Osebiriụwa/Yahweh/God, who was the surgeon that performed surgery on Adam to create Eve from a single rib He extracted from Adam; therefore, Eve was Adam's rib and they were one. God gave Eve to Adam, who immediately recognized Eve as his missing rib. Adam and Eve were two individuals who originated from Adam. When Adam and Eve were added up, the two individuals totaled up to be Adam's original missing rib. In mathematical calculation, one plus one equals two. In Adam and Eve's mathematical calculation, one in one is the same one and cannot equal two. The Lord God created only one humankind named Adam. The Lord God fashioned Eve out of Adam's rib. Based on that, Adam and Eve were one and might not have been equal. The bond between Adam and Eve was stronger when they were one. The bond between Adam and Eve might seize to be one when they opt to fight for equality. Similarly, All humankind is one. There is nothing like the black human race and/ or the white human Race. The bond and love between every human should be focused to be strong if every ethnic group understood that there is and has been only one human race. Chineke/Chukwu Okike Abịama/Elohim/God/Osebiriụwa/Yahweh/God did not create the "black human race" or "white human race" and/or Slavery.

Referring to the process as to how Eve, the first woman came to exist, the Lord God did not create Eve out of the dust of the ground like Adam. Chineke/Chukwu Okike Abịama/God created Eve when He extracted one rib out from Adam. Similarly, when the champion sperm and the egg undergo the four great P actions in Igbo during the onset process of the fertilization in the fallopian tube, the egg and sperm, gametes, sex cells; i.e., the sperm and the ova/egg will form forty-six somatic diploid cells for the new baby human. That would result in the formation of the Morula/zygote, another human. That ultimately constitutes the greatest fulfilment of the Igbo building task mandated by Chineke, Chukwu Okike Abịama, Elohim, Osebiriụwa, Yahweh the Lord God's divine calculation in mathematics. *Ụmụ Igbo na eji ihụnanya na utoro na-agara Chineke, Chukwu Okike Abịama ozi mgbe nile Gbam.*

Every individual from other different ethnic groups owe it individually to develop a desire and an obligation to study and understand the great four P Igbo actions during the onset process of the fertilization in the fallopian thoroughly after reading this document. All individuals need to search, research, and develop mastery of the inherent truth associated with the four great P Igbo actions during the onset process of the fertilization in the fallopian. Every Onye Igbo and Oyiri Igbo should try to understand the four P Igbo actions during the onset process of the fertilization in the fallopian tube. Sound knowledge of the four P Igbo actions will probably promote positive behavior within every ethnic group. When all individuals from different ethnic groups understand the four P Igbo actions, intra as well as inter interactions between humankind could reflect love and unity among all people. When every individual has completely grasped the unique divine grace encoded into the four P Igbo actions during the onset process of the fertilization in the fallopian, Haterade from one ethnic group toward another ethnic group shall gradually and definitely evaporate into the oblivion. Knowledge of the four P Igbo actions could foster genuine acceptance, appreciation, and respect for diverse gifts Chineke/Chukwu Okike Abịama bestowed to people from every ethnic group.

Ndị Igbo/Igbo People are appreciative to God.

Ndị Igbo/Igbo people are/were known to be in unity with each other because Ụmụ Igbo are always the children of God. Ndị Igbo/ Igbo people believe that the Almighty God, the King of kings and the Lord of lords is their Eze. That strong belief has always empowered Ụmụ Igbo to always have solid trust in God as their leader, not on humankind. Ndị Igbo/Igbo people value every life more than any material wealth in the entire universe. The two fundamental values Ndị Igbo/Igbo people attached to God and man mentioned above are the sources that used to unify Ụmụ Igbo. Ndị Igbo/Igbo people always name their children after God. The following are some typical Igbo names that reflect how much Ndị Igbo/Igbo people are grateful to Agbasa/Agbasia/Agbacha Igbo Agwụ, Adonai, Chi, Chineke,

Chukwu Abịama, Elohim, El Elyon, El Olam, El Shaddai, God, Jehovah Jirah, Jehovah M'kaddesh, Jehovah Nissi, Jehovah Raah, Jehovah Rapha, Jehovah Sabaoth, Jehovah Shalom Nna, Ọbashị, Ọbasị, Ọkaka, Olisa, Onye Okike Nke Ihenile or Ifenine, Ọsaji, Osebiriụwa, Qanna, the Shiloh and Yahweh:

Adịmchinobi/Chineke/Chukwu means I Am In God's Heart.
Agaezichi?/Chineke/Chukwu means Can God Be Delegated To.
Ahachi/Chineke/Chukwu means The Name Of God.
Akọchi/Chukwu/Chineke means The Wisdom Of God.
Akarakachi/Chineke/Chukwu means The Handprints Of God.
Amamihechi/Chineke/Chukwu means I have God's Wisdom.
Añụrịnna/chi/Chineke/Chukwu means The Joy of God.
Anyalewechi/Chineke/Chukwu means Fix Eyes Upon God.
Batanaụlọchi/Chineke/Chukwu means Dwell In The House Of God.
Batanimechi/Chineke/Chukwu means Get involved with God.
Bunyechiekele/Chineke/Chukwu means Give thanks to God.
Bunyechionyinye/Chineke/Chukwu means Give gift to God.
Bunyechiotito/chineke/chukwu means Give glory to God.
ChereChi//Chineke/Chukwu means Wait For God.
Chetachi/Chukwu/Chineke means Remember God.
Chiadịkaobi/Chineke/Chukwu/ means God Is Not Human's Heart.
Daberenachi/Chineke/Chukwu means Lean Onto God.
Dabelụnachi/Chineke/Chukwu means Lean Onto God.
Eberechi/Chineke/Chukwu means God's Mercy.
Eberechimerem/Chineke/Chukwu means God Accorded Me Mercy.
Ebubechi/Chineke/Chukwu means God's Majesty.
Echefunachi/Chineke/Chukwu/means Do Not Forget God.
Echezọlachi/Chineke/Chukwu/means Do Not Forsake God.
Egwuchi/Chineke/Chukwu/means Fear Of God.
Hapụrụchi/Chineke/Chukwu means Leave Up To God.
Gịnịkachi?/Chineke/Chukwu means What Is Greater Than God?

Guzoronachi/Chineke/Chukwu means Be Steadfast In God.

Igbochidonkechinyeregị/Chukwu means To Protect What God Gave'

Ifeanyịchi/Chineke/Chukwu means Nothing Is Impossible To God.

Ihechi/Chineke/Chukwu means Light Of God.

Ihechirụrụ/Chineke/Chukwu/ means What God Built.

Iheọmachi/Chineke/Chukwu means Beautiful Things From God.

Jaachimma/Chineke/Chukwu means Praise God

Kanayọchi/Chineke/Chukwu means Implore To God.

Kaọdịrachi/Chineke/Chukwu means Let It Be Up To God.

Lewechi/Chineke/Chukwu means Look Up To God.

Lotachi/Chineke/Chukwu means Remember God.

Makụọchi/Chineke/Chukwu means Embrace God.

Mmadụabụchi/Chineke/Chukwu means Mankind Is Not God.

Mmashinachi/Chineke/Chukwu means Beauty Originates From God.

Nchekwubenachi/Chineke/Chukwu means Hope in God

Nkechinyeregị/Chineke/Chukwu means What God Has Given To You.

Ngọzịchika/Chineke/Chukwu means God's Blessing is Supreme.

Nwachi/Chineke/Chukwu means Child of God.

OnyebụChi?/Chineke/Chukwu means Who Is God?

Ozichi/Chukwu/Chineke means The Gospel Of God.

Rịọchi/Chineke/Chukwu means Ask Petition To God.

Rapụlụchi/Chineke/Chukwu means Leave It Up To God.

Sọchimaobimadụ/Chineke/Chukwu/ means God Knows Human's Heart.

SoromtoChi/Chineke/Chukwu means Join Me And Praise God.

TobeChi/Chineke/Chukwu means Praise God.

Tụkwashịobina/Chineke/Chukwu/ means Trust In God.

Ụgbọagba/Chi/Chineke/Chukwu Means The Ark Of God's Covenant.

Ụwa/Chi/Chineke/Chukwu Means The World Of God/God's World

Uchenna/Chi/Chineke/Chukwu Means The Will Of God.
Ugonna/Chi/Chineke/Chukwu Means The Eagle Of God.
Uka/chi/Chineke/Chukwu Means The Word of God.
Ulọnna/Chi/Chineke/Chukwu Means The House Of God.
Unọnna/Chi/Chineke/Chukwu Means The House Of God.
Uzọnna/Chi/Chineke/Chukwu Means The Way Of God
Weliere/Chiaka/Chineke'/Chukwu'Means Raise Hand To God
Yọọchi/Chineke/Chukwu means Ask Petition To God.
Zọpụtam/Chi/Chineke'/Chukwu' Redeem Me God.

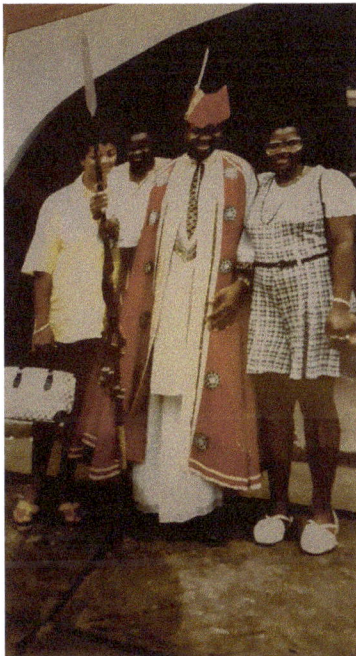

From Right: The author, Princess Royal Akụefete Igbochidonke-chinyeregị, Imemụrụọha, Kechipetronilla Martina Simon-Ebughu. The author's maternal uncle (MU), His Royal Highness, the current Eze Igwe Edwin Ezeahụrụkwe Ezeugo Ezeanyịka. Eze Urualla Okosisi 111, the Paramount Ruler of Urualla. The author's sibling, Royal Princess Chiebonam Linda Maria Sabina John-Anyaehie. The author's cousin, the late Prince Ezeugo Fabulous Ezeahụrụkwe Ezeugo Ezeanyịka.

CHAPTER 6

Other Popular Igbo Names for Girls

Ada means Daughter
Adaeze means A Princess Royal Or A Royal Princess
Ahụmbụakụ means My Body Is Drenched With Wealth
Akụefete means Wealth Broke In Or Imploded Or Infiltrated
Akụobi means Wealth Of A Palace
Alaezi means The Foundation Of A Fertilized Egg
Amaechi means Tomorrow Is Uncertain
Amaṅụrị means Joy Is Appreciated
Egoamaka means Money Is Exceptionally Beautiful
Ejimnkeonye means I Did Not Obstruct Anybody
Ekekamma means Beauty Was Created Magnificently
Ekwutọsụ means Refrain From Scandal
Ezibụakụ means Beautiful Face Is Source Of Wealth
Ezimma means Beautiful Face
Ezinne means Commendable Mother
Eziokwu means Truth
Ibuakụ means Load/Tons of wealth
Ihenyinwa means Nothing Supersedes A Child
Iheọma means Beautiful Event
Ihukaku means A Face That Is Superior To Wealth
Ihuọma means Beautiful Face
Iheọnụnaekwu means Utterance From The Mouth
Ihediba means Let It Be
Ijeọma means Prosperous Journey

Lọlọ	means The Queen
Lọlọrịeọha	means The People's Favorite Queen
Mgbejiakụ	means Timeless Accumulation of Wealth,
Mgbaeke	means Female Child Born On Eke Market Day
Mgbnkwọ	means Female Child Born On Nkwọ Market Day
Mgbọafọ	means Female Child Born On Afọ Market Day
Mgborịe	means Female Child Born On Orịe Market Day
Mkpụrụmma	means Beautiful Seed or Paragon Of Beauty
Mma	means Beauty
Nndịnwerego	means Rich People
Nnem	means My Mother
Nneka	means Mother Is Supreme
Nnemka	means My Mother Is Supreme
Nnenwebi	means The Mother That Owns The Dwelling Place
Nwada	means Every Igbo Female Child
Nwaebube	means Majestic Child
Nwaego	means Child Of Wealth or Wealthy Child
Nwanyịarado	means The Female Or Woman Consolidates
Nwanyịbịaọka	means The Female Came And Dominated
Nwanyịbụihe	means Female Or Woman Is Valuable
Nwanyịjabụ	means Female Or Woman Must Coexist
Nwaọbịara	means The Child That Paid Homage
Nwaobi	means Regal/Royal Child
Nwazuoọnụ	means Let All Receive Equity In Childbearing
Ọbịagaeri	means The One Came Will Enjoy
Ọbịanụuju	means Came To A Large Family
Ọdọrụ	means There Are Some More
Ọgụgụọ	means Console To provide Comfort and Solace
Ọrjịugo	means Priceless Creamy White Kolanut
Obiamaka	means The Heart Is Very Beautiful
Onyekaozuoro	means Who Has It All?
Ụba	means Riches Or Prosperity Or Wealth
Ụgbọagba	means The Ark Of Covenant.
Ụgbọakụ	means The Vessel Of Wealth.

Ụmụọmakụ	means Lineage Imbued With Prosperity And Wealth
Ụloakụego	means The Bank
Ụtọnwa	means The Joy Of A Child
Uruabịa	means Earned Profit

Other Popular Igbo Names for Boys

Adịgboọnụ	means The Spoken Action Of Creation
Adịndụ	means If Life Was Spared
Agazie	means A Desirable Destination
Agbasịere	means The Prudent
Ajagaraigwe	means The Oblation That Went to Heaven
Akụnaepuome	means Invested Wealth Generates Interest
Alagboọgụ	means Earth Settles Matters
Amaechi	means The Future Is Unpredictable
Amaechina	means May The Lineage Not Go Extinct
Anaghara	means Cannot Deny The Truth Or Undisputable
Ashịbụnjọ	means Haterade Leads To Sinfulness
Diọkwara	means First Male Child
Duru	means Capitalist Or Profit Maximizer
Duruakụ	means A Business Mogul
Durueke	means Rich Manufacturer Or Mogul
Ebughu	means Human Growth Is By Developmental Stages
Egbebụike	means The Gun Is The Power
Ejikeme	means Not By Brawn Or Physical Strength
Ejimakọ	means I have Common Sense
Ejimọfọr	means I Am The Custodian Of Royal Staff
Ekekwe	means Approval From The Creator
Ekwueme	means Actions Are In Conformity With Words
Enyiọma	means The Trustworthy Friend
Eze	means The King
Ezeagọrọ	means The Vindicated King
Ezeakọalịghị	means The Undisputed Wise King
Ezeanyịka	means We Are The Greatest King

Ezeugo	means The Eagle-like King
Eziokwu	means Truth
Eziukwu	means Premium Fertilized Egg
Ginikanwoke	means What Is Superior Over Male?
Ibebuchi	means Godly Relatives
Ibebuogu	means Relatives Are The Antagonizers
Ibezimako	means Kinsmen Teach Me Common Sense
Igbokwe	means Igbo People Concore
Igwe	means Heaven Or King Or Multitude Of People
Ikpeazu	means Last Judgement or An Inquest
Ipere	means The One With Resourceful Reasoning
Ironshi	means Poisonous Haterade or Haterade is Poisonous
Ishiugo	means The Eagle Head
Mbagwu	means Impossible To Wipe Out A Nation
Mmaduako	means Viable Linage
Netanyahu	means Observe With Eyes And Acquire Wisdom
Nnam	means My Father
Nwabueze	means Male Child Is King
Nwadiokwara	means The First Male Son Child
Nwadinaeke	means The Child Is With The Creator
Nwadinigwe	means Child Evolves from Heaven
Nwaekpere	means Child From Prayer
Nwaeze	means The King's Child
Nwaorie	means Male Child Born On Orie Market Day
Odunze	means The Echo And Or Trumpet Of The Lord
Ofor	means Royal Investiture
Ofornwaeze	means The Royal Investiture Of A King
Ogudo	means Bind Together Or Peace Maker
Obiako	means Viable Dwelling Place
Obibugwu	means Palace Is Prestigious Or Heart Is Prestigious
Obinze	means Palace Of The Lords
Obishirike	means The Heart Is Strong
Okoro	means Male
Okwukwe	means Faith

Omemgbeoji	means Shares Each Time When Available
Ositadịmma	means Holistic Continuity Moving Forward
Ụzọh	means Lineage
Ụzọma	means Desirable Lineage
Ụzọndụ	means The Way Of LIfe
Ubamaka	means Prosperity Wealth is
Ube	means Cry Or Spear Or Pear
Ude	means Splendor
Udegbunam	means Let Splendor Not Destroy Me
Udemgbunam	means May My Splendor Not Be My Demise
Udeọgalanya	means Splendor Of The Wealthy Person
Udeọgaranya	means Splendor Of The Wealthy Person
Udeze	means The Splendor Of A King.
Umeakụ	means Strength Of A Business Mogul
Ukandụ	means The Inspiring Or Motivating Speech
Uloọcha	means The White House
Uloọsa	means The White House
Unoọcha	means The White House

The author's maternal late uncles. On the right is the late Royal Highness Prince Eusebius Ezeugo Ezeanyịka and his late maternal cousin.

CHAPTER 7

Animals and Their Igbo Names

Adaka = Gorilla
Agụ = Leopard
Aguiyi = Crocodile
Aguokpu = Alligator
Anụagada = Hippopotamus
Anụomeyi = Manate
Atụmma = Giraffe
Atụlụ = Sheep
Atụrụ = Sheep
Agwọ = Snake
Azụ = Fish
Anyịnya = Horse
Busu = Cat
Buusuu = Cat
Ebiogwu = Porcupine
Ebula = Ram
Ebuna = Ram
Edi = Bear
Efi = Cow
Eghu = Goat
Ehi = Cow
Ehi = Cow
Ejula = Snail
Ejuna = Snail
Ele = Deer or Antelope

Ene = Deer or Antelope
Enyi = Elephant
Enwe = Monkey
Ewi = Rabbit
Ewu = Goat
Evula = Ram
Ezie = Pig
Ezi = Pig
Icheokwu = Copy Cat, the Parrot-Macaw
Ikwighikwii = Owl
Inyịnya = Horse
Mbe = Turtle
Mbe = Tortoise
Mgbada = Antelope
Nkịta = Dog
Nkịta Ọfịa = Hyena
Nkịta Ọhịa = Hyena
Nduru = Pidgeon
Ndulu = Pidgeon
Nnụnụ = Bird
Nnụnụeneọdụ = Peacock
Nnụnụereọdụ = Peacock
Nnụnụkaenyi = Ostritch
Nwamba = Cat
Nwaologbo = Cat
Nwaonogbo = Cat
Ọbọgwụ = Duck
Ọdọgụma = Duck
Ọgazị Guinea = Fowl
Ọkụkọ = Hen
Ọkụkụ = Hen
Ọkwụaraụrashị = Manatee
Ọsa = Squrrel
Ọdụm = Lion
Ọzọdimgba = Gorrilla
Oke = Rat

Okebekee = Guinea Pig
Okeọkpa = Rooster
Owuru = Leopard
Tolotolo = Turkey
Torotoro = Turkey
Ufu = Fox
Vulture = Udele

Nne Adaka Na Ụmụ Ejima Ya means mother gorilla and her two months old twins.

Adaka means gorilla

(Photo credit: https://www.pinterest.com/pin/2226467753053 31619)

Aguiyi means crocodile
Anuagada means hippopotamus
(Photo credit: http://scienceblogs.com/tetrapodzoology/2009/11/17/hippos-killing-crocodile/)

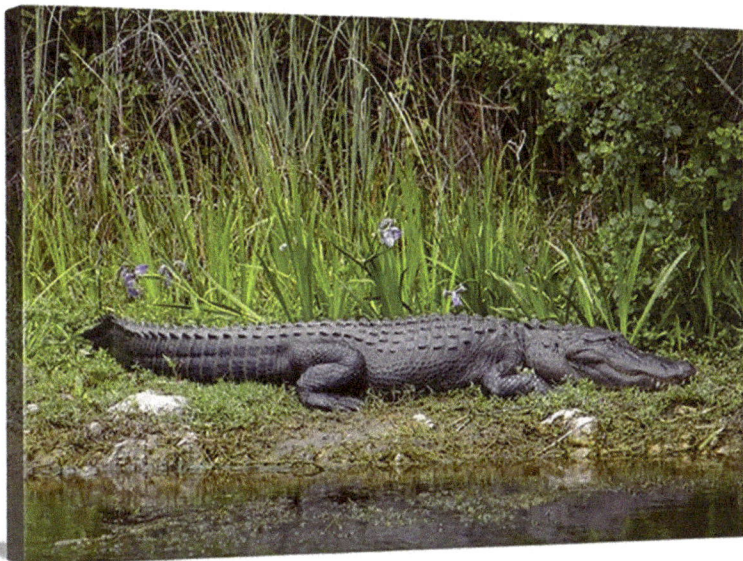

Aguokpu = Alligator

(Photo credit: https://www.greatbigcanvas.com/view/american-alligator,2300344/?s=Cu8sw20tOIRGkah97MdfL3uKHfqE-FyUYmjm0I7vsCT3jDuT1LeepkytLlWsQJek)

AGWỌ ỊHỊKỌ GBALAKA means "Snake Curls Up, Runs"

Agwọ nke a dị ndụ (This snake is alive)

Ọ na ebi na ahịhịa (It lives in the grass)

Ndị mmadụ hụrụ abụọ tata (People saw two today)

Nkịta na ele agwọ anya shishiri (The dog stares at the snake)

Nkịta na-ele, na-ele ya shishiriri (The dog continued to stare)

Agwọ na-agbakụ (The snake started to curl up)

Agwọ na eme sị!!sị!!sị!!sị!!sị!!sị!! (The snake made the hissing sound)

Ụjọ abịa nkịta (The dog got scared)

Nkịta agbalaga na-agbọ ụja (The dog ran away and started to bark)

Nkịta gbọọ ụja Woof! Woof! (The dog barked Woof! Woof!)

Anyịnya means the Horse
(Photo credit: https://www.freeimages.com/photo/horse-in-a-pasture-1533223)

LEWE ANYA N'IGWE

Lewe anya n'igwe ma ị na nya Anyịnya
Otu ọmarịcha nwagbọghọ nke na-nya Anyịnya
O ji ọla ọ gba na aka ya na ọla ọgba na ụkwụ ya
Ọmarịcha nwagbọghọ nke na-agba egwu

Image Not Available

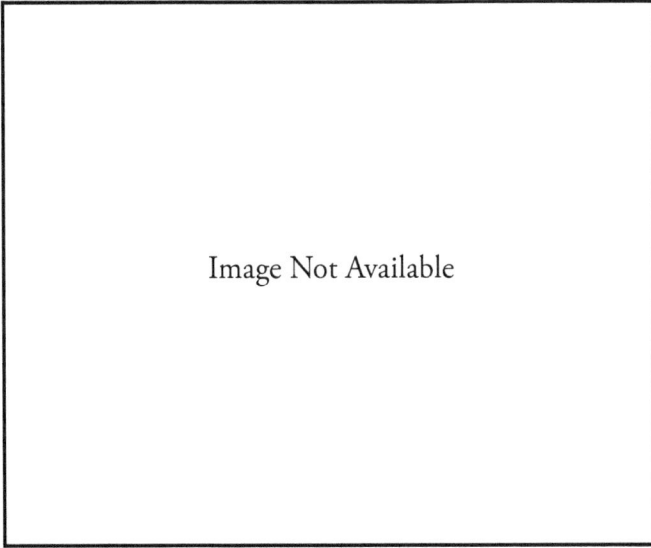

Atụmma means beautiful giraffe
(Photo credit:
https://www.123rf.com/stock-photo/serengeti_animals.
html?sti=lsovld8h8nfszffvgs|&mediapopup=63322415)

Image Not Available

Male lion protecting his territory.

Ọdụm na Mbi Agụ ya Means The Male Lion with Mane

Ọdụm Bụ Agụ Siri Oke Ike. Means, The Male Lion is very powerful

Ọdụm Kacha Nwa Ologbo Ukwu Nile Shie Ike. Means, The Male Lion is Most Powerful Among the Big Cat Family.

Ọdụm Bụ Eze Ụmụ Anụmanụ Nile Bi Na Ọhịa. Means, The Male Lion is the King of All Animals That Dwell in The Wild.

ONYE EKWENA AGỤ BATA O!O!

Onye ekwena agụ bata o! o!

Onye ekwena agụ bata o! o!

Agụ egbu eghụ anyị o! o!

Agụ ga-eri eghụ anyị o! o!

Onye Akpakwana Agụ Aka Na

Ọdụ Ma Ọ Dị Ndụ Ma

Onwụrụ Anwụ O!O!O!

Image Not Available

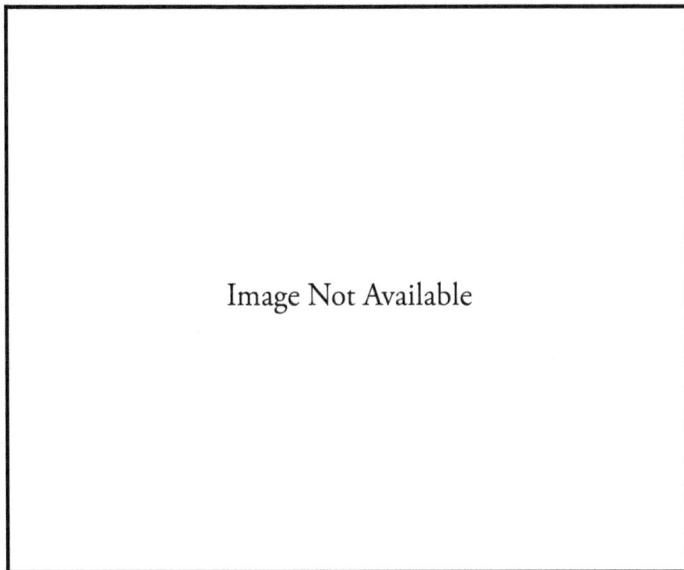

Nne Agụ na nwa ya means mother cheetah and her cub.

Agụ means the family of the big cats.

Agụ could mean the cheetah *maka na Nwa Ologbo ukwu nile tụrụ agwa bụ otu ihe na ibe ya;* means all spotted big cats are similar. (Photo credit:

https://www.123rf.com/stock-photo/serengeti_animals. html?sti=lsovld8h8nfszffvgs|&mediapopup=83047863)

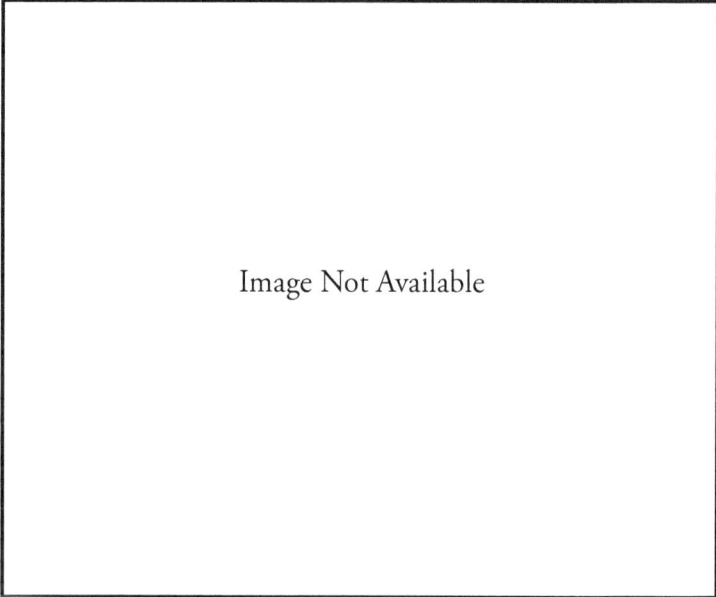

Image Not Available

Nne Agụ na ụmụ ya means mother cheetah and her cubs

Agụ means the cheetah. *Nwa Ologbo ukwu nile tụrụ agwa bụ otu ihe na ibe ya;* means all spotted big cat are similar.

(Photo credit: https://www.123rf.com/stock-photo/serengeti_animals.html?sti=mvu6dpm22sx6ge4s7a|&mediapopup=63321368)

Mountain male sheep
Atụlụ or Atụrụ Sheep
(Photo credit: http://cheynesaw.tumblr.com/post/2601698901)
NNE ATỤRỤ NA AMA M IHE
Nne atụrụ sịrị na ya ga agba mgba buru na afọ ya
Maka na-ihi na ebila ji ishi aga ọgu na anwụ mgbe atụghị anya
Ya kpatara onwụ di na eme na mberede

Efi or Ehi Means The Cow
Photo Credit: HYPERLINK "http://www.countryfarm-lifestyles.
com/dexter-cattle.html" \l ".WiTDLkqnGUk" \t "_blank" http://www.
countryfarm-lifestyles.com/dexter-cattle.html#.WiTDLkqnGUk

MMIRI ARA EHI
Mmiri ara ehi mụrụ nwa na gbaju agbaju
A ga amịpụtacha mmiri ara ehi a
Ka ehi were nwete onwe ya
Mmadụ ga anụọkwa ya bụ mmiri ara ehi
Mmadụ werekwa tụrụ ndụ
Mmadụ werekwa gbashie ike

Nwa Ehi Nọ Nne Ya Na akụkụ; means the calf is close to the mother
Nwa ehi buru oke ibu
Mana ọ na-egbu ikpere abụọ na ala nụrụ nne ya ara
Ya kpatara
Nwa anaghị aka nne ya

NNE EHI I BUKA
Anyị na aga nga anyị na-aga
Anyị were lepu anya na-ezi
Anyị were hụ na ehi ukwu na-abịa
Anyị were tibe mkpu
Yoo! yoo! Yookwe ma ihe ukwu
Ebelebe gburu makana ehi ebuka

Edi means a bear.
(Photo credit: https://www.flickr.com/photos/gabrielmapel/170
84531989/)

EDI ỤRA
Edi na-arahụ oke ụra
Edi bilie na ụra
Oke agụọ na agụ ya
Ya malite chọba ihe oriri
Onye nọchịere ya ụzọ
Ihe onye ahụ hụrụ
Ya atakwala mmadụ ụta

Eghu or Ewu means the Goat
(Photo credit:
http://all-free-download.com/free-photos/download/goat-on-
rock_560213.html)
EGHU NA ERI JI NA ỌBA
Eghu na eri ji na ọba
Eghu na eri ede na ọba
Ọkụkọ nwa kpọrọkpọrọ
Kpọrọ ụmụ gị bara ohịa
Egbe abịana Ugo abịana
Chọrị! Chọrị! Chọri! Chọrị!
Chọọọ! Chọrịi!

Ejula or Ejuna means the snail
(Photo credit: www.freeimages.com/photo/snail-1-1396859\)

EJULA
Ejula
Anụnụ kpakọrọrị kpara mmaọnwụ
Ejula
Anụnụ kpakọrọrị kpara mmaọnwụ
Gbashie na obi bịkwa lekiri
Anụnụ kpakọrọrị kpara mmaọnwụ
Ebe ji buru mbe lawa
Anụnụ kpakọrọrị kpara mmaọnwụ

Male and female deer
Ele or Ene means a deer.
(Photo credit:
http://www.largehdwallpapers.com/wp-content/uploads/
2016/04/Horn-Deer-Animal-Full-HD-Desktop-Wallpapers.jpg)

AKATAKA MPI ELE
Akataka Ele Puru Akataka Mpi
O Puru Nke Eghu Puru?
Eeya O! O! O! O!
O Puru Ishi Aba Na Ọhịa

Image Not Available

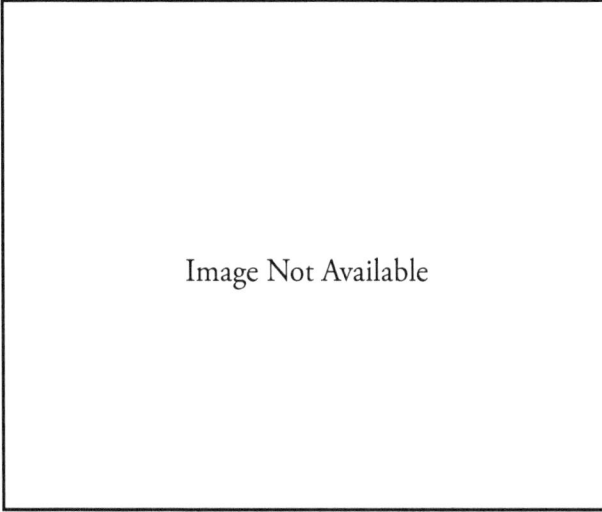

The Screwhorn male antelopes
Ele or *Ene* means deer or antelope
(Photo credit: https://www.123rf.com/stock-photo/antelope_
animals.html?imgtype=0&start=600&sti=m67x0x4rahhj8auvxk|&-
mediapopup=88029579)

AGADAGA ANỤ PURU MPI
Agadaga Anụ Puru Mpi Ogologo ji ishi alụ Ọgụ
Mpi Ha Dị Ka A Pịrị Ọnụ Ha Apị
Mpi Ha Na Aghọ Oke Nkọ
Anụ Ọdọ Nọshiere Ha Ụzọ
Ha Were Ọnụ Ogologo Mpi Ha Kowa Ya Bụ Anụ Afọ

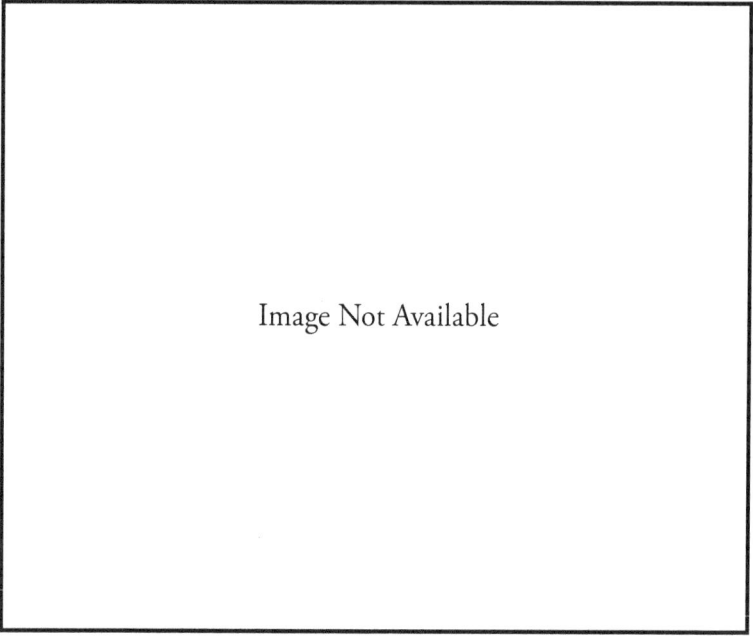

Image Not Available

(Photo credit: https://www.123rf.com/stock-photo/antelope_ animals.html?imgtype=0&start=600&sti=m67x0x4rahhj8auvxk|&- mediapopup=88029579)

ANỤ PURU MPI

Anụ Puru Mpi Ji Ishi Alụ Ọgụ
Ho! Ha! Kpọ! M! Kwe! M!

Male deer

Ele or *Ene* means a deer.

(Photo credit: https://farm8.staticflickr.com/7233/7199796136_
e4e0ec6316_b.jpg)

Enyi means the elephant (ENYI ANỤ IKE NZỌGBU NZỌGBU)
The African bush *Enyi* or elephants
(Photo credit: https://pixabay.com/en/elephant-africa-2923917/)
NZỌGBU NZỌGBU

Nzọgbu Nzọgbu
Enyi Mba Enyi
Nzọgbu
Enyi Mba Enyi
Nzọgbu Nwoke
Enyi Mba Enyi
Nzọgbu Nwanyị
Enyi Mba Enyi
Nzọgbu Onye Ihu
Enyi Mba Enyi
Nzọgbu One Azụ
Enyi Mba Enyi

Image Not Available

Ụmụ Igwe Enyi means the herds of elephant
The African bush *Enyi* or elephants
Ndị nne enyi na-agbakọta ọnụ zụọ ụmụ ha
Otu nne enyi anaghị azụ nwa enyi nanị ya
(Photo credit: https://www.123rf.com/stock-photo/serengeti_animals.html?sti=lsovld8h8nfszffvgs|&mediapopup=63134341)

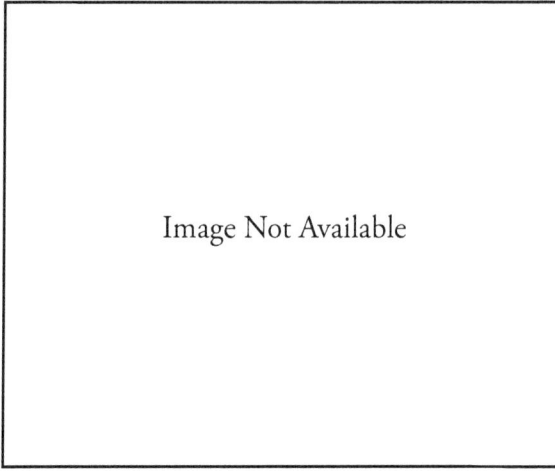

Parrot-macaw, several yellow and scarlet macaws sitting…
Icheokwu means copy cat, the parrot-macaw
(Photo credit: https://www.pinterest.com/pin/3476920337126
48756
https://www.pinterest.com/pin/347692033712648756)
Icheokwu nọrọ na ụlo
Onye ekwukwena okwu
Ị kashie ntị
Ị gbana onwe gị na anwụ

Ikwighikwii Ama M Ihe means the wise owl
(Photo credit: https://www.pinterest.com/pin/4098980035689
08400)
Ikwighikwii ma tụ m tụ m ereghede
Ọ bụ ya kpatara ishi ya ji agba ereghede

Mbe means tortoise or turtle
(Photo credit: https://www.freeimages.com/photo/turtle-1410 097)

Mbe bụ anụ mgbe ndi ishie/or ichei
Mbe bụ anụ katara ahụ nwere uche
Mbe ji nwayọ nwayọ aga ije
Mbe ji nwayọ nwayọ agba ọsọ
Ihe mberede bịara mbe
Mbe lakpuru na ime okpokoro ya
Mbe masara ihe nile dị na elu ụwa
Mana Mbe jiri obi ya biere nshị
Ọ naghị ewute mbe na o jiri obi ya biere nshị
Ma mbe na-agba ọsọ ndụ
Mbe nwere ike digido ndụ gba afọ karịrị Nari

Mbe means tortoise or turtle
(Photo credit: https://www.freeimages.com/photo/turtle-1372
412
https://www.freeimages.com/photo/turtle-1372412)

MBE EJEBE, AJA MBELE

Mbe ejebe, aja mbele
Mbe ejebe, aja mbele
Je, je, je, aja mbele
Je, je, je, aja mbele
Jere puta na uzo
Jegide akwu sara asa nke mbu
Ọ sị ya ọsara ole, aja mbele
Ọ sị ya ọsara atọ, aja mbele
Tụfịakwa e ma na e bughị nkwu, aja mbele
Kedụ nke m ga-ata kedụ nke m ga-enye ndị be m? aja mbele
Ha abụọ, ga-a na ụlọ Chukwu kụọ aka n'ụzọ
Onye Kụrụ aka na ụzọ, aka tọkwa ya na ụzọ
Onye Kwuru okwu na ọnụ okwu tọkwa ya na ọnụ
Maka ihi otu mkpụrụ akwụ ka mbe jiri gawa na ihu Chukwu.

Image Not Available

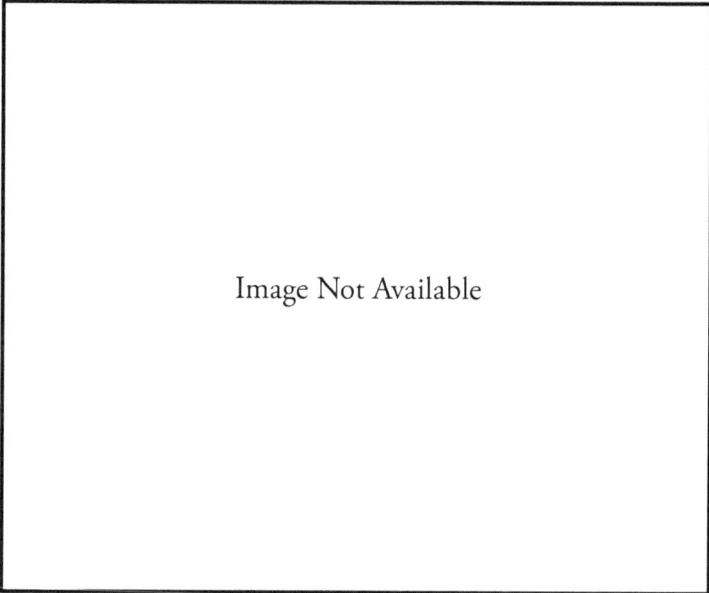

Nnụnụkaenyi means the ostrich
African male Nnụnụkaenyi or ostritch
(Photo credit:
https://www.123rf.com/stock-photo/serengeti_animals.
html?sti=lsovld8h8nfszffvgs|&mediapopup=27042609)

Image Not Available

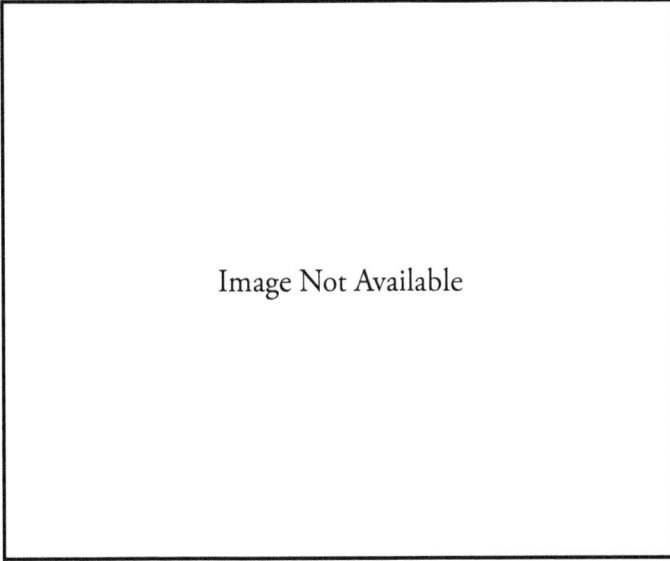

Nnụnụkaenyi means the ostrich
African couple of Nnụnụkaenyi or ostrich
(Photo credit:
https://www.123rf.com/stock-photo/serengeti_animals.
html?sti=lsovld8h8nfszffvgs|&mediapopup=21782267)

Ọbọgwụ or Ọdọgụma means the duck

Nne Ọbọgwụ Or Ọdọgụma Na Ụmụ Ya Na Egwu Mmiri means mother duck and chicks are frolicking in the water.

(Photo credit: https://pixabay.com/en/ducks-water-lake-colors-wild-ducks-675126/)

Okeọkpa means rooster
(Photo credit: https://www.freeimages.com/photo/rooster-1379 340)

Image Not Available

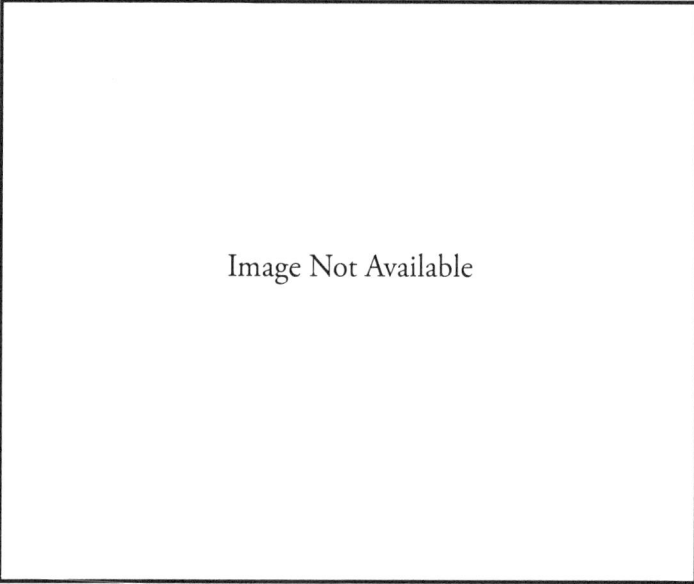

Ọkụkọ or Ọkụkụ means Hen

Nne Ọkụkọ or Ọkụkụ Na Ụmụ Ya means mother hen and chicks.

(Photo credit: https://www.canstockphoto.com/chicken-13556 510.html)

Okeọkpa Di Nekwu means the rooster is the hen's husband
(Photo credit: https://www.freeimages.com/photo/rooster-1379
334)

Oke Ọkụkọ Torotoro or Ọkụkụ Tolotolo means cock or Jake turkey
Ọkụkọ Torotoro or Ọkụkụ Tolotolo means turkey
(Photo credit:
http://all-free-download.com/free-photos/download/turkey-highdefinition-picture_168872.html)

Black domestic large free stock turkey
Ọkụkọ Torotoro or Ọkụkụ Tolotolo means turkey
(Photo credit:
http://all-free-download.com/free-photos/download/black-do-
mestic-large_236212.htm)

Oke Ọkụkọ Torotoro or Ọkụkụ Tolotolo means cock or Jake turkey

Ọkụkọ Torotoro or Ọkụkụ Tolotolo means turkey

(Photo credit: http://www.freedigitalphotos.net/images/turkey-photo-p438379)

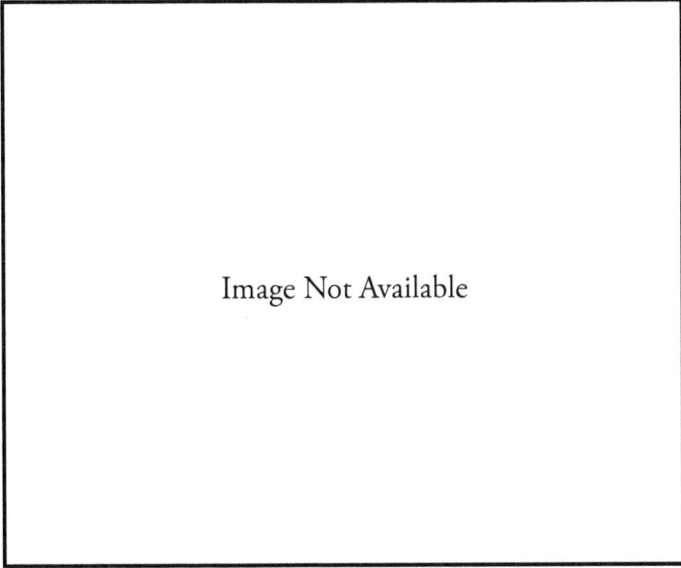

Image Not Available

Udele Means vulture, the predatory birds.
(Photo credit:
https://www.123rf.com/stock-photo/serengeti_animals.
html?sti=lsovld8h8nfszffvgs|&mediapopup=64743932)

UDELE NA ONYE NA ALA ISHI

Udele ṣịrị olekwenụ ihe jikọrọ
Ya na onye na ala ishi
Na ihi abụbri ishi anọghị ya n'ishi

Ugo Eze means king eagle, Ugo Mma means beautiful eagle
(Photo Credit:
https://www.pinterest.com/pin/346003183862582372)

UGO SAPỤRỤ ASAPỤ
Lekirikwenụ, Lekirikwenụ Ole Mmiri
Ụgbala Jiri Ghụọ Ahụ Ya Ka Ugo Jiri Sasa Ishi Ya
Ugo Sakee Ọ Sarịna Kara Ụgbala Mma
Nke Ugo Kara Bara Ugo Uru

Indian blue peacock. Male peacock, gorgeous plumage
Nnụnụ Ere Ọdụ Nke Oke
(Photo credit: https://www.pinterest.com/pin/5573908913621
26676)

Gorgeous peacock with the male gorgeous plumage
Amazing wildlife blue peacock
Nnụnụ Ere Ọdụ
(Photo credit: https://www.pinterest.com/pin/1310266703818
03288)

Image Not Available

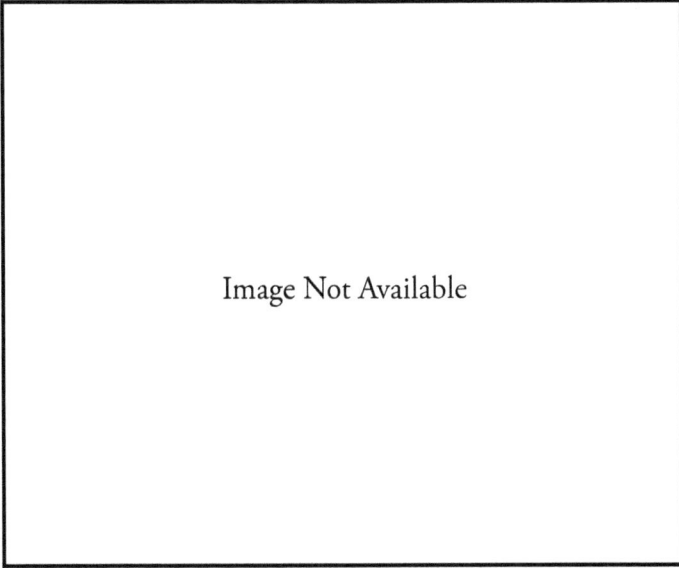

Gorgeous peacocks and their gorgeous plumage
Nnụnụ Ere Ọdụ
(Photo credit: https://www.pinterest.com/pin/8517433482478 10451)

<Insert picture here>

Gorgeous male peacock with the tail Spread out wide
Nnụnụ Ere Ọdụ
(Photo credit: https://www.pinterest.com/pin/7719451923492
03065)

EZE ONYE ISHI NDEWOOO

Eze Onye Ishi Ndewo Nwa Apụ Na Anwụ Gị Agbazei Na O!!O!!

Kpa M Shara Aka Kpa M Shara Aka

Ndị Were Nwa Eku Ndị Were Nwa Ọkụ Kuru Nke Ha O!!O!!

Kpa M Shara Aka Kpa M Shara Aka

Ọ Gwụna Mị Nanịnị Bụ Nnụnụ Ere Ọdụ Gharụrụ Onwe M N'Ime Mmanụ Nwa Gị

Kpa M Shara Aka Kpa M Shara Aka

Werekwe Ọdụ M Hisakọrọ Ihe nile O! O!

Kpa M Shara Aka Kpa M Shara Aka

Leruo M Anya Maka Na Ugbu A MMa Nwa Gị Zuru M Ahụ O! O!

Kpa M Shara Aka Kpa M Shara Aka

Ọhịa Nwafọr Ụmụ Arọdị (the existing direct descendants of Jacob and/or Israel and Zilpha) *Ụmụ Arọ Urualla.*

CHAPTER 8

In the NTỌNALA IGBO, which is the Igbo culture, custom, foundation, and tradition, there is/was no provision for the division of humankind' race into the black and white races. Nwa Bekee/Onyirigbo/Onyigbo, meaning the Caucasians arrived in Igbo land with the introduction/division of the human race into white race or black. Nwa Bekee/Onyirigbo/Onyigbo's main focus was directed to the colonization of Ndị Igbo and other ethnic groups who primarily were the indigenes of the African continent. It has been unclear to ascertain how and who exactly was the first group of Caucasians that introduced the distorted truth about human race being black and white, a pernicious concept in the African continent. Some people believe that the pernicious lies originated from the colonial Caucasian team that considered the group of refined and intelligent Ndị Igbo and other ethnic groups that had already established powerful empires/kingdoms in West Africa and other countries in Africa before their arrival. Other people believe that certain ethnic groups from Europe introduced the distorted truth about humankind's race into the black race and the white race to oppress and subdue the indigenous tribe they encountered when they arrived from England. The fact still remains that the establishment of the black race and white race is not without the intention to subdue the great empires/kingdoms in Africa and also to thwart the formidable and superior NTỌNALA Ndị Igbo/Igbo people and other ethnic groups who are/were the true African continent's indigenes. One of the purposes of this documentation is to bring to the attention and also enlighten every humankind as well as the readers that there is only one human race.

The Igbo ancestors believe their forefathers were one of the builders of the Tower of Babel. Ndị Igbo/Igbo people also believe they were/are the ethnic group that retained that original primitive one language that existed in the whole world before they attempted to build the Tower of Babel. In Genesis chapter 11:1–4 it says, "Now the whole earth had one language and the same words. And as they migrated from the East…and settled there. And they said to one another, 'Come let us make bricks and burn them thoroughly…' Then they said, 'Come let us build ourselves a city and a tower with its top in the heavens.'" In Genesis chapter 11:5–8, it says, "The Lord came down to see the city and the tower… And the Lord said, 'Look they are one people and they have all one language…' 'Come let us go down and confuse their language there so that they will not understand one another's speech.' So the Lord scattered them abroad from there over the face of the all earth, and they left off building the city."

That confusion in language evolved from the time humankind made an attempt to build the Tower of Babel. The very confusion of differences in language among the same people who originated from one parent source, one ethnic group with one language, also gave rise to the existence of different ethnic groups among humankind. That same confusion led to the migration of humankind away from the east. All people who existed in the planet spoke the same language before humankind embarked in the building project of the Tower of Babel. Genesis chapter 11:1 clearly states, "Now the whole earth had one language and the same words." When the confusion occurred, the primordial language that existed right from the creation of humankind which lacked vocabulary from the original ancient state followed and remained with Ndị Igbo/Igbo people. The antiquity of the Igbo language was wrapped up upon its primitivism such that the modern language has not been able to corrupt the Igbo language. The Igbo language still retains its original linguistic tone and structured spoken style free from corruption. The tone-oriented original order in the Igbo language is the reason Ndị Igbo/Igbo people have a high level of listening skills. That high level trait of listening skills of Ndị Igbo/Igbo people had always been the source of their seat of wisdom. That is the why Onye Igbo always request for clarification during conversation by asking, *I sị gịnị? or O sị gịnị?*

(What Did you say? Or what did she/he say?). Ndị Igbo/Igbo people with their uncanny ingenuity and intelligence have maintained the primeval quality of their Igbo vernacular. The ability of Ndị Igbo/Igbo people to have perfectly managed and preserved the Igbo language with limited vocabulary could be unique and might not be duplicated by any other ethnic group. It is recommended here that All Nwa Afọ Igbo should read, speak fluently, and write the Igbo language, well-dotted Gbam. The idea that one should only speak one's non-indigenous language and abandon the language Chukwu Okike Abịama assigned to one's ethnic group during the confusion of the Tower of Babel should be considered as an act of disobedience to Chukwu Okike Abịama. One must master the original vernacular Chukwu Okike Abịama had assigned to one's ethnic group before one should learn another language/s from different ethnic group/s.

It is true that the Igbo language has a complicated variety of dialects that requires a high level of innate listening skills Chineke/Chukwu Okike Abịama/God the creator preserved for His selected Ụmụ Igbo Children. Chineke/Chukwu Okike Abịama/God in His infinite kindness has also inculcated into His Special Ndị Igbo/Igbo people the innate ability to perfectly understand each other's complicated different dialects. The Igbo dialect can possibly change from one small town to another small neighbor town. Despite the numerous Igbo dialects that exist among the Igbos, Ndị Igbo/Igbo people can effectively communicate, relate, and understand each other perfectly well. The primordial structure of the Igbo language depicts a multiple use of a particular or an exact word effectively for an expression of an event and/or situations in different meanings as long as the said word is spoken with different tone. The Igbo language is said to belong to Ndị Igbo who consider themselves as the special children of Ụmụ Chineke/Chukwu Okike Abịama, which also means to Ndị Igbo; the children of the all-knowing God of Abraham, the Creator of humankind.

The truth is that the Igbo language lacks vocabulary. However, the Igbo language has specific noun words for Female (Nwanyị) and Male (Nwoke). It is important to note that Igbo language has no explicit pronoun words that can differentiate between *he/she* and/or *him/her.* Ọ (without change in tone) is the pronoun for both male and female (he/she and him/her). Ndị Igbo/Igbo people have the ability to understand when the pronoun Ọ for male (Nwoke) and Ọ for female (Nwanyị) is addressing the correct gender during communication. This lack of a different pronoun word for male (Nwoke) and female (Nwanyị) in Igbo language basically appears to create an important similarity worthy of notation in regards to the gender issues. The Igbo tradition recognizes that male (Nwoke) and female (Nwanyị) have important and different roles to play in the society. It is also very important to understand very well that in the NTỌNALA Ụmụ Ndị Igbo/Igbo people, male (Nwoke) and female (Nwanyị) were, are, and might not be considered as being *equal*. Below is part of the reason.

Genesis 2:7–24 says,

> ...the Lord God formed man from the dust of the ground, and breathed into his nostrils the breath of life and the man became a living being. And the Lord God planted a garden in Eden, in the east;...and put man whom he had formed. The Lord God took the man and put him in the garden of Eden to till it and keep it. The Lord God said, "It is not good that man should be alone; I will make him a helper as his partner." So out of the ground The Lord God formed every animal...and bird...and brought them to the man...and whatever the man called each living creature that was its name. The man gave names to all...but for the man, there was not found a helper as his partner. So the Lord God...took one of his ribs and closed up its place with flesh. And the rib...the Lord God had taken from the man he made into a woman and brought her to the man. Then the man said, 'This at last is the bone of my bones and the flesh of my flesh; this one shall be called Woman, for out of man this

one was taken'. Therefore a man leaves his father and his mother and clings to his wife and they become one flesh. And the man and his wife were both naked, and were not ashamed.

The Lord God created Adam. The Lord God made Eve out of a rib He took from Adam. The Lord God did not form Eve from the dust of the ground like Adam. Adam was the only man the Lord God created. The Lord God formed Eve from one of Adam's ribs. The Lord God formed Adam, the first man, from the dust of the ground and made Eve the first woman out of a rib He took from Adam. Eve was a single rib from Adam. Eve was Adam's missing rib. Adam's role when the Lord God took Eve to Adam was for him to pronounce, "This at last is the bone of my bones and the flesh of my flesh." Eve's role as a rib was to provide protection, respiratory support to Adam. Adam and Eve had different roles and obligations they owe to each other. The Lord God made Adam and Eve (the two people) out from Adam (the one person He created). Eve was fashioned out from Adam (the one He created out of the dust), whom the Lord God initially started from. Eve came out from the existing Adam. Eve was not created out of the dust like Adam. Based on that, Adam and Eve (who was a rib from Adam) were the original persons the Lord God had created out of the dust. Adam and Eve were one but not equal. One and a portion of the same one ended up being one. But one plus one equals two. In Adam and Eve's calculation, two were made out from one; therefore, Adam and Eve, who were two from the original one Adam are one, but possibly not equal. For that reason, male and female should be one and probably might not be equal. When every couple understands that they are one, their relationship would be focused on caring for each other with an unconditional love. If some couples focused their relationship on equality, their relationship could be competitive, envious, and could lack oneness in God's creation of love. That was and is still the reason that in Genesis 2: 24, it says, "That is why a man leaves his father and mother and becomes attached to his wife and they become one flesh." Based on that, the man and woman might not be considered in Igbo culture to be equal. The Lord God utilized Adam's rib to form Eve as Adam's assistant, facilitator, supporter, and partner like the anatomical rib cage, not as an equal.

The twenty-four ribs (rib cage) protect the vital organs such as but not limited to the heart, kidneys, liver, lungs. The function of the ribs could be referred to in the following excerpts: "The ribs protect the heart, liver, kidneys and the lungs from any external injury. Ribs also assist in breathing when the intercostal muscles lift and lower the ribcage, facilitating inhalation and exhalation. The ribcage provides a framework onto which the muscles of the chest, back, upper abdomen and shoulder girdle can attach. The diaphragm is also attached to the lower border of the ribcage."

(https://www.reference.com/science/function-ribs-390a62c855 c2627a)

Chineke/Chukwu Okike Abịama/Lord God created humankind in His likeness and image. Chineke/Chukwu Okike Abịama/ Lord God bequeathed the blueprint of His words in actions during the creation of humankind inside the four P Igbo actions that takes place inside the egg during fertilization in the fallopian. The fusion between the champion or winner or victorious sperm and the egg duplicate the role of male (Adam's rib) and the role of female (Eve, the rib) in unity as a team in a constructive specification, in order to actualize the divine creation of humankind through the action of four P Igbo actions.

The Igbo language had been carefully preserved by the Ndị Igbo ancestors through the work of vernacular writings as well as the passed down oral traditional methods. Those processes originated from when Chineke/Chukwu Okike Abịama/Lord God created humankind to the current modern era. This documentation could be considered to be the relentless and an untiring effort from the author family. The family members of the author family's focused on preserving the Igbo language in its original form. Their goals were centered on the most effective way to prevent adulteration of the spoken and written Igbo vernacular and, most importantly, to prevent the extinction of the Igbo language. The author's BP, who handed down most of the oral information about the four P Igbo actions that takes place inside the egg during fertilization in the fallopian tube, have joined their ancestors. Although they have transitioned, their wisdom continue to live on. Here are the few examples of some awesome Igbo words mentioned earlier: Aba, Ada, Ahụ, Afọ, Agwa, Agwọ, Aja, Ajụ, Akọ, Akpa Akwa, Akwọ, Akwụ, Amụ, Anwụ, Asa, Egbe, Egwu, Ekwe, Enyi, Eze, Ibe, Igbo Igwe, Ishi, Ite, Mba, Mkpa, Ọba Obi, Oji, Ọkụ, Ube, Utụ.

1. Aba Aba means To become Rich.
2. Aba Aha means To Name a Person.
3. Aba Ahịrị means To Flatus.
4. Aba Ida aba means To be Lying Supine.
5. Aba Mba means To Scold.
6. Aba N'ike means To Pounce.
7. Aba Ngwa means A Township in Abia State Nigeria.
8. Aba Nshị means To Move Bowel

1. Ada Ada means To Fall.
2. Ada Bụ Aha ya means Her name is Ada.
3. Ada Mba means To Lose Hope.
4. Ada Mba means To be Discouraged.
5. Ada Mbụba means To play Manipulative Politics (Dishonesty)
6. Ada Mmadụ means Somebody's Daughter.
7. Ada Mmiri Ọkụ means Press with Hot Water.
8. Ada Nwa Gbọrọ means Baby's milky vomitus
9. Ada N'akpụ Nshị means Bug That collects Feces.
10. Ada Ọha means Collectively all indigenous Igbo Daughters

1. Ahụ mmadụ means The Body.
2. Ahụ Ọ nyụrụ ahụ means S/He made a Flatulence.
3. Ahụ means Mashed Ukwa.
4. Ahụ m otu means I Observe one.
5. Ahụ na Ahụ means Impatience

1. Afọ means The Belly.
2. Afọ means To Fondle.

3. Afọ Ite N'Ọkụ means Remove Pot From Fire
4. Afọ means Market Day
5. Afọ Olugbu means To Wash Bitter Leaves.
6. Afọ Ọhụrụ means The New Year.

1. Agwa means The Beans.
2. Agwa Mmadụ means Mankind's Behavior
3. Agwa means Dots
4. Agwa Ya Ngwa means To Alternate
5. Agwa Okwu means To Communicate

1. Agwọ Ọrịa means To Heal.
2. Agwọ Ji and Ụkpaka means To Mix Or Toss Yam And Oil Bean Seeds.
3. Agwọ means The Rafia.
4. Agwọ-ọgwụ means Procure Black Magic.
5. Agwọ means The Snake.

1. Aja means The Fish.
2. Aja means To Throw.
3. Aja means The Sacrifice.
4. Aja means The Sand.
5. Aja means To Praise.

1. Ajụ means To Ask.
2. Ajụ means To Cajole Or Put Words into Mouth
3. Ajụ means To Feel Dizzy.
4. Ajụ means To Forsake
5. Ajụ means The Head Pad to carry a load on the Head.

1. Akọ means To Plough.
2. Akọ means To Scratch
3. Akọ means To Tell a Story.
4. Akọ means Wisdom
5. Akọ Mụrụ Akọ means Learn a lesson

1. Akpa aka means A pocket Bag.
2. Akpa nkụ means To Gather Firewood.
3. Akpa akwụkwọ nri means To Harvest vegetables off the stalk.
4. Akpa ego means To Make Money.
5. Akpa ngiga means To Weave A Basket.

1. Akwa means A Bed.
2. Akwa Mmiri means A Bridge.
3. Akwa means Clothes.
4. Akwa means To Cry.
5. Akwa means The Egg.
6. Akwa means The Funaral.
7. Akwa Aka means To Push.
8. Akwa Akwa means To Sew clothes
9. Akwa Nkwụ and Ngwọ means The Pupa from the Palm Trees.

1. Akwọ Nwa Na Azụ means To Carry a Baby On The Back.
2. Akwọ Mmiri means To Drain Water
3. Akwọ Okporoko ma ọbụ osisi means To saw Stockfish or tree.
4. Akwọ Ụgbọ Ala means To Drive a car,
5. Akwọ Ụgbọ mmiri means Paddle the Canoe.

1. Akwụ Nnụnụ means Nest for a Bird
2. Akwụ means The Palm Tree and its Products
3. Akwụ means A Rosewood Tree
4. Akwụ Ọtọ means To Stand Up
5. Akwụ Mịeịe means To Echo

1. Amụ Nwa means To Give Born.
2. Amụ Amụ means To Laugh.
3. Amụ Akwụkwọ means To Learn.
4. Amụ means The Penis.
5. Amụ Anwụ Na-Amụ means The Sun Shines.

1. Anya means Eye
2. Anya Ụgbọ Ala means To Drive
3. Anya Mgba means To Paste
4. Anya Ụgbọ Mmiri means To Row a boat

1. Anwụ Ọnwụ means To Die
2. Anwụ Akụ means To Catch Termites
3. Anwụ means The Sun
4. Anwụ Nta means The Mosquito

1. Arọ Ụta means To Bend The Bow
2. Arọ Irọ means To Plot
3. Arọ Ite N'Ọkụ means Remove Pot From Fire
4. Arọ means The Royal Investiture
5. Arọ Ete Nkwụ means To Twist Climbing Rope
6. Arọ Ọfụ means The New Year
7. Arọ Onugbu means To Wash Bitter Leaves.

1. Asa means A Fish.
2. Asa means To Reply.
3. Asa means To wash.

4. Atụ Oshishi means To Carve
5. Atụ Aka means To Boast
6. Atụ means Chewing Stick
7. Atụ means To Compare
8. Atụ means A Giraffe
9. Atụ means To Throw

1. Aziza means Answer
2. Aziza means Broom
3. Aziza means Swept Off
4. Aziza means Swollen/Inflammation

1. Ebe means To Cry
2. Ebe means To Cut
3. Ebe means Name of Male
4. Ebe means To Perch
5. Ebe means To Slice

1. Egbe means To Crawl
2. Egbe means A Gun
3. Egbe means A Kite

1. Egwu means To Dig
2. Egwu means Fear
3. Egwu means To Play
4. Ekwe means An Agreement
5. Ekwe means A Bench.
6. Ekwe means An Instrument.
7. Ekwe means To weave cloth.

1. Enyi means An Elephant.
2. Enyi means A friend.
3. Enyi means To Climb

1. Eze means To Avoid.
2. Eze means The King.
3. Eze means The Teeth.

1. Eke means To Create.
2. Eke means The second in the Four Igbo Market Days.
3. Eke means The Anaconda/Python Big snake.
4. Eke means To Share.
5. Eke means To Spy.
6. Eke means To Tie.
7. Eke means A Town at Enugu State.

1. Gaba means Will Burst
2. Gaba means Will Enter

3. Gaba means Will Get Rich
4. Gaba means Keep Moving
1. Ibe Means To Cry.
2. Ibe means Kinship or Relatives.
3. Ibe means To pawn.
4. Ibe Means A Piece.
5. Ibe Means To slice.

1. Igbo means Marijuana
2. Igbo means The Igbo people.
3. Igbo means To Persevere
4. Igbo means To prevent.
5. Igbo means To protect.
6. Igbo means To provide.
7. Igbo means To stop.
8. Igbo means The thorns from the base of palm trees.

1. Igwe means A Bicycle
2. Igwe means An Iron
3. Igwe means A Multitude
4. Igwe means A Powerful Ruler
5. Igwe means Heaven
6. Igwe means The Sky

1. Ishi means Head
2. Ishi means To Cook
3. Ishi means Silly
4. Ishi means To smell

1. Ite means A Pot
2. Ite means To Dance
3. Ite means To Make Soup
4. Ite means To Scrub A Floor
5. Ite means To Tap Palm Wine

1. Mba means Country
2. Mba means Despair
3. Mba means No
4. 4) Mba means To Scold

1. Mkpa means To be Cranky
2. Mkpa means Difficulties
3. Mkpa means To Glean
4. Mkpa means To Resolution
5. Mkpa means Scissors
6. Mkpa means To Scramble

1. Ọba means A Town
2. Ọba means Barn
3. Ọba means Coconut Shell
4. Ọba means Incontinent
5. Ọba means Ruler
6. Ọba-Ụba means To Be Rich
7. Ọba-Mba means To Scold
8. Ọba-Aka means Palm (Hand)
9. Ọba-Afọ means Stomach Ulcer

1. Ọcha means Clean
2. Ọcha means Clear
3. Ọcha means Spotless
4. Ọcha means White

1. Ọha Na Eze means The Community
2. Ọha M Anya means Equality
3. Ọha Ole means How Many
4. Ọ ha Ya Aka means Released
5. Ọha E Ji Ete Ofe means Vegetable For Soup

1. Obi means A Dwelling Place
2. Obi means The Heart
3. Obi means A Palace

1. Oji means A magical Iron Rod
2. Oji means A Town
3. Oji means Black
4. Oji means To Hold

1. Ọhụ means Vision
2. Ọhụ means Vagina
3. Ọhụ means To Burn

1. Ọkụ means A Clay Bowl or Pot
2. Ọkụ-Ahịa means An Inventory
3. Ọkụ means Fire
4. Ọkụ-Azụ means To Fish

1. Ọsa means Clean
2. Ọsa means Clear
3. Ọsa means Sportless
4. Ọsa means squirrel
5. Ọsa means White

1. Ọtụ Ọrụ means Vagina
2. Ọtụ means To Peck
3. Ọtụ means To Throw

1. Ụba Mmụọ means Heart Attack/Stroke
2. Ụba means Wealth

1. Ụsa means Clean
2. Ụsa means Clear
3. Ụsa means Sportless
4. Ụsa means squirrel
5. Ụsa means White

1. Ube means A Pear (Dacryodes edulis)
2. Ube means A Spear
3. Ube means To Cry or Wail

1. Ugwu means Half
2. Ugwu means Mountain
3. Ugwu means A Person's Name
4. Ugwu means Respect

1. Ụtụ means Apple
2. Ụtụ means A contribution
3. Ụtụ Ọhụ means Vagina

The exotic ancient Akwụụ (rose wood tree) at Ihu Ala Ndị Ishie Ụmụuturu Ezemazụ Community Urualla.

CHAPTER 9

Primeval Igbo Words with Similarities with Hebrew Words

The following Igbo words below (but not limited) are similar to the Hebrew words:

HEBREW IGBO MEANING

- Abah Aba Aba aha To Name a Person.
- Aba Ida aba Lying Supine.
- Aba I ba aba Become Rich.
- Aba n'ike To Pounce.
- Aba Ngwa City in Abia State
- Abakashi To Fall Apart
- Abba Aba Aba aha To Name a Person.
- Aba Ida aba Lying Supine.
- Aba I ba aba Become Rich.
- Aba n'ike To Pounce.
- Aba Ngwa City in Abia State
- Abakashi To Fall Apart
- Abiathar A bia Ta When We or He or She Come/s Today
- Abimelech Abia M Elechi I come to look up to God
- Abraham Abaraham Named After Me or Namesake
- Abel Abelu High Abode
- Adah Ada Ada bụ Aha Ya Her name is Ada.
- Ada ada To Fall.
- Ada Eze A Royal Princess
- Ada Mba To be Discouraged.
- Ada Mbụba Manipulative
- Ada mmadụ First Daughter.

- Ada Mmiri Ọkụ Press with Hot Water.
- Ada Mma Beautiful Daughter.
- Ada nwa gbọrọ Baby's milky vomitus
- Ada Ọkpụ Nshị Beetle That collects feces.
- Ada Ọha All Igbo Daughters
- Ada Obi Royal Daughter
- Adam Adam I Descended
- Adam Adam My Daughter
- Adam Adaa M I fall
- Ahaz Ahazụ Name of fish
- Ahaziah Ahazie Sorted Out
- Ahi Ahịa Ahịa Market
- Ahịa ya Ahịa To Twist
- Achim Achi m I am the subordinate
- Amarih Amara AmaraChi/Chineke/Chukwu God's Grace Given Name
- Ome Amara Philanthropist
- Amalek Amalueke Knows the Creator, One's Knowledge of the Creator
- Ara Ara Breast, Madness
- Ara Ụtụ Enjoy wild Apple
- Ara Ụtụ/Ọtụ/Ọhụ Have Sex
- Ark Aka Hand
- Areli. Araelịe Redeem to Consume
- Arodi Arọdị The Royal Investiture Exists
- Asa Asa or Asha To Answer or Rebut or Talk Back
- Azụ Asa Fish In The Salmon Family, The Weaver Bird
- Asher Asha To Answer or Rebut or Talk Back
- Ayya Anya Eye To Drive, To Paste
- Anya ụgbọ Mmiri To Row a boat
- Azariah Azara It Was Answered, It was Swept
- Azịza Azịza Answer, Broom, Swept Off, Swollen/Inflammation
- Azor Azọ Under Dispute
- Azor Azọrọ To Claim
- Azor Azọrọ To Snatch
- Azor Azọrọ To redeem

- Chema Chima All knowing God, God Knows
- Eber Ebere Compassion, Mercy, Pity
- Eber Ebe Cry, Cut, Given male Name, Perch, Slice
- Edom Edom You Keep Me
- Ehi Ehi Cow
- Eri Eri To Eat
- Elon Elọna You Welcome
- Esau Esọ You Belong
- Ezbon Ezebụọnụ Constructive Speech leads to Kingship
- Ezra Ezera Deter
- Ezra Ezera Pardon From The King
- Ezra Ezera Prevent
- Ezra Ezera Walk Away
- Ezer Eze Eze To Avoid
- Eze The Teeth
- Eze The King
- Gabbatha Gaba Atta Go to Atta Town
- Gaba Ta Go Today
- Gad Gadị Represents Faith and Hope, Shall Accomplish, Shall Achieve, Shall Be Well, Shall Live, Shall Succeed, Shall Survive, Shall Thrive
- Gatam Gataram Represent Me
- Geba Gaba Will Burst, Will Enter, Will Get Rich, Keep Moving
- Genesis Genisisi Go To The Head, Refer To The Beginning, Guni Gịnị What?
- Hagaba Hagaba Let Them GO, They Have to Leave
- Hebrew Igbo Ndị Igbo, Igbo People
- Imnah Ị mana You are Beautiful or Handsome, You are sensible
- Israel Isireala The Potent Head on Earth
- Jacob Jakọbụ Praise Accordingly, Praise Like It Should Be
- Jezer Jeza Go and Answer
- Kenaz Kenazi Thank The Children; Also, Give Thanks
- Korah Kora Everybody In The Public, Once It Is Spoken, Speak To Public, Mary Mmeri Victorious

- Mahalath Mahalata Calm It Down, Reduce, Tone It Down
- Manna Mana However, But, Suppose
- Nebajoth Nebajota Observe Evil Today
- Netanyahu Netanyahu Observe With Eyes And Acquire Wisdom
- Obed Obedi The Cross Exists
- Omar Omara He/She Is Beautiful/Handsome
- Raphu Rapụ Leave It Alone
- Sobe Sobe Follow
- Teman Temanyi Beautify Us
- Ubal Uba Ụba Mmụọ Heart Attack/Stroke
- Ụba Wealth
- Yahweh Ya Nwe He Is The Owner
- Zaam Zaam Answer Me
- Zepho Zefọ Avoid

The Benedictus/Gospel Canticle: Blessed be the Lord, the God of Israel, for he has set them free, and he has established for us a saving power in the house of his servant David, just as he proclaimed, by the mouth of his holy prophets from the ancient of times, that he will save us from our enemies and from the hands of ALL those who hate us, and show faithful love to our ancestors, and so keep in mind his holy covenant. This was the oath he swore to our father Abraham, that he would grant us, free from fear, to be delivered from the hands of our enemies, to serve him in holiness and uprightness in his presence, all our days. And you little child, you shall be called Prophet of the Most High, for you will go before the lord to prepare a way for him, to give his people knowledge of salvation through the forgiveness of their sins, because of faithful love of our God in which the rising Sun has come from on high to visit us, to give light to those who live

in darkness and the shadow dark as death, and
to guide our feet into the way of peace. (Luke
1:68–79)

URI E JI ATỤ ILỤ IGBO BỤ OKWU AMAMIHE, EZIOKWU NA NDỤ NDỊ OBODO ANYỊ

Ndị obodo anyị
Anyị biara nka ụnụ maka egwu
Ndị obodo bianu ka ụnụ lekiri eruruo
Oyoyo oyoyo oyoyo oyoyo
Oyoyo oyoyo ndị biara egwu biara ije
Ndị biara egwu lekiri anya
Obodo ọbụ anyị ube egwu ebena oo
Ndị obodo agwara m ụnụ ginịdụ
Egwu m gara mba ga Oru ga Igbo
Ka m jiri bịa na obodo agu asatọ
Ụnụ ga lekirikwe mmmm
Ụnụ ga lekirikwe na bosha bosha egbogorona
Wụọ anyị uzuzu jaa anyị mbu
Ọbụ etu ụnụ shi eme?
Obodo tiri iwu ọ mụrụ nwa zụba nwa ya
Akpara buru bịa na ala anyị obodo agu
Aụtụrụ mụrụ ebila gbakwa aka nwaaooo
Oyoyo oyoyooooooooooooooooooooooo!!!
Ndị Igbo ụnụ nọkwa ya eeeh
Eyooooooooo!!! Anyị nọkwa ya
Ọ tajirina Ngwa gee nụ nti
Ilu atọpụna ọgọdọ gbara ọtọ

Abojo m anụ dị nime anụ.
Abụba na-anyịgbu udele.
Abụba na-afụrụ onwe ya ọkụ.
Achokụta nga aga ebido aka e bido n'ikpere.
A dị mbụ mara na anụ na atọ ụtọ ma e were ya nye ohu shewe ya.
Ahụ doo ogeri o doo di ya.

A ga agupụ aka enwe na ofe ka aka enwe ghara ịghọrọ aka mmadụ.

A ga ebuba dike n'ala ntị agaghị agbaghe ya.

Agba asụ nwanne na elu ya daba na ime obi.

A gbapụ egbe Dum! Dum! ụjọ pụọ n'obi.

Agba nke mbụ ya tụ n'ogwe, agba abụa, ya tụ n'ogwe, Ọ bụ ogwe ka apịra akụ?

A gba nke mbụ ya tụ na ogwe, A gba nke abụọ ya tụ na ogwe A gba nke atọ ya. tụ na ogwe. Ọ bụ ogwe ka a pịrị akụ?

A gbaghaba e nwe ihe na-ese okwu.

Agbọghọ buru obi ọ naghị ekwe arụshị ekele.

Agbọghọ ka nka ya pụta na ihu arụshị ya gbuo ikpere abụọ na ala.

Agwọ otu onye hụrụ bụ Eke.

Agwọ tụrụ mbe tụrụ okpokoro.

Ahịa ọma na ere onwe ya.

Ahụ ụka ahụ ọshisha ya.

A kọdo e gedo.

Akụ feresa n'elu, ọ dara awọ.

Akụ ferecha n'elu, ọ dara awọ.

Akwa ọkụkọ juru ekete a maghị nke e buru ụzọ yi.

Ajụjụ ajụghị ama agbaba bụ eze ashịrị gbakaa ute.

Ajụjụ juọ nkụ kụọ.

A lịa obi a ghọọ dike.

Ama dike na shi eshi.

A muta amaghị ihe na uge ọmụmụ bụ nwanne.

A muta amaghị ihe na uge ọmụmụ bụ otu ihe.

Amụ ana arọzi arọzi e jighi ya atụba nwanyị ime.

A na-adọ ọsọ ogugọ adọ na nkwọ Ozụ/Oshịna.

A na alị dibie ọbụ ndị mmụọ na eghe otoro.

A na-eshi n'ụlọ amara mma apụ na ama.

A na-ata onye oshi ji ụta ya were obi ya na apị mbaụ ọga eji ezu ọdọ.

Anaghị agba aka arị ọrji.

Anaghị agba aka ahụ nwata eze izizi o puru n'ọnụ ya.

Anaghị ama ngọrọ n'ugbọ ma ụgbọ akwụshịghị.

Anaghị enye agụ anụ chekwaba.

Anaghị eduba eghu na ọba ji.

Anaghị ekwu ogologo okwu Chukwu na ụka mgbede.

Anaghị atufu nwa na ndụ.

A na ekwu nke mere eme, nke ọzọ ka njọ na emekwashi n'elu ya.

A na ekwu na oke tara mmadụ ngwere ga na awa eze.

A na erefu ọkụkọ ụkwụ ọjọ nka tere aka.

A na-eshị na ulo amara mma pụọ na ama.

A na-asọ ishi ede ala ede sị na ọbụ ya ka ana asọ.

A na-akọrọ oshi ntị sị agha esuna.

A na alị dibia ọbụ ndị mmụọ na eghe otoro.

A na-awa ibi afọ na eto.

A na-egbu mkpi ihu anaghị adi ebila mma.

A na eji ehihie achụ eghu oji.

A na eji ushi ahịrị ụtọ nshị.

A na-ama ọka sara asa nwagha ya bụ akpịrị/iza.

Ana m arasa aka m ngwangwa ana m afahaya n'elu.

Anya bewe imi bewe.

Anyi gbube achara onye gbube, onye akpọna ibe ya one ikolu.

A nyụkọ mmamịrị ọnụ ọ gba ụfụfụ.

Anọkọ ole aha eri udele atọtuo ngịka.

Anụ abụba ga afụrụ onwe ya ọkụ.

Ara lasa ije ngwangwa a naghị ala.

Ara pụrụ ahịa a naghị agwọ ya agwọ.

A sị nwagbọghọ ahụ amafọhọ gị, ya galara pụọ ndị o ji-ugwọ nwụrụ ya.

Asụsụ, Ntọnala na Omenala Igbo tara ọjị igbo dịkwa nsọ ya mere Igbo jiri dị omimi.

A tufere ọgba e kwere ike kpatara ndị mmadụ anaghị ekwekwa ibinye ibe ha ego.

A tụọrọ ọmara ọmara, a tụọrọ ofeke ya fewaị ishi na-ọhịa.

Atụrụ sịrị na ya ga agba mgba buru na afọ ya n'ihi onwụ di na eme na mberede.

Awọ anaghị agba ọsọ ehihie na nkịtị.

Awọ anaghị agba ọsọ ehihie na ụkpọrọ.

Awọ sịrị na ọbụ ihe dị na ụme ka e ji ekwe egwu.

Awọ sịrị onye ghara eto ya, ya eto onwe ya.

Gbakụta gbakụta a bughị afa ọ agba ere bụ afa.

Gbara gbara fere oke ya ghọrọ ara.

Di anyị ka anyị riwe ya etu ọ dị tata eruo echi anyị were azụ shiriwe ofe ụtọ.

Dike nwụọ a nwụrụ ọkụkọ n'ụlọ onye ụjọ were ọbara ya gwake dike anya.

Diochie anaghị akọtasa ihe ọ hụrụ n'elu nkwụ.

Egbe bere ugo bere nke sịrị ibe ya ebena nku ga-akwa ya.

Egbelegbe nkwụ daruo ala nwanyị arịa ya elu.

Ego kọ mụ ya akọkwana onye mụ ga nbibi ego.

Egbuo mma na ọba aka, mgbe ọbụna a kwọbara aka, e cheta ya.

Eghu na ata nkwara nwa ya na ele ya anya n'ọnụ.

E chọ e gwa m ụka gwa m na ihu e gwa m na azụ ikuku eburu.

Ehi buka ibu ya mụọ otu nwa.

Ehi fere ọdụ ya gburu gburu, sị na ihe dị otunga dị na ebe nile.

Ehi a mụrụ ọhụrụ buru ibu ma o gburu ikpere anọ n'ala ṅụrụ nne ya ara.

Ehi sịrị na anụ na-enweghị ọdụ chi ya na-egburu ya ijiji.

Ehi sịrị na ndị nwere ọdụ amaghị anọdị ala.

E ji dike n'ala ekwoteghị ya mma ọ bụ mgbe ọbgalagara ka aga anata ya mma?

E jighi ọkpụrụ ukwume akpa ịrịọ na ishi.

E jighi ụra aụnyere ọnwụ.

Ejula kpuru ishi wọrọ onwe ya ihe oriri.

Ejula na-aga ọ kwọrọ nkịkere ya.

Ekwe dashie ike ụmụna agbakọọ.

E kpe ekpere biri ụtara ọnaghị ama na aka.

Ekwe ekwe na ekwe na ute ekweri.

E lelịa nwa ite ya gbọnyụọ ọku.

E lịe ozu e lịekọta ọnụma.

Eme ihe na oge emeghara ọdashi.

Emekụ ọsọ mpi ihe ya taa arụ.

E nyo opi e nyo ọhụ ahụ na ohụ miri emi karịa opi.

Eriri ji ukwe mgba bụ ngịrị ezi na obi ụlọ ndị mmadụ.

Etu aka ha nwanyị ka ọ na atụkwasa di ya.

Etu anya nadịna a ga ele ya ele.

Etu nshi shri na-akpashi mmdụ ike ka ana eshi eduru ya aga.

Eze onye agwanam buru nshi na ọgọdọ gaa ahịa.

Eze nwụọ anụọ mmadụ nọ na obi ya.

Eze anwụghị anwụ mmadụ nọ na obi ya.

Gịnị ka a ga-eme oji ka oji ghara ịwa afa?

Hapụ nkịta na ga n'ụzọ ubi ka ọ ga gbara mkprụ ji.

Hapụ nwa enwe ka ọ na-amagharị n'ọhịa ka dinta ahụghị ya.

Hapụ ọta akwụ ka ọ na ata na ahị ọnụ.

Ihe a na asọ asọ gburu ndị ichie mgbe gboo.

Ihe agwọ mụrụ apụghị ito ogologo.

Ihe gburu nne nza anaghị ekwe nwa ya saghee anya.

Ihe egbe mụrụ apụghị iburu ọkụkọ.

Ihe a rọrọ arọ dị mma bụ ete ihe ndị ọdọ arọ ya, ya rọghaịshịa.

Ihe di kpọrọ ogeri ka ụmụ di na akpọ ya.

Ihe fọrọ otu agwụsagwere.

Ihe mere ede ede jiri bee nwịmmm.

Ihe nile shiri na aka Chi were dịrị mma pụta.

Ihe nwata ji egwu egwu bụ ara nne ya ọbughị ụmụ nna ya.

Ihe nwata ju abọ nke okeyị a gba ya ụlụ.

Ihe okeyi dieruru ala hụ nwata wụlara elu ọ gaghị ahụ ya.

Ijiji benyere na aziza e ji egbu ya chọrọ ịnwu ngwangwa.

Ike ekweghị ọkwụrụ gbaa mkpọrọgwụ na ala ya sị na ala siri ike.

Irịrọ nwa nkịta bụ onye dara onyenụ onye dara onyenụ.

Irirọ/Egwu nwa nkịta bụ onye dara ibe ya onye dara ibe ya.

Ishi anụ anaghị efu n'ite ofe.

Ishi ji ọ ga ala na atapịghị ya atapịa?

Isi kota Ebu ya agba ya!

Isi kota Evu ya agba ya!

Ishi m anaghị agha onye kpụrụ.

Ishi ntụ na ịlụ nwanyị bụ ị gbayi ya akị bekee.

Ilu bụ abụbọ e ji eri ụka.

Mbe bịa ị tụnworo ji, a kwụwa mbe ọtọ were ji ya na ya ha n'ogologo nye ya.

Mbọshi nta anyị chụọ na oweri anụ nchi.

Mmadụ dị ka aha ji.

Mmadụ nile bukazuru ngịrị nna ha na nne ha na ahụ ha nile.

Mberede nyịrị dike.

Mberede ka e ji ama dike.

Mbọchị nta anyị chụọọ na oweri nchị.

Mgbe ọ na ara ahụ ka ọ na ebi.

Ndị na ekwe egwu na eme ka egwu kpoghọrọ ọkụ.

Mmiri maruo ọkpa/ụkwụ ọ naghị amarụ okwu ekwuru na ọnụ.

Mmiri ọkụ ka e ji ebu ụzọ erugbu egbu mbe werezie gbuo ya.

Nnụnụ gbata ajọ ọsọ a gbawaịrị ya ajọ akụ.

Nnụnụ na-efefe a na hụghị okpuru afọ ya o ji nkọkọ efe ka ọbụ azụ?

Nnụnụ shiri na ala begoro na kpọkọikwube nka o benyere ka ọ ka ọnọ.

Ngwere nile makpu amakpu a naghị nke afọ na eghu.

Nkịta anaghị ata ọkpụkpụ a nyabara ya.

Nkịta sịrị onye lewere anya ma awọ ya ihe oriri.

Nlekiri ka a na-elkiri udele anaghị eri anụ udele eri.

Nshịkọ gwuru iyi ukwu gwuo iyi nta, mana ite ofe Nwanyị riri ya.

Nwa nwoke anaghị ebu nna ụzọ amụta diọkwara/ọkpar/la.

Nwa nwoke sị na ya bu Nna ya ụzọ mụta Diọkwara, onye mụwere ya?

Nwata dụ marasa ihe ya gaa lie ya na chi nne ya mgbe o toro ya ga bọrọ ya.

Nwata magburu nna ya ọgọdọ sachie ya anya.

Nwata lụrụ ọgụ egboro egbo na asị na ihe ọgụ atọgbuona onwe ya.

Nwata na aracha ụtụ ya kịerewekwe ya ekịe.

Nwata rie ihe ọ na amụrụ anya, ụra buru ya.

Nwata tụlie Nna ya elu, ọyọkọrọ mkpụru amụ nna ya yoshie ya anya.

Nwa nkpi gara umere nne ya mụta etu e shi asụli ọnụ elu.

Nwa nza na ere ọkụ ya sị ana ya asụ abụba.

Nwoke ga-eme ka onye ara ụmụ nna ya agaghị alụnye ya nwanyị.

Nwayọ nwayọ ka e ji arasa ofe dị ọkụ.

Ọbụghị etu ugoro shiri da ụda n'ọnụ ka o shi atọ ụtọ.

Ọbụghị sọ nanị ajụ ka e ji ebu ihe na ishi.

Ọ bụ na ọkpụ isi amaghị akpụ ka ọ bụ na nguwa arụhụ nkọ?

Ọkụkọ a na-ekpunye na akwa a naghị abụ akwa ma ọlị.

Ọkụkọ bịara ọhụrụ ji otu ukwu azọyị na ala otu mgbe.

Ọkụkọ hapụ kwọọ kwọọ ya were gịnị zụọọ ụmụ ya.

Ọkụkọ ụkwu gbajiri a na ere ya na ahịa tere aka.

Ọkwụrụ a naghị aka onye kụrụ ya.

Ọlụ nwayị lụsakwa alụsa makana nwa kakwa eyi nne ya.

Ọmụrụ ajọ nwa na agwụrụ ọha nshị.

Ofe dịrị ụtọ ụtara dịrị ụtọ akpịrị na ada ịgbam kororo m.

Ọgụ a kara aka anaghị eri ngwọrọ.

Ogu na Ọfọ ka Idide jiri wa ala.

Ogba egbe anaghị ekwe were egbe gaa ya n'azụ.

Ogba egbe na eshi na egbe ala.

Ogbu mma anaghị ekwe were mma gaa ya n'azụ.

Ogbu mma na eshi na mma ala.

Oje mba enwe iro kpatra Igbo jiri biriri na obodo nile dị n'ụwa.

Oke soro ngwere maa mmiri, mmiri kọọ ngwere ọ gaghị akọ oke.

Okeoha anaghị anọ na ụlọ eghu mụọ na ọgbu.

Okirikiri ka ana agba n'ukwu ose a anaghị arị ukwu ose elu.

Okụ nọ na mba na eghere mba nri.

Okwu a kpara akpa e ji ishi ekwe ya.

Olu e jiri biri ego abughị olu e ji akwụshigha ụgwọ azụ

Ọmụ nkwụ sịrị igbogiri onye mkumkpu igbogiri sị ya onye tote ya hụ.

Onwa anụnụ na egbu n'obi ulọ ọbula nine.

Onweghị anụ jụrụ akụ oriri.

Onweghị aku mmadụ kụrụ karịrị ọmụmụ nwa Nkechinyere ya.

Onweghị ihe anya hụrụ gbakpọọ.

Onweghị ihe anya hụrụ gba ọbara.

Onye aghụghọ amaghị nke onye ọ na ọghọrọ na aghọ.

Onye aghụghọ nwụọ onye aghụghọ ibe ya e lie ya.

Onye ibi sịrị onye amụ mgbekeleghegbmgbem.

Onye ịghịgha na atụ ashị sịrị kenyere ya nwunye di ya nche.

Onye ije ka onye ishi awọ ama amamihe.

Onye kpuru ishi rawula ụdara ọ kpọkwutere n'ụkwụ ya chọrọnụ ụdara ọdọ.

Onye kụba aka chi ya kụba aka.

Onye liri ozu mara nga ishi ya dị.

Onye mara asụ ya sụọ na ikwe ọnye amaghị asụ ya sụọ na ala.

Onye na-agba ajọ uri ụkọ nku aka na akọ nwanne ya.

Onye na ere nwa nwuye ọkụkọ amaghị mgbe ọ na-ere nwunye nwanne ya.

Onye ndị iro gbara gburu gburu na eche ndụ ha nche mgbe nile.

Onye ndị iro gbara okirikiri na eche ndụ ha nche mgbe nile.

Onye ọbụna bu aha nna ya na nne ya na ime ụbụrụ ishi ya.

Onye obi ma ọbụ ụlọ ya na agba ọkụ ya na achụ odu ọhịa.

Onye oshi mere njọ onye o zuru ihe ya mere njọ.

Onye oshi zuru nkwa ọ ga anọ na elu akụ ya.

Onye rịrị ọrjị kparachakwa ya nkụ na ihi anaghị arị ọrjị nrị abụọ.

Onye sị a wakaa dị mma awakaa sị chigara ya ka o yiri.

Onye ụjọ na atu aka ọkpụ aja onye ike.

Ose a naghị agba ishi mkpọrọgwụ na ala.

Osisi kpọ nkụ nnụnụ nọ na elu ya.

Osisi akpọghị nkụ nnụnụ nọ na elu ya.

O ri awọ rikwee nke gbara agba a kpọ ya ori awọ ya zashie ike.

Ori arụshị gbaa afọ ya sị nke ya riri akaa gịnị mere ya.

Ọrụ anaghị arụwuli na otu abalị a na ahụ ụzọ alaba n'oge maka chi njishikwo.

Otu nne mmụọ otu chi anaghị eke.

Otu onye ghuoro ọha ọha eriwulie ọha ghuoro otu onye ọ gaghị eriwuli.

Otu ehi ka Aba Araka na-achị.

Ozu ṅaba one bu ozu ṅabakwa.

Ozu shiwe ushi, enyi Ka nwanne gbalaga nwanne bịa buru ozu.

Ụdara sịrị ọ bụ nanị ya mụtara nwa a na apịwa ọnụ

Ugoro sịrị ọ bụ asụkworowuo a ghara.

Ụjọ bụ onye jọrọ ọ lafare.

Ụka ju ọgbọ ofeke kwugburu onwe ya.

Ụka ka mma na ashaghị ya asha.

Ụkwa kaa mkpụrụ ya daa na ala.

Ukwụ na aga wara wara anya na aga sam sam na ahụ ya.

Ugwu nkwayị nkwayị ka mmadụ ji aghọta ibe ya.

Ụtara hụ m ya puo eze.

Ozu ṅaba onye bu ya na aṅa.

Drawn by the Royal Princess Obiamaka Uchenna Obinna-Okafor, the granddaughter of the author, Royal Princess Akụefete, Igbochidonkechinyeregị, Imemụrụọha, Kechipetronilla, Martina, Tete, Simon-Ebughu.

CHAPTER 10

ABỤ, UKWE NA URI DỊ NSỌ

ABALỊ OLE

Abalị ole ka Jona nọrọ na afọ azụ?
N'ihi okwu Chineke
Abalị ole ka Jona nọrọ na afọ azụ?
N'ihi okwu Chineke
N'ihi
N'ihi okwu
N'ihi
N'ihi okwu
N'i-ihi
N'ihi okwu Chineke
Abalị atọ ka Jona nọrọ na afọ azụ
N'ihi okwu Chineke
Abalị atọ ka Jona nọrọ na afọ azụ
N'ihi okwu Chineke
N'ihi
N'ihi okwu
N'ihi
N'ihi okwu
N'i-ihi
N'ihi okwu Chineke

ABỤ MỤ ONYE MMEHIE

Abụ mụ onye mmehie
Chineke mere m ebere
Zọpụta mkpụrụ obi m
Nna m efuo m oooo
Ị nụkwa
Mere m ebere zọpụta
Mkpụrụ obi m nna
Lekwa m efuo m ooo
Ị nụkwa
Mere m ebere zọpụta
Mkpụrụ obi m nna
Lekwa m efuo m ooo

ABỤ NDỊ MOZI NA ABỤ

Abụ ndị mozi na-abụ n'eligwe
Ya ka ụmụ azị na-abụ n'elu ụwa
Abụ ndị mozi na-abụ n'eligwe
Jishie ike ka ụnụ mee Udoo
Jishie ike ka ụnụ mee Udoo

NDỊ IGBO DỊ ỌCHA NA IME OBI HA DỊKWA ỌCHA NA IME MMỤỌ HA

Anyị dị ọcha na ime obi dịkwa ọcha na ime mmọ anyị
Gịnị ga-eme ka anyị dị ndụ ghara ikpere chi anyị ekpere
Ndị Igbo dị ọcha na ime obi ha dịkwa ọcha na ime mmọ ha
Gịnị ga-eme ka ha dị ndụ ghara ikpere chi ha ekpere
Ụmụ Igbo dị ọcha na ime obi ha dịkwa ọcha na ime mmọ ha
Gịnị ga-eme ka ha dị ndụ ghara ikpere chi ha ekpere

181

AMAGHỊ MỤ AMAGHỊ MỤ AMAGHỊ MỤ

Amaghị mụ Amaghị mụ Amaghị mụ o!
Amaghị mụ Amaghị mụ Amaghị mụ o!
Amaghị mụ ihe mụ ga-eme ụwa o!
Chineke bụ onye ikpe o!
Amaghị mụ Amaghị mụ Amaghị mụ o!
Amaghị mụ Amaghị mụ Amaghị mụ o!
Amaghị mụ ihe mụ ga-eme ụwa o!
Chukwu Okike Abịama bụ onye ikpe o!
Amaghị mụ Amaghị mụ Amaghị mụ o!
Amaghị mụ Amaghị mụ Amaghị mụ o!
Amaghị mụ ihe mụ ga-eme ụwa o!
Papa bụ onye ikpe o!
Amaghị mụ Amaghị mụ Amaghị mụ o!
Amaghị mụ Amaghị mụ Amaghị mụ o!
Amaghị mụ iha mụ ga-eme ụwa o!
Yahweh bụ onye ikpe o!
Anyị amaghị anyị amaghị anyị amaghị o!
Anyị amaghị anyị amaghị anyị amaghị o!
Anyị amaghị ihe anyị ga-eme ụwa o!
Yahweh bụ onye ikpe o!

AMA MỤ NA CHINEKE AGAGHỊ EKWE KA IHERE WERE MEE MỤ

Ndị Igbo ama mụ na Chineke agaghị ekwe ka ihere mee anyị
Ndị Igbo ama mụ na Chineke agaghị ekwe ka ihere mee anyị
Ndị Igbo ama mụ na Chineke agaghị ekwe ka ihere mee anyị
Ụtụtụ ka ihere mee anyị
Ehihie ka ihere mee anyị
Anyasị ka ihere mee anyị
Ama mụ na Chineke nna agaghị ekwe ka ihere mee anyị
Ndị nga anyị ama mụ na Chineke agaghị ekwe ka ihere mee anyị
Ndị nga anyị ama mụ na Chineke agaghị ekwe ka ihere mee anyị
Ndị nga anyị ama mụ na Chineke agaghị ekwe ka ihere mee anyị

Ụtụtụ ka ihere mee anyị
Ehihie ka ihere mee anyị
Anyasị ka ihere mee anyị
Ama mụ na Chineke nna agaghị ekwe ka ihere mee anyị
Ụmụ Igbo ama mụ na Chineke agaghị ekwe ka ihere mee anyị
Ụmụ Igbo ama mụ na Chineke agaghị ekwe ka ihere mee anyị
Ụmụ Igbo ama mụ na Chineke agaghị ekwe ka ihere mee anyị
Ụtụtụ ka ihere mee anyị
Ehihie ka ihere mee anyị
Anyasị ka ihere mee anyị
Ama mụ na Chineke nna agaghị ekwe ka ihere mee anyị
Ndị Igbo ama mụ na Chineke agaghị ekwe ka ihere mee mụ
Ndị Igbo ama mụ na Chineke agaghị ekwe ka ihere mee mụ
Ndị Igbo ama mụ na Chineke agaghị ekwe ka ihere mee mụ
Ụtụtụ ka ihere mee mụ
Ehihie ka ihere mee mụ
Anyasị ka ihere mee mụ
Ama mụ na Chineke nna agaghị ekwe ka ihere mee mụ
Ndị nga anyị ama mụ na Chineke agaghị ekwe ka ihere mee mụ
Ndị nga anyị ama mụ na Chineke agaghị ekwe ka ihere mee mụ
Ndị nga anyị ama mụ na Chineke agaghị ekwe ka ihere mee mụ
Ụtụtụ ka ihere mee mụ
Ehihie ka ihere mee mụ
Anyasị ka ihere mee mụ
Ama mụ na Chineke nnaagaghị ekwe ka ihere mee mụ
Ụmụ Igbo ama mụ na Chineke agaghị ekwe ka ihere mee mụ
Ụmụ Igbo ama mụ na Chineke agaghị ekwe ka ihere mee mụ
Ụmụ Igbo ama mụ na Chineke agaghị ekwe ka ihere mee mụ
Ụtụtụ ka ihere mee mụ
Ehihie ka ihere mee mụ
Anyasị ka ihere mee mụ
Ama mụ na Chineke nna agaghị ekwe ka ihere mee mụ

AMARA CHUKWU

Amara Chukwu duro anyị ụlọ o!
Amara Chukwu duro anyị ụlọ o!
Ozi ọma nna, ozi ọma nna
Duro anyị ụlọ o!
Amara Chukwu duro anyị ụlọ o!

ANA M AGAFE NA OSHIMIRI JỌDAN

Ana m agafe na oshimiri Jọdan
Ana m agafe na ụlọ nsọ
Ewoo
Ọdịghị onye m hụrụ karịa Jesu
E ma na ọdịghị onye m hụrụ karịa Jesu
Ewoo
Ọdịghị onye m hụrụ karịa Jesu
E ma na ọdịghị onye m hụrụ karịa Jesu

ANYA A NA ELE CHUKWU

Anya a na ele Chukwu
Chukwu bụ onye ishi
Chukwu Okike Abịama
Chukwu nke bi na igwe
Chukwu mazu ihe nile
Chukwu mara ihe ọjọ
Marakwa ihe ọjọ nyị na-eme
Ihe ọjọ anyị na-eme
Ihe ọjọ anyị na-eme
Na eche na ụwa amaghị
Anya a na ele nna
Chukwu bụ onye ishi
Chukwu Okike Abịama
Chukwu nke bi na igwe
Chukwu mazu ihe nile

Chukwu mara ihe ọjọ
Marakwa ihe ọjọ nyị na-eme
Ihe ọjọ anyị na-eme
Ihe ọjọ anyị na-eme
Na eche na ụwa amaghị

ANYỊ GA-EZUKỌTA N'ỤLỌ NSỌ CHUKWU ABỊAMA

Anyị ga-ezukota n'ụlọ nsọ Chukwu Abịama
Na akpọrọ ya ụbọ, na akpọrọ ya ụbọ
Na akpọrọ ya ụbọ na ụlọ nsọ Chukwu
Anyị ga-ezukota n'ụlọ nsọ Chukwu Abịama
Na gbara ya uri, na gbara ya uri,
Na gbara ya uri, na ụlọ nsọ Chukwu
Anyị ga-ezukota n'ụlọ nsọ Chukwu Abịama
Na fụrụ ya ọja, na fụrụ ya ọja
Na fụrụ ya ọja, na ụlọ nsọ Chukwu
Anyị ga-ezukota n'ụlọ nsọ Chukwu Abịama
Na kụrụ ya aka, na kụrụ ya aka
Na kụrụ ya aka, na ụlọ nsọ Chukwu
Ala Igbo bụkwa ụlọ nsọ Chukwu Abịama
Na kụrụ ya aka, na kụrụ ya aka
Na kụrụ ya aka, na ala Igbo Chukwu

ANỌ M N'ỌNỤ ỤZỌ

Anọ m n'ọnụ ụzọ na akụ aka
Alịloya Alịloya
Anọ m n'ọnụ ụzọ na akụ aka
Ekpere ka m jiri were biri
Anọ m n'ọnụ ụzọ
Na akọsara Chi m mmehie m
Alịloya
Onye nwem meghere m ụzọ
Onye nwem ka m bata
Anọ m n'ọnụ ụzọ na akụ aka

185

Alịloya Alịloya
Anọ m n'ọnụ ụzọ na akụ aka
Ekpere ka m jiri were biri
Anọ m n'ọnụ ụzọ
Na akọsara Chi m mkpa m-o-o m!m!
Alịloya
Onye nwem meghere m ụzọ
Onye nwem ka m bata

CHINEKE AKPỌKURU M NGỊ

Chineke akpọkuru m ngị
Bịkwute m ọsịsọ
Sị gị gee ntị nụrụ
Mgbe m kpọkuru gị
Eyo-o
Eyo-o Eyo-o Eyo-o Eyo-o Eyo-o Eyo-o Eyo-o Eyo-o Eyo-o-o-oooooooo
Eyo-o
Eyo-o Eyo-o Eyo-o Eyo-o Eyo-o Eyo-o Eyo-o Eyo-o Eyo-o-o-ooooooo

CHINEKE NKE IGWE DỊ NSỌ

Chineke nke igwe dị nsọ
Too nụ ya
Chineke nke igwe dị nsọ
Too nụ ya
Chineke nke igwe dị nsọ
Too Ọ na-agọzị ndị kwere na ya
Chineke nke igwe dị nsọ
Too nụ ya
Chineke nke igwe dị mma
Too nụ ya
Chineke nke igwe dị mma
Too nụ ya
Chineke nke igwe dị mma
Too nụ ya

Chineke nke igwe dị mma
Eeee!
Ọ na-agọzị ndị kwere na ya
Chineke nke igwe dị mma
Ọ dị mma Ọ dị mma
Chineke nke igwe dị nsọ
Too nụ ya
Chineke nke igwe dị nsọ
Too nụ ya
Chineke nke igwe dị mma
Too nụ ya
Chineke nke igwe dị mma
Eeee!
Ọ na-agọzị ndị kwere na ya
Chineke nke igwe dị mma
Eeee!
Ọ na-agọzị ndị kwere na ya
Chineke nke igwe dị nsọ

CHUKWU NỌ M NSO

Chukwu nọ mụ nso
Mgbe m na eru ụjụ
Mgbe m na ebe akwa arịrị
A matara m
Na onye nzọpụta nọ mụ nso
Chineke nọ m nso
Mgbe m na eru ụjụ
Mgbe m na ebe akwa arịrị
A matara m
Na onye Nzọpụta nọ mụ nso

E BỊAKWUTE JESU

E bịkwute Jesu na ụtụtụ
Ọ ga ekwe gị bata
E bịkwute Jesu na ehihịe
Ọ ga ekwe gị bata
E bịkwute Jesu na anyasị
Ọ ga ekwe gị bata
Ihe ọbụna ị ga eme
Bịakwute Ọkpara Chukwu
Ọ ga ekwe gị bata
Ihe ọbụna ị ga eme
Bịakwute Ọkpara Chukwu
Ọ ga ekwe gị bata

E NA AGWA M OKWU

E na agwa m okwu sị na Adam mere gịnị
O mebigwere iwu gị dị nsọ
Iwu gị dị nsọ iwu gị dị nsọ
Adam Adam Adam Adam
Olee ebe ị nọ oooooo
Adam Adam Adam Adam
Olee ebe ị nọ oooooo
Nne m lekwa m oo
Nna m lekwa m oo
Onye nwe m lekwa m oo
Nne m lekwa m oo
Nna m lekwa m oo
Onye nwe m lekwa m oo
N'ihi elezigwere m onwe m anya
Hụ na m gba ọtọọọ
N'ihi elezigwere m onwe m anya
Hụ na m gba ọtọọọ
Ekwensu emegwere m
Emebigwere m oo iwu gị dị nsọ

Iwu gị dị nsọ
Ekwensu emegwere m
Emebigwere m oo iwu gị dị nsọ
Iwu gị dị nsọ
Iwu gị dị nsọ Iwu gị dị nsọ
Iwu gị dị nsọ Iwu gị dị nsọ
Iwu gị dị nsọ Iwu gị dị nsọ
Iwu gị dị nsọ Iwu gị dị nsọ

EWERỤKA CHUKWU ONYE OKIKE

Ewerụka Chukwu onye okike
Ewerụka Chukwu onye okike
Ka m ga-eji ka m ga-eji pụọ na njọ
Ka m ga-eji ka m ga-eji pụọ na njọ
Ekwerewo m Ekwerewo m n'ihi
Ọbara ya
Dị oke ọnụ dị oke ọnụ
Ya ka m ga-eji ka m ga-eji
Were pụọ na njọ
Ọbara ya
Dị oke ọnụ dị oke ọnụ
Ya ka m ga-eji ka m ga-eji
Were pụọ na njọ
Ewerụka Chukwu onye okike
Ewerụka Chukwu onye okike
Ka m jiri ka m jiri pụọ na njọ
Ka m jiri ka m jiri pụọ na njọ
Ekwerewo m Ekwerewo m n'ihi
Ọbara ya
Dị oke ọnụ dị oke ọnụ
Ya ka m jiri ka m jiri
Were pụọ na njọ
Ọbara ya
Dị oke ọnụ dị oke ọnụ
Ya ka m jiri ka m jiri
Were pụọ na njọ

GBAGHARA ANYỊ ỤMỤ IGBO CHUKWU NNA O!

Gbaghara anyị Chukwu Nna Gbaghara anyị o!
Gbaghara o!
Gbaghara anyị Chineke Nna Gbaghara anyị o!
Gbaghara o!
Gbaghara anyị Eze Ebube Gbaghara anyị o!
Gbaghara o!
Ihe ọjọ nile anyị metre n'ụwa o!
Gbaghara anyị o!
Ngala nile anyị galara n'ụwa o!
Gbaghara anyị o!
Okwu ọjọ nile anyị kwutere n'ụwa o!
Gbaghara anyị o!
Ggbaghara anyị Chukwu Nna Gbaghara anyị o!
Biko o!
Ggbaghara anyị Chineke Nna Gbaghara anyị o!
Biko o!
Ggbaghara anyị Eze Ebube Gbaghara anyị o!
Biko o!
Ihe ọjọ nile anyị metre n'ụwa o!
Gbaghara anyị o!
Ngala nile anyị galara n'ụwa o!
Gbaghara anyị o!
Okwu ọjọ nile anyị kwutere n'ụwa o!
Gbaghara anyị o!

IHERE EME

Ihere eme
Ihere eme mba nile ndị n'efe
Arịusị a pịrị
Pịrị apị ofufe
Jehovah
Mgba m bụ eze

Mgba m bụ eze
Ụwa atụgharịrịwana ewo! o!
Ihere eme
Ihere eme mba nile ndị n'efe
Arịusị a pịrị
Pịrị apị ofufe

Ị NỌ YA MGBE JESUS CHRIST NWỤRỤ

Ị nọ ya mgbe Jesu Christi nwụrụ
Ị nọ ya a kpọgido ya n'obe
Ị nọ ya mgbe dinwenụ mụ nwụrụ
Ị nọ ya a kpọgido ya n'obe
Ị nọ ya mgbe onye nzọpụta anyị nwụrụ
Mgbe ahụ kedu ihe mere?

IWU IZIZI CHINEKE TIRI

Iwu izizi Chineke tiri
Bụ anyị enwena Chi ọdọ tinyere ye
Iwu izizi Chineke tiri
Bụ anyị enwena Chi ọdọ tinyere ye
Arsụsị a pịrị apị o! o!
Anyị enwena Chi ọdọ tinyere ye
Ma ndị a kpụrụ akpụ o! o!
Anyị enwena Chi ọdọ tinyere ye
Ma ndị a nya n'olu o! o!
Anyị enwena Chi ọdọ tinyere ye
Ma ndị a gba n'aka o! o!
Anyị enwena Chi ọdọ tinyere ye
Ma ndị a gba n'ụkwụ o! o!
Anyị enwena Chi ọdọ tinyere ye
Ma ndị a kaịrị n'ahụ o! o!
Anyị enwena Chi ọdọ tinyere ye
Ma ndị e kedoro ekedo o! o!

Anyị enwena Chi ọdọ tinyere ye
O!o! o!
Anyị enwena Chi ọdọ tinyere ye

JESU NCHETE GỊ NA ATỌ ỤTỌ

Jesu nchete gị na atọ ụtọ
Na aṅụịrị ndị nọ n'elu ụwa
Ma mgbe Jesu jiri bịakete nso
Ya bụ ihe kasị ihe nile
Jesu nchete gị na atọ ụtọ
Jesu nchete gị na atọ ụtọ
Jesu nchete gị na atọ ụtọọọ
E na atọ ụtọọọ
Jesu nchete gị na atọ ụtọ
Jesu nchete gị na atọ ụtọ
Jesu nchete gị na atọ ụtọọọ

JESU TORO NWANYỊ ISHI MKPE

Jesu toro nwanyị ishi mkpe
Maka onyinye o nyere
Ọ sịrị ndị ọdọ nyere ụba ha
Nwanyị nye Chukwu onwe ya

JIGIDE M ONYE NWE M JESUS JIGIDE M

Jigide m onye nwe m Jesus jigide m
Jigide m
Jigide m onye nwe m Jesus jigide m
Ọ sọ gị ka m ga-agwa
Merei nile nke m ga-emeri ụwa
Nye mụ ike oge nile ka m ghara ịda
Nye mụ ike oge nile ka m ghara ịda

JOSEPH NA ARỤ ỤLỌ

Joseph na arụ ụlọ nna ya ga ebi
Ọbụrụ na Chukwu Abịama kwere
Na ike na ike ka ọ na arụ ulọ ahụ
Na ihi Chineke ekwerela
Joseph na arụ ụlọ nne ya ga ebi
Ọbụrụ na Chukwu Abịama kwere
Na ike na ike ka ọ na arụ ulọ ahụ
Na ihi Chineke ekwerela
Joseph na arụ ụlọ ụmụnne ya ga ebi
Ọbụrụ na Chukwu Abịama kwere
Na ike na ike ka ọ na arụ ulọ ahụ
Na ihi Chineke ekwerela

MKPUME MGBE EBIGHỊ EBI

Mkpume mgbe ebighi ebi
Kwe ka anyị soro n'ime gị
Mkpume mgbe ebighi ebi
Kwe ka anyị soro n'ime gị
Mkpume mkpume mkpume mkpume
Mkpume mgbe ebighi ebi
Kwe ka anyị soro n'ime gị

MMIRI CHUKWU SI NA IGWE

Mmiri chukwu si na igwe
Kpọ ya amara si na igwe
Mmiri e! e! amara e! e!
Mmiri chukwu si na igwe
Kpọ ya amara si na igwe
Mmiri e! e! amara nna
Mmiri si na igwe
Amara si na igwe
Mmiri si na igwe

Amara si na igwe
Mmiri chukwu si na igwe
Kpọ ya amara si na igwe
Mmiri e! e! amara nna

NDỊ BE ANYỊ AMA MỤ NA CHINEKE AGAGHỊ EKWE

Ndị be anyị ama mụ na Chineke agaghị ekwe
Ka ihere were me anyị
Ụtụtụ ka ihere were me anyị
Ehihie ka ihere were me anyị
Anyasị ka ihere were me anyị
A ma mụ na Chineke agaghị ekwe
Ka ihere were me anyị

NNA A A BILỊE

Nna a a a bilie e e
Bilie ka e rie ihe
Nna a a a bilie e e
Bilie ka e rie ihe
Ọbụ onye?
Ọbụ nwa gị
Ọbụ onye?
Ọbụ nwa gị
Ọbụ nwa gị Esau
Ọbụ onye?
Ọbụ nwa gị
Ọbụ onye?
Ọbụ nwa gị
Ọbụ nwa gị Esọ
Ewo o nwanne gị Jacọbụ
Ejirina aghụghọ nara gị ngọzị
Ewo o nwanne gị Jacọbụ
Ejirina aghụghọ nara gị ngọzị
Gịnị ka m ga-eme

Gịnị ka m ga-eme
Gịnị ka m ga-eme
Ngọzị agwụsịgo
Gịnị ka m ga-eme
E e e gịnị ka m ga-eme
E e e gịnị ka m ga-eme
Ngọzị agwụsịgo
Nna a a cheta mmiri mara m cheta anwụ mara m
N'ihi na ngọzị gị kwere m
Nna cheta ahụhụ m tara cheta ishi wara m
N'ihi na ngọzị gị kwere m
Nna gọzịe m nna gọzịe m
Nna m Issac gọzịe m ngọzị gị kwere m
Nna gọzịe m e e nna gọzịe m
Nna m Issac gọzịe m ngọzị gị kwere m

NA ENYENỤ GHINEKE EKELE/EKENE

Na enyenụ Chineke ekele/ekene
Na enyenụ Chineke ekele ọma o!
Na enyenụ Chineke ekele/ekene
N'ihi O meghegwere anyị ụzọ ka anyị bata
Eze eligwe
O meghegwere anyị ụzọ
O meghegwere anyị ụzọ
O meghegwere anyị ụzọ ka anyị bata
Eze eligwe
O meghegwere anyị ụzọ
O meghegwere anyị ụzọ
O meghegwere anyị ụzọ ka anyị bata
Na enyenụ Chineke otito
Na enyenụ Chineke otito ọma o!
Na enyenụ Chineke otito
N'ihi O meghegwere anyị ụzọ ka anyị bata
Eze eligwe O meghegwere anyị ụzọ
O meghegwere anyị ụzọ

O meghegwere anyị ụzọ ka anyị bata
Eze eligwe O meghegwere anyị ụzọ
O meghegwere anyị ụzọ
O meghegwere anyị ụzọ ka anyị bata

NWANYỊ SAMARIA NYE MỤ MMIRI

Nwanyị Samaria nwanyị Samaria
Nwanyị Samaria nye mụ mmiri
Ka mụ ṅụọ
Nwanyị Samaria nwanyị Samaria
Nwanyị Samaria nye mụ mmiri
Ka mụ ṅụọ
Nwanyị Samaria nye mụ mmiri o!
Nwanyị Samaria nye mụ mmiri
Ka mụ ṅụọ
Nwanyị Samaria nye mụ mmiri o!
Nwanyị Samaria nye mụ mmiri
Ka mụ ṅụọ
Akpịrị na akpọ mụ nkụ
Nwanyị Samaria nye mụ mmiri
Ka mụ ṅụọ
Akpịrị na akpọ mị
Nwanyị Samaria nye mụ mmiri
Ka mụ ṅụọ

Ọ BỤ GỊNỊ KA JESỤ GWARA NDỊ ỤMỤAZỊ YA

Ọ bụ gịnị ka Jesụ gwara ndị
Ndị ụmụazị ya mgbe Ọ hụrụ ha n'ụra
Ọ gwara ha sị
Ọ bụ na ụnụ enweghị ike isoro M che nche otu awa
Ọ bụ na ụnụ enweghị ike isoro M che nche
Ọ bụ na ụnụ enweghị ike isoro M che nche otu awa
Chewenụ nche kpewenụ ekpere
Ka unu ghara idaba na njọ ebighị ebi

Chewenụ nche kpewenụ ekpere
Ka unụ ghara idaba na njọ ebighị ebi
Nwanịtntị oge Ọ gwara ha sị
Belie nụ ga anyị gawa nụ
Belie nụ ga anyị gawa nụ
Oge a ga eji gboo ony nzopụta ozugo
Chewenụ nche kpewenụ ekpere
Ka unụ ghara idaba na njọ o! o! ebighị ebi
Chewenụ nche kpewenụ ekpere
Ka unụ ghara idaba na njọ o! o! ebighị ebi

Ọ BỤRỤ NA MỤ METỤ ỌNỤ UWE YA AKA

Ọ bụrụ na mụ metụ ọnụ uwe ya aka
Ọ bụrụ na mụ metụ ọnụ uwe ya aka
Ọ bụrụ na mụ metụ ọnụ uwe ya aka
Ọ ga-ame ka mụ dị ọsa
Ọ ga-ame ka mụ dị ọsa
Ọ bụrụ na mụ metụ ọnụ uwe ya aka
Ọ bụrụ na mụ metụ ọnụ uwe ya aka
Ọ bụrụ na mụ metụ ọnụ uwe ya aka
Ọ ga-ame ka mụ dị ọsa
Ọ ga-ame ka mụ dị ọsa
Emetụrụ mụ ọnụ uwe ya aka
Emetụrụ mụ ọnụ uwe ya aka
Emetụrụ mụ ọnụ uwe ya aka
O mere ka mụ dị ọsa
O mere ka mụ dị ọsa
Emetụrụ mụ ọnụ uwe ya aka
Emetụrụ mụ ọnụ uwe ya aka
Emetụrụ mụ ọnụ uwe ya aka
O mere ka mụ dị ọsa
O mere ka mụ dị ọsa

ỌDỊGHỊ OTU ONYE MMADỤ ZURU OKE NA CHUKWU

Ọdịghị otu onye mmadụ zuru oke na Chukwu
Onye ọbụla na elu ụwa ejehiewo ụzọ na ya
Onye nwe ụwa na eligwe
Ebere gị zuru anyị na elu ụwa
Ma gịnịkwa ka mmadụ bụ
Mgbe anyị na echeta nna
Otito dịrị Chukwu na ebe kasị elu
Onye nwe ụwa na eligwe
Ole mgbe ka ụwa ga adị ka eluigwe
Ọdọ O! Ọzọ O! Ọdọ O! Ọzọ O! Ọdọ O! Ọzọ
Ọdịghị otu onye mmadụ zuru oke na Chukwu
Onye ọbụla na elu ụwa ejehiewo ụzọ na ya
Ụmụ mmadụ ndị mmehie
Ole mgbe ka ụwa ga adị ka eluigwe
Ebere gị zuru anyị na elu ụwa
Ebere gị zuru anyị onye nwe anyị

NDỊ NGA ANYỊ AMA MỤ NA CHINEKE AGAGHỊ EKWE

Ndị nga anyị ama mụ na Chineke agaghị ekwe
Ka ihere were me mụ
Ndị nga anyị ama mụ na Chineke agaghị ekwe
Ka ihere were me mụ
Okorobi ama mụ na Chineke agaghị ekwe
Ka ihere were me mụ
Ụmụezearọ ama mụ na Chineke agaghị ekwe
Ka ihere were me mụ
Ụtụtụ
Ka ihere were me mụ
Ehihie
Ka ihere were me mụ
Anyasị
Ka ihere were me mụ

Ama mụ na Chineke agaghị ekwe
Ka ihere were me mụ

Ọ GBAPỤTARA M N'AKA MMEHỊE

Ọ gbapụtara m n'aka mmehịe
Were gbapụta m n'aka njọ
Bịa onye nwe ụwa
Welite anya zọpụta m
Chineke onye kere ụwa
Sọ nanị okwu gị
Ga eme ka mụ were dị ndụ
Bịa Chineke
Welite anya zọpụta m
Chineke onye kere ụwa
Sọ nanị okwu gị
Ga eme ka mụ were dị ndụ

ONYE KWERE NA JESUS

Onye kwere na Jesu
Ka na ndụ ka na ọnwụ
Onye kwere na Jesu
Welie aka gị elu
Onye kwere na Jesu
Ka na ndụ ka na ọnwụ
Onye kwere na Jesu
Welie aka gị elu
E kwerekwe na Jesu
Ka na ndụ ka na ọnwụ
E kwerekwe na Jesus
Welie aka gị elu
E kwerekwe na Jesu
Ka na ndụ ka na ọnwụ
E kwerekwe na Jesus
Welie aka gị elu

PETER MỊGHACHI MMA

Peter mịghachi mma
Mịghachi mma na ọbọ
Peter mịghachi mma
Mịghachi mma na ọbọ
E! oge nke nna M nyere M
Oge nke nna M nyere M
Oge nke nna M nyere M ozuwo
E! oge nke nna M nyere M
Oge nke nna M nyere M
Oge nke nna M nyere M ozuwo

ỤMỤ IGBO AMA MỤ NA CHINEKE AGAGHỊ EKWE

Ụmụ Igbo ama mụ na Chineke agaghị ekwe
Ka ihere were me mụ
Ụmụ Igbo ama mụ na Chineke agaghị ekwe
Ka ihere were me mụ
Ụtụtụ
Ka ihere were me mụ
Ehihie
Ka ihere were me mụ
Anyasi
Ka ihere were me mụ
Ama mụ na Chineke agaghị ekwe
Ka ihere were me mụ
Ụmụ ụwa ama mụ na Chineke agaghị ekwe
Ka ihere were me mụ
Ụtụtụ
Ka ihere were me mụ
Ehihie
Ka ihere were me mụ
Anyasi
Ka ihere were me mụ

Ama mụ na Chineke agaghị ekwe
Ka ihere were me mụ

URI IGBO A NA-AGỤ AGỤ NA AGBAKWA AGBA
(Traditional Igbo Songs)

AFRỊKA NNUKWU OBODO

Afrịka nnukwu obodo
Obodo nke akụ na ụba
Chukwu Okike Abịama
Gọziri obodo anyị
Obodo nke anyị
Afrịka nnukwu obodo
Obodo nke aṅụrị
Chukwu Okike Abịama
Gọziri obodo anyị
Obodo nke anyị
Afrịka nnukwu obodo
Obodo nke ịhụnaya
Chukwu Okike Abịama
Gọziri obodo anyị
Obodo nke anyị
Obodo nke Afrịka
Obodo nke akụ na ụba
Obodo nke aṅụrị
Obodo nke ịhụnaya
Obodo na-eme ihe ọma
Chukwu Okike Abịama
Gọziri obodo anyị
Obodo nke anyị
Obodo nke Afrịka
Obodo nke akụ na ụba
Obodo nke aṅụrị
Obodo nke ịhụnaya
Obodo na-eme ihe ọma

Chukwu Okike Abịama
Gọziri obodo anyị
Obodo nke anyị
Obodo nke anyị
Obodo nke anyị

A GA-EBE O O A GA-EBE O O

A ga-ebe o o A ga-ebe o o
A ga-ebe n'elu o o
A ga-ebe o o A ga-ebe o o
A ga-ebe n'elu o o
Mmadụ pụta ụwa
Ọ dị ka ya anwụna anwụ o 0
A ga-ebe n'elu o o
A ga-ebe o o A ga-ebe o o
A ga-ebe n'elu o o
A na-ebi ndụ
Ọ dị ka ọnwụ adịghị
A ga-ebe n'elu o o
A ga-ebe o o A ga-ebe o o
A ga-ebe n'elu o o
A na-ebi ndụ
E chefuo ọnwụ o o
A ga-ebe n'elu o o
A ga-ebe o o A ga-ebe o o
A ga-ebe n'elu o o
A na-ebi ndụ
E chefuo onye kere ụwa
A ga-ebe n'elu o o
A ga-ebe o o A ga-ebe o o
A ga-ebe n'elu o o

AGADI NWANYỊ KWỤCHIRI ỤZỌ

Agadi nwanyị kwụchiri ụzọ
Chọwa onye ga-egbu ya
Ọbụ m ga egbu onye kara nka
Okorobịa nọ elu igwe mere ya ka ọkwụshị
Igwe ya kwụshị nga ahụ otu ihu
Ọbụ m mere iwu

AGỤỌ GUGBURU AGỤ

Aguọ o! Aguọ o! aguọ gugburu Agụ
Aguọ gugburu Agụ
Ị sịrị gịnị
E! e! ọ bụ eziokwu
O mere elenga
Na obodo ụmụ anụ
Kọrọ m
Aga m akọrọ gị ma gị gee ntị ka ị nụrụ akụkọ dị mma
Aga m ege
Ka ị nụrụ akụkọ dị mma
Kọrọ m
Aga m akọrọ gị etu aguọ shiri gugbo agụ
O ruru otu mgbe ụgalị were dawa na obodo ụmụ anụ
Nri kọrọ ajọ ụkọ aguọ were guwa ha
Onye ọbụna chọba ụzọ ọ ga eshi kpata ihe ọ ga eri
Ọsa rịrị elu nkwụ were taba akwụ sara asa
Ahụhụ tụrụ ọnụ were buba nri n'ime ya
Mana ụgụ sịrị onwe ya
Amarana m ihe m ga-eme
Ọ gịnị? Aga m asị na ahụ adịghị m onye ọbula bịa lete m oo!!
Mana Mgbada hụsana agụ were kpọkọba ụmụ anụ nile
Were sị ha o nwrere otu okụkọ m kọrọ ụnụ
Kọrọ anyị kọ m kọ m kọ m kọ m
Agara m nka agụ o! o! were nyo na ọnụ mpio ya
O gwuru otu olulu n'ihu gwukwashịkwa otu olulu n'azụ

203

Were ute kpushie ya were dinara na ekiti ha abuo
Onye biakwa ilete ya
O shi na ihu bia ya dakpuru
O shi na azu bia ya dakpuru
Agu were maba n'olulu gbuo ya
Agu akpatana ihe oga eri o!o!o!o!
Ekele diri gi mgbada nna anyi ukwu
Makana ikwere akoro anyi ihe i huru
Onye obula gawa ilate agu ya adabakwana na onya agu o!o!
Etu ahu o sisiri diri
Aguo were gugbuo agu u!o!o!

AKPANKORO KPANKORO

Akpankoro kpankoro (ugboro abuo, twice)
Udu mu oo ogele (ugboro abuo, twice)
Otukwu oo ayo oo (ugboro abuo, twice)
Onye omara suru yaghara yaghara suruyam (ugboro abuo, twice)
Ntukwu ntukwu oo ntukwu (ugboro abuo, twice)
Ala ga-ata ose ata orji ga-agwa m Onye omara ntukwu
Nnoru nnoru oo nnoru (ugboro abuo, twice)
Ala ga-ata ose ata orji ga-agwa m Onye omara nnoru
Ndiee ndiee oo ndiee (ugboro abuo, twice)
Ala ga-ata ose ata orji ga-agwa m Onye omara ndiee
Nbili nbili oo nbili (ugboro abuo, twice)
Ala ga-ata ose ata orji ga-agwa m Onye omara nbili

ALICE NTETE ALI O! O!

Alice Ntete Ali O! O!
Alice Ntete O! O!
Nwa bu Udo nne ya
Orjiugo nwata di mma
Alice O! O!
Orjiugo nwata di mma
Orjiugo O! O!

AMA EZE KPASAPU ANYA

Amaeze kpasapu anya Onye biara abia anaghi echi eze
Amaeze kpasapu anya Onye biara abia Ọ anaghi enwe ala
Amaeze kpasapu anya Onye biara abia Ọ anaghi adọ ala
Amaeze kpasapu anya mbiara mbia Ọ anaghi echi eze
Ịnukwana Urualla ekwuriana Urualla ekwushigo
Ịnukwana Urualla ekwuriana ihe ọma ya
Ịnukwana Urualla ekwuriana Urualla ekwushigo
Ịnukwana Urualla ekwuru komkom Urualla ekwushigo
Ịnukwana Urualla ekwuriana juọ ma e bukwa ndị ọma ya.

ANYỊ BỤ NDỊ ỤMỤ IGBO

Anyị bụ ndị
Anyị bụ ndị
Anyị bụ Ụmụ Igbo
Anyị bụ ndị nwere ụburu nke eji ama akwụkwọ
Obi na atọ ndị nkuzi anyị ụtọ
Mgbe ha na-akuzi anyị akwụkwọ
Anyị bụ ndị nwere ụburu nke eji ama akwụkwọ

ANỌSỤ NKỊTỊ ANỌSỤ ỤKPỌRỌ

Anọsu nkịtị Anọsu ụkpọrọ oo
Kwa ụtụtụ kwa ehihie kwa abalị
Anọsu nkịtị Anọsu ụkpọrọ oo
Anyị chuo iyi oo anyị ga nkụ oo
Anọsu nkịtị Anọsu ụkpọrọ oo
Kwa ụtụtụ kwa ehihie kwa abalị
Anọsu nkịtị Anọsu ụkpọrọ oo
Anyị kọ ji oo anyị kọ ede oo
Anọsu nkịtị Anọsu ụkpọrọ oo
Kwa ụtụtụ kwa ehihie kwa abalị
Anọsu nkịtị Anọsu ụkpọrọ oo
Anyị kụọ ọka oo anyị kụọ ọkwụrụ oo

Anọsụ nkịtị Anọsụ ụkpọrọ oo
Kwa ụtụtụ kwa ehihie kwa abalị
Anọsụ nkịtị Anọsụ ụkpọrọ oo

ANỤ NDANDA MGBAMPỊYA

Anụ ndanda mgbampịya
Anụ ndanda mgbampịya
Nga o siri ga aga o! mgbampịya!
O sighị ya lawa mgbampịya
Nga o siri lawa alawa o! Mgbampịya
Nga o sighị ya aga o! mgbampịya!
Egwu ruwe eruwe
Egwu ruwe ruwe eruwe mgbampịya

ANỤRỤ MỤ MGBỊRỊGBA AKWỤKWỌ

Nne m nụrụ mgbịrịgba akwụkwọ
Nne m sị m bilie ka ị gaa akwụkwọ
Mụ sịrị nne m na isi na awa m
Nne m nye m ahịhịa ogwụ na elu ilu
Mgbe m ṅụchara ọgwụ na elu ilu
Isi na awa m were kwụshị dị mma
M gbara gbara gbaba na ime ulo akwụkwọ anyị
M sị onye nkuzi ị bọna chi ụtụtụ ọma
Onye nkuzi zaghachiri m ị bọna chi ụtụtụ ọma
Onye nkuzi sịkwra m bịa kọwa ihe kpatara abịaghị m n'oge
M kọwara ya na ejighị m ahụ
Ya sị m ga nọrụ ala

ANYỊ AGBASHALA AKWỤKWỌ

Anyị agbashala
Akwụkwọ
Ekele dịrị
Ndị nkuzi na akụzri anyị akwụkwọ

AYA MMA AYA MMA

Aya mma aya mma
Aya mma ewo o!
Echi dị ime o!
Onye manụ ihe ọ ga amụ o!
Aya mma aya mma
Aya mma ewo o!
Echi dị ime o!
Onye manụ ihe ọ ga amụ o!

CHI HO MEE NGWANGWA

Chi huoha mee ngwanwa
Ka ị rụọ ihe nile ị kweshịrị ịrụ
Ugbu a ga zaa mbara
Ma ị zasaa ụlọ
Tupu gị malite gawa akwụkwọ

EJE M ỊGHỌ ỌKWỤRỤ

Eje m ịghọ ọkwụrụ
Ịghọmịrị ịghọmịrị ịghọ ọkwụrụ ịghọ
Ọkwụrụ aka onye kuru ya
Ịghọmịrị ịghọmịrị ịghọ ọkwụrụ ịghọ
Ọkwụrụ karịa onye kuru ya
Ịghọmịrị ịghọmịrị ịghọ ọkwụrụ ịghọ
A nyapịa ya ghọrọ ya
Ịghọmịrị ịghọmịrị ịghọ ọkwụrụ ịghọ
Ọkwụrụ ejuna ekete
Ịghọmịrị ịghọmịrị ịghọ ọkwụrụ ịghọ
Onye ga-ebu?
Ịghọmịrị ịghọmịrị ịghọ ọkwụrụ ịghọ
Nkechinyere ga-ebu
Ịghọmịrị ịghọmịrị ịghọ ọkwụrụ ịghọ
Ọbụghị m ga-ebu

Ịghọmịrị ịghọmịrị ịghọ ọkwụrụ ịghọ
Uchenna ga-ebu
Ịghọmịrị ịghọmịrị ịghọ ọkwụrụ ịghọ
Ọbụghị m ga-ebu
Ịghọmịrị ịghọmịrị ịghọ ọkwụrụ ịghọ
Kechijioke ga-ebu
Ịghọmịrị ịghọmịrị ịghọ ọkwụrụ ịghọ
Ọbụghị m ga-ebu
Ịghọmịrị ịghọmịrị ịghọ ọkwụrụ ịghọ
Obiamaka ga-ebu
Ịghọmịrị ịghọmịrị ịghọ ọkwụrụ ịghọ
Ọbụghị m ga-ebu
Ịghọmịrị ịghọmịrị ịghọ ọkwụrụ ịghọ
Onyemaechi ga-ebu
Ịghọmịrị ịghọmịrị ịghọ ọkwụrụ ịghọ
Ọbụghị m ga-ebu
Ịghọmịrị ịghọmịrị ịghọ ọkwụrụ ịghọ
Egoamaka ga-ebu
Ịghọmịrị ịghọmịrị ịghọ ọkwụrụ ịghọ
Ọbụghị m ga-ebu
Ịghọmịrị ịghọmịrị ịghọ ọkwụrụ ịghọ
Kanayo ga-ebu
Ịghọmịrị ịghọmịrị ịghọ ọkwụrụ ịghọ
Ọbụghị m ga-ebu
Ịghọmịrị ịghọmịrị ịghọ ọkwụrụ ịghọ
Chibonam ga-ebu
Ịghọmịrị ịghọmịrị ịghọ ọkwụrụ ịghọ
Ọbụghị m ga-ebu
Ịghọmịrị ịghọmịrị ịghọ ọkwụrụ ịghọ
Ijeọma ga-ebu
Ịghọmịrị ịghọmịrị ịghọ ọkwụrụ ịghọ
Ọbụghị m ga-ebu
Ịghọmịrị ịghọmịrị ịghọ ọkwụrụ ịghọ
Chidịmma ga-ebu
Ịghọmịrị ịghọmịrị ịghọ ọkwụrụ ịghọ
Ọbụghị m ga-ebu

Ịghọmịrị ịghọmịrị ịghọ ọkwụrụ ịghọ
Chiọmma ga-ebu
Ịghọmịrị ịghọmịrị ịghọ ọkwụrụ ịghọ
Ọbụghị m ga-ebu
Ịghọmịrị ịghọmịrị ịghọ ọkwụrụ ịghọ
Obibụugo ga-ebu
Ịghọmịrị ịghọmịrị ịghọ ọkwụrụ ịghọ
Ọbụghị m ga-ebu
Ịghọmịrị ịghọmịrị ịghọ ọkwụrụ ịghọ
Nkeihu ga-ebu
Ịghọmịrị ịghọmịrị ịghọ ọkwụrụ ịghọ
Ọbụghị m ga-ebu
Ịghọmịrị ịghọmịrị ịghọ ọkwụrụ ịghọ
Onyinye ga-ebu
Ịghọmịrị ịghọmịrị ịghọ ọkwụrụ ịghọ
Ọbụghị m ga-ebu
Ịghọmịrị ịghọmịrị ịghọ ọkwụrụ ịghọ
Nnenna ga-ebu
Ịghọmịrị ịghọmịrị ịghọ ọkwụrụ ịghọ
Ọbụghị m ga-ebu
Ịghọmịrị ịghọmịrị ịghọ ọkwụrụ ịghọ
Ọrjịugo ga-ebu
Ịghọmịrị ịghọmịrị ịghọ ọkwụrụ ịghọ
Ọbụghị m ga-ebu
Ịghọmịrị ịghọmịrị ịghọ ọkwụrụ ịghọ
Onoghie ga-ebu
Ịghọmịrị ịghọmịrị ịghọ ọkwụrụ ịghọ
Ọbụghị m ga-ebu
Ịghọmịrị ịghọmịrị ịghọ ọkwụrụ ịghọ

Ọkwụrụ

Ọkwụrụ e bire ebie

Ofe Ọkwụrụ na alọ alọ. Ofe Ọkwụrụ na atọ ụtọ. Ofe Ọkwụrụ na edozi ahụ

ỊHỤNANYA NA AGHỤ AHỤ

Ịhụnanya na aghụ ahụ
Aya ịhụnanya na aghụ ahụ aya
Love na aghụ ahụ
Aya love na aghụ ahụ aya
Ịhụnanya na aghụ mmanụ
Aya ịhụnanya na aghụ mmanụ aya
Love na aghụ mmanụ
Aya love na aghụ mmanụ aya
Ịhụnanya na ete ọtangele
Aya ịhụnanya na ete ọtangele aya
Love na ete ọtangele
Aya love na ete ọtangele aya
Ịhụnanya na akpa uri ọnụ
Aya ịhụnanya na uri ọnụ aya
Love na uri ọnụ
Aya love na uri ọnụ aya
Ịhụnanya na eyi efe
Aya ịhụnanya na eyi efe aya

Love na eyi efe
Aya love na eyi efe aya
Ịhụnanya na agba egwu
Aya ịhụnanya na agba egwu aya
Love na agba egwu
Aya love na agba egwu aya

Ị MAKWA NGỊ NA ECHERA IGWE

Ị makwa ngị na echere igwe o! o!
E chebe egwu e chebe igwe o! o!
E chebe egwu e chebe igwe o! o!
Agbọghọ nwuye mmadụ nne akawo
Agbọghọ nwuye mmadụ nne akawo
Ọha ga agwa mụ nga mụ gara kamgbe
Nga mụ gara kpọba nwuye mmadụ nne akawo
Ọha ga agwa mụnwuye mmadụ nne akawo
Ọha ga agwa mụnwuye mmadụ
O mụnwuye mmadụ nne akawo
Ọha ga agwa mụ mụnwuye mmadụ nne akawo o!
Ekiki egwu ọ nabụ onye wara ọgọdọ gawa uka
Ọ bụrụ arụ
Ekiki egwu ọ nabụ onye wara ọgọdọ gawa uka
Ọ bụrụ arụ
Nzu a na-ete nwata
Nzu nwata mmanụ ahụ ezuorola m o!
Nzu a na-ete nwata
Nzu nwata mmanụ ahụ ezuorola m o!
Egbe na Ugo gara ikpe
Ma ikpe a ma ama amala egbe
Egbe na Ugo gara ikpe
Ma ikpe a ma ama amala egbe
Akpịrị a guọla nụ m o!
Akpịrị gurụ ọkwa na elu o!
Akpịrị a guọla nụ m o!
Akpịrị gurụ ọkwa na elu o!

Ekiki egwu ọ nabụ onye wara ọgọdọ gawa uka
Ọ bụrụ arụ
Ekiki egwu ọ nabụ onye wara ọgọdọ gawa uka
Ọ bụrụ arụ

KEDỤ ONYE GA-ABỤ ENYI MỤ ỌR ỌYỊ MỤ

Kedụ onye ga-abụ Enyi mụ/oyị mụ
Kedụ onye ga-abụ Enyi mụ/oyị mụ
Kedụ onye ga-abụ Enyi mụ/oyị mụ
Onye ga-abụ Enyi mụ/oyị mụ
A hụna mụ Enyi mụ/oyị mụ
A hụna mụ Enyi mụ/oyị mụ
A hụna mụ Enyi mụ/oyị mụ
Kedụ onye ga-abụ Enyi mụ/oyị mụ
Kedụ onye ga-abụ Enyi mụ/oyị mụ
Kedụ onye ga-abụ Enyi mụ/oyị mụ

KPỌCHIGHANỤ NWANNE M AZỤ

Kpọchịghanụ azụ
Azụ azụ
Nanị m enweghị ike igwu egwu
Egwu egwu egwu
Ezigbo nwa nne m mara mma
Mma mma mma
Ole nga nwa nne m gara na-ezoghari̅

ỊNYA NWAOGBE

Ịnya nwaogbe ịnya nwaogbe ịnya nwaogbe ịnya nwaogbe
E! Inya nwaogbe
Ịnya nwaogbe ịnya nwaogbe ịnya nwaogbe ịnya nwaogbe
E! Inya nwaogbe
Ị hụghana ala nwanyị na ete nkwụ
Ọ bụkwa nsọ

E! Inya nwaogbe
Ị hụghana ala nwoke na amụ nwa
Ọ bụkwa nsọ
E! Inya nwaogbe
Ị hụghana nga nkaịta na ata ọrji
Ọ bụkwa nsọ
E! Inya nwaogbe o!
Agadi nwanyị bido ụkwu na ala ozuola
Agadi nwanyị bido ụkwu na ala ozuola
Mpịrịwa Mpịrịwa Mpịrịwa wa!
Mpịrịwa Mpịrịwa Mpịrịwa wa!
Korosha Korosha Korosha sha!
Korosha Korosha Korosha sha!
Agidigbo Agidigbo Agidigbo gbo!

KPUKPU MKPU OGELE

Kpukpu mkpu Ogelele
Ogele Ogelele
Kpukpu mkpu Ogele
Ogele Ogelele
Onye na achọ Ogelele
Ogele ogelele
Atụlụ/Atụrụ na achọ Ogelele
Ogele Ogelele
Bahahah Bahahah
Ogele Ogelele
Onye na achọ Ogelele
Ogele Ogelele
Efi/Ehi na achọ Ogelele
Ogele Ogelele
Muuu Muuu
Ogele Ogelele
Onye na achọ Ogelele
Ogele Ogelele
Eghụ/Ewu na achọ Ogelele

214

Ogele Ogelele
Mahahah Mahahah
Ogele Ogelele
Onye na achọ Ogelele
Ogele Ogelele
Nkịta na achọ Ogelele
Ogele Ogelele
Whoouff Whoouff Whoouff
Ogele Ogelele
Onye na achọ Ogelele
Ogele Ogelele
Nwaologbo/Busu na achọ Ogelele
Ogele Ogelele
Miaọụ Miaọụ
Ogele Ogelele

KỤỌRỌNỤ NWA NGWERE AKA O ERENTE

Kụọrọ nụ nwangwere aka oo
Erente oo
Kụọrọ nụ nwangwere aka oo
Erente oo
Nwangwere ejeghị ije ma ọ gbara ọsọ oo
Erente oo
Pii erente
Pii aa erente
Aa ii erente
Kururu jaaaa

M BURU ỌNYA M

M buru a ọnya m dụ dụ dụ
Mgba m ti
M buru a ọnya m dụ dụ dụ
Mgba m ti
M buru a ọnya m ga na oke ohịa

215

Ọnya m aga-ama magbuo oke anụ
Mgba m ti
M etie ọnya hapụ, hapụ, hapụ, hapụ
Hapụ, hapụ, hapụ, hapụ, hapụ, hapụ
Ọbụghịrọ nke m eri
Mgba m ti
M buru a ọnya m dụ dụ dụ
Mgba m ti
M buru a ọnya m dụ dụ dụ
Mgba m ti
M buru a ọnya m ga na oke mmiri
Ọnya m aga-ama magbuo oke azụ
Mgba m ti
M etie ọnya hapụ, hapụ, hapụ, hapụ
Hapụ, hapụ, hapụ, hapụ, hapụ, hapụ
Ọbụghịrọ nke m eri
Mgba m ti
M buru a ọnya m dụ dụ dụ
Mgba m ti
M buru a ọnya m dụ dụ dụ
Mgba m ti
M buru a ọnya m ga na umere nne m
Ọnya m aga-ama magbuo ọkwa ụtara
Mgba m ti
M etie ọnya jide ya, jide ya, jide ya, jide ya
Jide ya, jide ya, jide ya, jide ya, jide ya, jide ya
Ọbụ nke m eri
Mgba m ti

MGBỌKWỌ URE DI

Mgbọkwọ ure di bụ onye ọnye ọma (twice)
Nwa ịrọ nwa ịrọ bụ onye ọnye ọma (twice)
Nwata nwaokorobị na agbọghọbịa gbara nke n'azụ
Nwata m nye m ego m

Biko nye m ego m
Ma ọdịkwa na mma e nụna

MGBORIE NWA BI N'IGWE

Mgborie nwa bi n'igwe o! o! o!
Mgborie nwa bi n'igwe o! o! o!
Mgborie nọ na-ebe akwa
Mgborie nọ na-ebe akwa
M jụba Mgborie ọ gịnị na eme gị
Ọ sị na di ya nwụrụ gaba mmụọ
M tibe okoko! o! o! yo! o! o!
M tibe awawa! a! a! yo! o! o!
Elu ụwa onye pụta na ụwa ọ lawa mmụọ
Elu ụwa onye pụta na ụwa ọ lawa mmụọ
Ebere ụmụ ụwa na emrenụ m o!
Ebere ụmụ ụwa na emrenụ m o!
Ị makwa na di ya nke mbụ alakwala mmụọ
Ị makwa na di ya nke mbụ alakwala mmụọ
Ekiki egwu ọ nabụ onye wara ọgọdọ gawa uka
Ọ bụrụ arụ
Ekiki egwu ọ nabụ onye wara ọgọdọ gawa uka
Ọ bụrụ arụ
Nzu a na-ete nwata
Nzu nwata mmanụ ahụ ezuorola m o!
Nzu a na-ete nwata
Nzu nwata mmanụ ahụ ezuorola m o!
Egbe na Ugo gara ikpe
Ma ikpe a ma ama amala egbe
Egbe na Ugo gara ikpe
Ma ikpe a ma ama amala egbe
Akpịrị a guọla nụ m o!
Akpịrị gụrụ ọkwa na elu o!
Akpịrị a guọla nụ m o!
Akpịrị gụrụ ọkwa na elu o!
Ekiki egwu ọ nabụ onye wara ọgọdọ gawa uka

Ọ bụrụ arụ
Ekiki egwu ọ nabụ onye wara ọgọdọ gawa uka
Ọ bụrụ arụ

MMADỤ NA EKWU OKWU

Mmadụ na ekwu okwu
Onye ọbụna jiri nwayọ o! Ije
I kwube sị mụ jide gị o!
Anyị buru gawa ulọ ikpe o!
Onye ọmara ọ gawara ikolu
Were ego nye mama ịwata
Onye ọma gara ije
I jekọ olenga na ngwa nụ
Ụkwụ mụ atịpụtana
Ụkwụ mụ aka mụ atịpụtana ije
Ụkwụ mụ atịpụtana
Ụkwụ mụ aka mụ atịpụtana ije
Nwa mma gara ije ị lọna ije
Nwa mma gara ije ị lọna ije
Nwa mma gara ije ị lọna ije
Ụmụ mma gara ije ụnụ lọna ije

MMIRI NA EDO

Mmiri na a! a! a! edo
Anyị agaghị aga akwụkwọ tata
Oyi na-atụ anyị n'ime obi o! !o
Onye ga-enye anyị efe
Oyi na-atụ anyị
Oyi na-atụ anyị n'ime obi o! !o

MMIRI DOWE

Mmiri dowe dojie chi
Anwụ mụwaa mụjie chi

Agaghị m aba na ụlọ onye kpọro m ashị
Ị kpọọ mụ onye ọfọogeri
Mụ kpọ gị onye ọnụ mmanyị
Biko hapụnụ mụ o! o!
Ka mụ were aka m zụba onwe m ọzụzụ e! E!
Azụkwana m ka m retọọ
Azụkwana m ka m retọọ
Na ndị mụ na ha dị na mma
Azụshịbeghị m ị malite zụwa o! o!
Ogeri nke a na achọ ịgbakarị m na uri m ka agba

NDỊ ỤMỤ EZE ỤNỤ ABỊANA

Ndị ụmụ eze ụnụ anụkwa
Aya mma egwu eruana o! o!
Ndị ụmụ eze ụnụ anụkwa
Aya mma egwu eruana o! o!
Ọ mara agba bịkwa ka ọ gbara mụ egwu
Oyibo ugo
Kwa ngelegele kwa ngele
Ọ mara ele bịkwa ka ọ lekiriwere mụ egwu
Oyibo ugo
Kwa ngelegele kwa ngele
Ụnụ na anụkwa
Kwa ngelegele kwa ngele
Ụmụ azị
Kwa ngelegele kwa ngele
Ụmụ nwanyị
Kwa ngelegele kwa ngele
Ụmụ nwaoke
Kwa ngelegele kwa ngele
O ruena
Kwa ngelegele kwa ngele
Mmadụ nile
Kwa ngelegele kwa ngele

NGA M GAKỌ NWA NKE M NGA NA-NDURU O!

Nga m gakọ nwa nke m nga na-nduru o!
M pụta na nwa nduru gbara abụọ
M dụnụ nwaikorobịa na naa oo
Ọ sị m nwaagbọghọbịa ga-alụ ya oo
M leghe nwaikorobịa lekata
Si ya nwaikoro e gaghị alụ m oo
Nga m gakọ nwa nke nga na-nduru o
M pụta na nwa nduru gbara abụọ
M dụnụ nwaikorobịa na naa oo
Ọ sị m nwaagbọghọbịa ga-alụ ya oo
M soro nwaikorobịa ga nga nne ya
O bute nwa ọkụ ekpuru akwụkwọ oo
O were ngazi igwe kpa m na aka
M kpughe nwa ọkụ ekpuru akwụkwọ oo
O bụrụ nwa ede eko na ụkpaka
O bụrụ be nne m agaghị m eri ya
O bụrụ be nna m agaghị m eri ya
Adulbert e bute motor na ese e bute motor na eri
Egaghị alụ m oo!
Maka mbịara mbịa anaghị alụ nwa afọ
Chukwu nna m bịakwa ka e zọ m
Chukwu nna m bịakwa ka e zọ m
Sawanje oo egwu na-atụnụ m oo
Sawanje oo egwu na-atụnụ m oo

NNA AGỤ ỊBANA ANYỊ LEKIRIWENU AGỤ

Nna agụ ị bịana
Anyị lekiriwenu agụ o! o!
Nna agụ ị bịana
Anyị lekiriwenu agụ o! o!
Ọbụdụ onye na ekele m o! o!
Anyị lekiriwenu agụ o! o!
Ebila akọ na ekele gị o! o!

Anyị lekiriwenu agụ o! o!
Ebila nwa m bịaketewe were ọjị o! o!
Anyị lekiriwenu agụ o! o!
Mba o! o! Anaghị m abịa o! o!
Anyị lekiriwenu agụ o! !
Na a sịrị na ị tụrụ ọbọ na ama o! o!
Anyị lekiriwenu agụ o! o!
Onye mbụ ga-abịanụ ka ọ dakpuru o! o!
Anyị lekiriwenu agụ o! o!
Nwa m onye gwara gị o!o!
Anyị lekiriwenu agụ o! o!
Ọ kwa mbe gwara m o! o!
Anyị lekiriwenu agụ o! o!
Mbe mbe mbe mbe
Ọ kwa mbe onye hụrụ gị gwara m o! o!
O! O! Ka ọ dịbanụ o! o!
Ị sịrị gịnị ị ga-egbu ya o! o!
Biko nna agụ ị ga eme ya gịnị o! o!
Ajụkwana m o! o!
Kọrọnụ m o! o!
Onye ajụjụ ị jụta ishi nkịta ị ga-eji agba ya mee gịnị o! !o
Amaha m o! o! mana Chị m agaghị ekwe ka mbe nwọụ ọnwụ ike
Ọkụkọ anaghị echefu onye foro ọdụ na udu mmiri
O nwam o! o! ya dịba o! o!
Mbọshị m nga ahụ mbe ishi awaghị ya ụkwụ ya gbajie
Afọ eghughị ya anya ya pịa
Arụ eme ị makwa na eghu ata m igu n'ishi
O n'ishi o! o! N'ishi o! o!
Eziokwu o! o! ma ngị marakwa na ogbu agwọ na azọ ndụ
Agwọ ọ na-egbu na azọkwa ndụ ya o! o!
Taa mechi ọnụ gị ị makwana m bụ
Ana m akọ ji? Ka mbe ọhụrụ m na ahịa
Mba o! o!
Mbe ọhụrụ m na ahịa
Mba o! o!
Ka m gwakwuo gị ị makwa na Mbe ana aghọka o! o!

Ama m nke ọma mana hapụ mụ na ya o! o!
Mbe nọrọ na aghụghọ mụ ga anọ na agbaghị gị nso
Ihe arụ agaghị eme ebelebe o! o!
Bịakwanụ lekiri ka agụ shiri na achọ mbe okwu na nkịtị
Ụmụ ibe lekirikwenụ na agụ e bidokwena
Ọ kwa ọchụ ọkụkọ nwe ada o! o!
Makana mbe kwukwere eziokwu ka agụ jiri chọọ igbu ya o! o!
Azị gbawa azị gbakwa azị gbakwa o! o!
Ọ gaghụị erere agụ o! o!
Egbe bere Ugo bere o! o!
Nke sịrị ibe ya ebena o! o!
Nku kwa kwa ya o! o!

NNE O! O! CHERE M O!

Nnne o! o! chere m o!
Chere na mbe na-atụ ashị
Mbe bụ anye ashị
Ọshị ka ụbọ o! o!
Ụnụ ahụna anyawụ poko poko
Na ekie mbe maghị na-atụ ashị
Ọshị ka ụbọ o! O!
NNe m Mụ na ekwu eziokwu
Ọshị ka ụbọ o! O!
NNe m Mụ na ekwu ihe mere eme
Ọshị ka ụbọ o! O!
Mbe nọrọ na-atụ ashị
Ọshị ka ụbọ o! O!
Nwa mbe aghụghọ
Ọshị ka ụbọ o! O!

NNE O! Ị GAWANA UBI ỊKỌ JI

Nne o! ị gawana ubi ịkọ ji
Ịnine
Nne o! ị gawana ubi ịkọ ji

Ịnine
Ọ bụ onye na-ekele m
Ịnine
Ọ bụ nwa gị na-ekele gị
Ịnine
Ụkwụ m atọna na ite o kweghị nwepụta
Ịnine
Aka m atọna na ite o kweghị nwepụta
Ịnine
Ị chọrọ nụ ịnọ otu ahụ
Ịnine
Achọghị m ịnọ otu ahụ
Ịnine
Ngwanụ kpọkuo di gị
Ịnine
Ọ bụ di gị dobere gị etu ị shiri nọrọ
Ịnine
Nna a! ị gawana ubi ịkọ ji
Ịnine
Nna a! ị gawana ubi ịkọ ji
Ịnine
Ọ bụ onye na-ekele m
Ịnine
Ọ bụ nwa gị na-ekele gị
Ịnine
Ụkwụ m atọna na ite o kweghị nwepụta
Ịnine
Aka m atọna na ite o kweghị nwepụta
Ịnine
Ị chọrọ nụ ịnọ otu ahụ
Ịnine
Achọghị m ịnọ otu ahụ
Ịnine
Ngwanụ kpọkuo di gị
Ịnine
Ọ bụ di gị dobere gị etu ị shiri nọrọ

Ịnine
Di m o! ị gawana ubi ịkọ ji
Ịnine
Di m o! ị gawana ubi ịkọ ji
Ịnine
Ọ bụ onye na-ekele m
Ịnine
Ọ bụ nwunye gị na-ekele gị
Ịnine
Ụkwụ m atọna na ite o kweghị nwepụta
Ịnine
Aka m atọna na ite o kweghị nwepụta
Ịnine
Ị chọrọ nụ ịnọ otu ahụ
Ịnine
Achọghị m ịnọ otu ahụ
Ịnine
Ọ bụ m dobere gị na ọndo gị
Ịnine
Ọ bụ make ị naghi akpọ mụ di gị
Ịnine
Ugbu a ị kpọrọ m di gị
Ịnine
Ihe ji gị aka ahana gị aka
Ịnine
Anyị ga ebido na ụbọshị tata na-nwe obi añụrị

       Ịnine

NWA ADA NWA MBE

Nwa ada nwa mbe
Tụrụ za m za
Bịa gbara uri
Tụrụ za m za
Nwa ada nnawi
Bịa gbara egwu

224

Ṭụrụ za m za
Ụbọ na-eche gị
Ṭụrụ za m za

NYAA NYAA NYA N'ỤGBỌ

Nyaa nyaa nya n'ụgbọ
Ka anyị were gafere
Nyagide nyagide nyagide nyagide
Ka anyị were gafere

ỌBỤ ONYE GBARA MGBA DIKE?

Ọ bụ onye gbara mgba dike nwere ọza n'olu
Kwa ngelele eri eri
Ọ bụ onye gbara mgba dike nwere ọza n'olu
Kwa ngelele eri eri
E pụta ihie na ụmụ anu zuru ezu nkiri
Kwa ngelele eri eri
E pụta ihie na ụmụ anu zuru ezu nkiri
Kwa ngelele eri eri
Ọ bụ eghu gbara mgba dike nwere ọza n'olu
Kwa ngelele eri eri
Ọ pụta ihie na ụmụ anu zuru ezu nkiri
Kwa ngelele eri eri
Ọ bụ eghu gbara mgba dike nwere ọza n'olu
Kwa ngelele eri eri
Ọ pụta ihie na ụmụ anu zuru ezu nkiri
Kwa ngelele eri eri
Gbabakwa ebila mgba gbakwa ataka mgba oo
Kwa ngelele eri eri
Ọ pụta ihie na ụmụ anu zuru ezu nkiri
Kwa ngelele eri eri
Gbabakwa ebila mgba gbakwa ataka mgba oo
Kwa ngelele eri eri
Ọ pụta ihie na ụmụ anu zuru ezu nkiri

Kwa ngelele eri eri
Kpọọ nne m Kpọọ nna m
Samara
Kpọọ nne m Kpọọ nna m
Samara
Na nne m ekwekwaghị aga na ubi
Samara
Gbaghrawa hapụwa
Samara
Eze obodo tiri iwu
Samara
Oriri ihe onye ga-akwu ya ugwọ
Samara
Oo ụwa oo nwanne amaghịkwa nwanne ibe ya nwanne m
Samara
Oo ụwa oo nwanne amaghịkwa nwanne ibe ya nwanne m
Samara.

ỌHA BỊARA IJE ANYỊ SỊRỊ ỤNỤ ABỊANA

Ọha bịara ije anyị sịrị ụnụ abịana
Ekele dịrị ụnụ nịle na otu na otu
Ụnụ bụ ndị bịra ịhụ anyị nwere ịhụnanya
Anyị sịrị ụnụ abịna
Anyị sịrị ụnụ abịna oooooooooo
Anyị sịrị ụnụ, ụnụ abịna
Anyị sịrị ụnụ, ụnụ abịna
Anyị sịrị ụnụ, ụnụ abịna
Anyị sịrị ụnụ, ụnụ abịna

OBERE NWA NA ERISA EGO NNE YA

Obere nwa na erisa ego nne ya
Obere nwa na erisa ego nne ya
Make ihi akakpọ
Ka obere nwa na erisa ego nne ya

Make ihi akakpọ
Ka obere nwa na erisa ego nne ya

OBI DỊ MMA

Obi dị mma e bịawana e bịawana (twice)
Obi dị mma e gawana obodo Chukwu gọziri (twice)
Nyekwe m ụdara ka m rasa ọdị ụtọ (twice)
Nyekwe m ube ka m ruo ọdị ụtọ (twice)
Obi dị mma ewoooooo e maka (as many times as one wishes)

OJI ỌFỌR, OJI ỌFỌR, OJI ỌFỌR

Oji ọfọr oji ọfọr
Ọ ya jide ọfọr ya aka
Gbadatawa Milkin
Ka anyị gaa bọkara anụ Ezie
Ị ma na nọdị iberibe tụrụ ngwere
Tụpụ na oche akwa
Ike agwụ m ka ọgwụrụ akara
Ọ daba iri na afụ
Ankwa m na akwa ọkụkọ
Bụ nri nwa bekee
M gwa gị okwu
Ana m kwu eziokwu
Gwa m etu e shi agba uri
Kọwara m etu e shi agba uri
Etu e shi akụ aka bụ etu e shi agba uri
Etu e shi akụ aka bụ etu e shi agba uri
Ngwa osu na.

OJI ỌFỌR, OJI ỌFỌR, OJI ỌFỌR

Oji ọfọr oji ọfọr
Ọ ya jide ọfọr ya aka
Gbadatawa Milkin

Ka anyị gaa bọkara anụ Ezie
Ị ma na nọdị iberibe tụrụ ngwere
Tụpụ na oche akwa
Ike agwụ m ka ọgwụrụ akara
Ọ daba iri na afụ
Ankwa m na akwa ọkụkọ
Bụ nri nwa bekee
M gwa gị okwu
Ana m kwu eziokwu
Gwa m etu e shi agba uri
Kọwara m etu e shi agba uri
Etu e shi akụ aka bụ etu e shi agba uri
Etu e shi akụ aka bụ etu e shi agba uri
Ngwa osu na.

O JI NGAZI EKURU AZỤ

O ji ngazi ekuru azụ nwagbọghọ ọma
Ọkwa gị ejighị ego e gawa iri arịsọ ngwa oo
Ehee ehee ehee
O ji ngazi ekuru azụ nwagbọghọ ọma
Ọkwa gị ejighị ego e gawa iri arịsọ ngwa oo
Ehee ehee ehee
Anyị ga na-elu oo anyị ga na-elu
A gatena aka oo
Were ya gawa oo were ya gawa oo
Ọ gadịkwa mma oo
Nwanne m ọ gadịkwa mma oo
Ya dịkwa nwa mma oo

OKEREKE OKEREKE

Okereke, Okereke (twice)
Dum Dum Dum Kpam Kpam (twice)
Kwenụ ọ gana aga oo
Ọ gana aga nwehi

Kwenụ ọ gana aga oo
Ọ gana aga nwehi
Akara ka e nata
Ọ gana aga nwehi
Agidi ka e na-eri
Ọ gana aga nwehi
Maịmaị ka e na-eri
Ọ gana aga nwehi
Elule ọka ka e na-eri
Ọ gana aga nwehi
Elule unere ka e na-eri
Ọ gana aga nwehi
Ihe mgbata ka e na-eri
Ọ gana aga nwehi

OKPOROKPORO IJIJI

Okporokporo ijiji
Ka mma ka mma na okpuru akwa o!
Okporokporo ijiji
Ka mma ka mma ele anya o!
Ụwa a nara mụ ọla mụ gba na aka
Refue ya erefu o! o!
O nwere onye bụ eze na eligwe karịa Chineke

ONYE EGBU ONYE EGBU ONYE EGBU NA ANYỊ

Onye egbu Onye egbu
Onye egbuna anyị Onye egbuna anyị
Onye egbu Onye egbu
Onye egbuna anyị Onye egbuna anyị
Onye chi ya na egbughị a ga-egbu ya mma
Kwa mba

ONYE GA-AGBA EGWU IGBO

Onye ga-agba egwu Igbo o!
Ah! e! e! egwu Igbo o!
Igbochidonkechinyeregi ga agba egwu Igbo o!
Ah! e! e! egwu Igbo o!
I gawa nkụ ngị eshifena oshimiri
Ah! e! e! egwu Igbo o!
Oshimiri bụ ekwensu Ọnịcha
Ah! e! e! egwu Igbo o!
Ụboshị anyị gafere na ụzọ Ọnịcha
Ah! e! e! egwu Igbo o!
Eghu anọghị na ụzọ Ọnịcha
Ah! e! e! egwu Igbo o!
Mmadụ anọghị na ụzọ Ọnịcha
Ah! e! e! egwu Igbo o!
Ọkụkọ anọghị na ụzọ Ọnịcha
Ah! e! e! egwu Igbo o!
Dịka nne dịka nna dịka nne dịka nna
Dịka nne dịka nna
Eji mụ ọfọr odena Igbo
Eji mụ ọfọr odena Igbo
Nne gị sịrị gịnị
Akara mafodụ akara afụ ịya
Nna gị sịrị gịnị
Akara mafodụ akara afụ ịya
Di gị sịrị gịnị
Ahịa dị mma anyị azụba
Ahịa adịghị mma anyị aghara
Ebie aka na ala e metụ na obi
Kwa mgbomgbo mgbomgbo
Kwa mgbomgbo mgbomgbo

OKEREKE OKEREKE

Okereke Okereke oo
Dum Dum Dum Yara Yara
Okereke Okereke oo
Dum Dum Dum Yara Yara
Kwenụ ọ ga naga
Ọ gana aga Mgwo
Ọ gana aga
Ọ gana aga Mgwo
Abacha ka ngị na-ata
Ọ gana aga Mgwo
Agidi ka ngị na-eri
Ọ gana aga Mgwo
Agwa ka ngị na-eri
Ọ gana aga Mgwo
Akara ka ngị na-ata
Ọ gana aga Mgwo
Akamụ ka ngị na-aṅụ
Ọ gana aga Mgwo
Akịbekee ka ngị na-ata
Ọ gana aga Mgwo
Akị ka ngị na-ata
Ọ gana aga Mgwo
Akịdị ka ngị na-eri
Ọ gana aga Mgwo
Akilu ka ngị na-ata
Ọ gana aga Mgwo
Akpu ka ngị na-elo
Ọ gana aga Mgwo
Akwa ka ngị na-eri
Ọ gana aga Mgwo
Akwụ ka ngị na-ata
Ọ gana aga Mgwo
Akwụkwọ ofe ka ngị na-ata
Ọ gana aga Mgwo

Añara ka ngị na-ata
Ọ gana aga Mgwo
Arịsọ ka ngị na-eri
Ọ gana aga Mgwo
Ede ka ngị na-eri
Ọ gana aga Mgwo
Elele ọka ka ngị na-eri
Ọ gana aga Mgwo
Ịhịahịa (Salad) ka ngị na-eri
Ọ gana aga Mgwo
Ji ka ngị na-eri
Ọ gana aga Mgwo
Maịmaị ka ngị na-eri
Ọ gana aga Mgwo
Mmịmị ka ngị na-ata
Ọ gana aga Mgwo
Nzu ka ngị na-arasa
Ọ gana aga Mgwo
Ọka ka ngị na-ata
Ọ gana aga Mgwo
Ụdara ka ngị na-arasa
Ọ gana aga Mgwo
Ụkpa ka ngị na-ata
Ọ gana aga Mgwo
Ugba/Ụkpka ka ngị na-eri
Ọ gana aga Mgwo
Ụkpa Ala ka ngị na-ata
Ọ gana aga Mgwo
Ụtara ka ngị na-elo
Ọ gana aga Mgwo
Ụtụ ka ngị na-arasa
Ọ gana aga Mgwo
Unere Ike ka ngị na-eri
Ọ gana aga Mgwo
Unere ọsa ka ngị na-eri
Ọ gana aga Mgwo

Ọgwụ ka ngi na-añụ
Makana ọrịa ji gị aka
Ewo!o! o!o!o!o! Kwụsịnụ
Ngwa ka anyị leruo nwanne anyị anya

ONYE EGBU ONYE EGBU

Onye egbu onye egbu
Onye egbuna mụ onye egbu mụ
Onye chi ya na-egbughị
A ga egbu ya mma
Kwa mba o!o!o!
Onye akọsụ onye akọsụ
Onye akọna mụ onye akọna mụ
Onye chi ya na-akọghị
A ga egbu ya mma
Kwa mba o!o!o!

ONYE ONYE NWANNE

Onye onye nwanne
Kuku ruru belebele belebele belebele
Kuku ruru belebele
Onye onye nwanne
Kuku ruru belebele belebele belebele
Kuku ruru belebele
Nkechi nwanne
Kuku ruru belebele belebele belebele
Kuku ruru belebele
Ọnwụ nne egbuna gị
Kuku ruru belebele belebele belebele
Kuku ruru belebele
Ọnwụ nna egbuna gị
Kuku ruru belebele belebele belebele
Kuku ruru belebele
Onye onye nwanne

233

Kuku ruru belebele belebele belebele
Kuku ruru belebele
Uche nwanne
Kuku ruru belebele belebele belebele
Kuku ruru belebele
Ọnwụ nne egbuna gị
Kuku ruru belebele belebele belebele
Kuku ruru belebele
Ọnwụ nna egbuna gị
Kuku ruru belebele belebele belebele
Kuku ruru belebele
Onye onye nwanne
Kuku ruru belebele belebele belebele
Kuku ruru belebele
Kechijioke nwanne
Kuku ruru belebele belebele belebele
Kuku ruru belebele
Ọnwụ nne egbuna gị
Kuku ruru belebele belebele belebele
Kuku ruru belebele
Ọnwụ nna egbuna gị
Kuku ruru belebele belebele belebele
Kuku ruru belebele
Onye onye nwanne
Kuku ruru belebele belebele belebele
Kuku ruru belebele
Obi nwanne
Kuku ruru belebele belebele belebele
Kuku ruru belebele
Ọnwụ nne egbuna gị
Kuku ruru belebele belebele belebele
Kuku ruru belebele
Ọnwụ nna egbuna gị
Kuku ruru belebele belebele belebele
Kuku ruru belebele

Onye onye nwanne
Kuku ruru belebele belebele belebele
Kuku ruru belebele
Ofor nwanne
Kuku ruru belebele belebele belebele
Kuku ruru belebele
Ọnwụ nne egbuna gị
Kuku ruru belebele belebele belebele
Kuku ruru belebele
Ọnwụ nna egbuna gị
Kuku ruru belebele belebele belebele
Kuku ruru belebele

ONYE NKUZI

Onye nkuzi onye nkuzi
Biko echefuru m
Ihe ị sịrị ka anyi gụọ
Biko apiakwan m ịtalị
Emesa aga m akụtara gị azụ ndụ
Chetakwa na mụ na gị bụ nwanne
Shiri na otu afọ pụta

ONYE NWE UNỌ

Onye nwe ulo anyị ekene gị
Na ife ị nyelụ anyị
Na ihe ị nyelụ anyị
Na ihe ị nyelụ anyị
Ụkọ nwa akọna gị
Ụkọ nwanna akọna gị
Ụkọ nwanne akọna gị
Ụkọ mmadụ akọna gị
Ụkọ ego akọna gị
Ị mana ị wete ife ị ga-nye akwụna

Ka ị nye akapkọ ka ọ taa
Igiligi adaba Igiligi adaba
Ụgbọ m akwapụ ọkụ

ONYE NWE ULỌ ANYỊ EKELE GỊ

Onye nwe ulọ anyị ekele gị
Maka ihi ihe ị nyere anyị
Maka ihi ihe ị nyere anyị
Maka ihi ihe ị nyere anyị
Maka ihi ihe ị nyere anyị
Maka ihi ihe ị nyere anyị
Ụkọ amamihe akọna gị
Ụkọ ego akọna gị
Ụkọ nwa akọna gị
Ụkọ nwanne akọna gị
Ị ma na ịwete ihe ị ga-enye akwụna
Ka ị nye akapọ ka ọ takpọ
Igirigi adawala igirigi adawala
Ụgbọ m achọwala ịlawa

OTU ONYE ỌMA O!

Otu onye ọma o!
Nya nya nya boribo o! Nya
Otu onye ọma o!
Nya nya nya boribo o! Nya
Ishi waba mụ o!
Nya nya nya boribo o! Nya
Ngị du mụ aga o!
Nya nya nya boribo o! Nya
Afọ ghube mụ o!
Nya nya nya boribo o! Nya
Ngị du mụ aga o!
Nya nya nya boribo o! Nya

Otu onye ọma o!
Nya nya nya boribo o! Nya

O RURU OTU ỤBỌCHỊ

O ruru otu na ụbọchị
Ka mmri na edo
M lepụ anya n'ezi
M were hụ nne m ka ọna abịa
M gbawakwanụ ọsọ
Were gbakwru nne m
Were sị nne mụ ị lọna
Were nara ihe o bu
O were sị nwa m ị bụ ihe
O were nye m ihe ọ gbatara na ahịa
Mụ were obi aṅụrị rie ya

TINYERE NWA NNE TINYERE NWA NNA

Tinyere nwa nne Tinyere nwa nna
Were ego gị tinye
Ọ ga-dị mma
Ọha bịara ije ụnụ abịala
Nkechinyere Igbo
Were ego ụnụ tinye
Ọ na-adị mma

TUKWURU ALA KA M KWỤRỤ ỌTỌ

Tukwuru ala ka m kwụrụ ọtọ (ugboro abụọ, twice)
Na asụsụ Igbo tọkarịrị anụ e tere eteoooo
Tukwuru ala ka m kwụrụ ọtọ (ugboro abụọ, twice)
Na asụsụ Igbo tọkarịrị anụ e ghere egheoooo
Asụsụ Igbo oo
Asụsụ Igbo nwanne m n'obodo
Ụmụ Igbo oo

Ụnụ ahụ na ihe ego na-eme n'ụwa
Ada ọha Igbo oo
Biko susuo ikoro Igbo ọnụ ka anyị biri
Nchị ga-egbu nụ ha oo
E wena iwe oo
Ọtọ bịrịbịrị ga-egbu nụ ha oo
E wena iwe oo
Ụmụ Igbo bụ onyinye Chukwu
E wena iwe oo
Ọtọ bịrịbịrị ga-egbu nụ ha oo
E wena iwe oo
Ụmụ Igbo bụ onyinye Chukwu
E wena iwe oo
Ụmụ Igbo bu ụmụ Chukwu oo
E wena iwe oo
Ụmụ Igbo bu ụmụ Chukwu oo
E wena iwe oo
Ụmụ Igbo na ekele Chukwu oo
E wena iwe oo
Ụmụ Igbo na ekele Chukwu oo
E wena iwe oo
Ụmụ Igbo bu ụmụ Chukwu oo
E wena iwe oo
Ụmụ Igbo bu ụmụ Chukwu oo
E wena iwe oo
Ụmụ Igbo na ekele Chukwu oo
E wena iwe oo
Ụmụ Igbo na ekele Chukwu oo
E wena iwe oo
Ndị Igbo bu ụmụ Chukwu oo
E wena iwe oo
Ndị Igbo bu ụmụ Chukwu oo
E wena iwe oo

URI ỌMA LEE LELE

Uri ọma lee lele
Uri ọma
Uri ọma lee lele
Uri ọma
Mi na nwannem gara ọhịa nkụ na ọgbaete
Uri ọma
M kpacha nkụ ghara nwanne nke m o-o
Uri ọma
Okporokporo ijiji bịara nka anyị na echi eze
Uri ọma
Onye eze anyị chiri echichi bekee
Uri ọma bekee
Uri ọma bekee
Uri ọma o-o-o

The ancient oshishi (tree) Ụkpaka beans located at Mba Jiri Ogu Okorobi Palace in Urualla.

An Awigu matures to become the butterfly. Awigu feed on Ụkpaka leaves. They are a good source of protein

Ụkpaka Beans

Processed Ụkpaka beans almost ready for meal.

CHAPTER 11

URI E JI AGỤGỤ NWA A MỤRỤ ỌHỤRỤ
(Nursery Rhymes)

ANYANWỤ LE ELE LE ELE

Anyawụ leele leele,
Anyawụ leele leele, lele
Anyawụ na mmadụ soro gawa nkụ
Soro gawa nkụ nkụ ya gbara okpọtrọ na ogwe
Gbara okpọtrọ na ogwe onye gata ebu ya
Anyawụ lele lele, lele lele

EGHU/EWU NA ERI JI NA-ỌBA

Eghu/Ewu na eri ji na-ọba
Eghu/Ewu na eri ede na-ọba
Ọkụkọ nwa pkọrọ pkọrọ
Kpọrọ ụmụ gị bara ọhịa
Egbe abịna Ugo abịna
Chọrị chọrị chọrịkwọ
Chọ-ọ-ọ chọrịa-rịa

EJULA

Ejula
Anụnụ kpakọrọrị kpara mmaọnwụ
Ejula

242

Anụnụ kpakọrọrị kpara mmaọnwụ
Gbashie na obi bịkwa lekiri
Anụnụ kpakọrọrị kpara mmaọnwụ
Ebe ji buru mbe lawa
Anụnụ kpakọrọrị kpara mmaọnwụ

EGBE NA UGO GA-EBURU GỊ

Nwata ebekwana akwa
Kpayoro mma mma kpayoro
Nwata ebekwana akwa
Kpayoro mma mma kpayoro
Ị bekwee akwa
Kpayoro mma mma kpayoro
Ị bekwee akwa
Kpayoro mma mma kpayoro
Egbe na ugo ga-eburu gị
Kpayoro mma mma kpayoro
Egbe na ugo ga-eburu gị
Kpayoro mma mma kpayoro

GWA ADA NA NNA YA GA ABỊA

Gwa Ada na nna ya ga abịa
Ka ọ zaa nna ya
Asa na arụra bụ azụ
Ha ga ada na aja
Hapu ha ka ha gwuwe mmiri
Gwa Ada na nne ya ga abịa
Ka ọ zaa nne ya
Asa na arụra bụ azụ
Ha ga ada na aja
Hapu ha ka ha gwuwe mmiri
Gwa Ada na ụmụnne ya ga abịa
Ka ọ zaa ụmụnne ya
Asa na arụra bụ azụ

Ha ga ada na aja
Hapu ha ka ha gwuwe mmiri

HA CHIRI YA EZE

Ha chiri ya eze.
Ị bi na obi eze.
Ha na eri ji awayị ọkụkọ na obi eze.
Ị so eri ji awayị ọkụkọ na obi eze?
Ị ji ji na anụ ọkụkọ n'aka?
Ha ji mmiri egbu awayị ji na ọkụkọ na obi eze.

KỤỌRỌNỤ NỤ NWANGWERE AKA OO

Kụọrọ nụ nwangwere aka oo
Erente oo
Kụọrọ nụ nwangwere aka oo
Erente oo
Nwangwere ejeghị ije ma ọ gbara ọsọ oo
Erente oo
Kurururu erente oo
Kururuja erente oo
Aa eeh erente oo
Kururuja aa

LEEKWE EGBE KA HA N'EFE

Leekwe egbe ka ha n'efe
Ha ga ebeyịga ngana
Egbe ga-eme ga ha datuo n'ala
Ha ge-eche ka mụ wete egbe

MBE EJEBE, AJA MBELE

Mbe ejebe, aja mbele
Mbe ejebe, aja mbele

Je, je, je, aja mbele
Je, je, je, aja mbele
Jere puta na uzo
Jegide akwu sara asa nke mbu
Ọ sị ya ọsara ole, aja mbele
Ọ sị ya ọsara atọ, aja mbele
Tufiakwa e ma na e bughị nkwu, aja mbele
Kedụ nke m ga-ata kedụ nke m ga-enye ndị be m? aja mbele
Ha abụọ, ga-a na ụlọ Chukwu kụọ aka n'ụzọ
Onye Kụrụ aka na ụzọ, aka tọkwa ya na ụzọ
Onye Kwuru okwu na ọnụ okwu tọkwa ya na ọnụ
Maka ihi otu mkpụrụ akwụ ka mbe jiri gawa na ihu Chukwu.

M GBAGBUTE NWA NỤNỤ M O

M gbagbute nwa nụnụ m o, nzamịrị
M gbagbute nwa nụnụ m o, nzamịrị
Nye nne m shiwe o, nzamịrị
Nne m ekweghị eshi o, nzamịrị
Nye nna m shiwe o, nzamịrị
Nna m ekweghị eshi o, nzamịrị
Nye nwanne m shiwe o, nzamịrị
Nwanne m ekweghị eshi o, nzamịrị
Nye nkịta shiwe o, nzamịrị
Nkịta eshighena o, nzamịrị
M were nwa nke ukwu o! nzamịrị
Nye nne m mụrụ m o-o, nzamịrị
O mụrụ m o mụrụ m o-o, nzamịrị
M were nwa nke ukwu o! nzamịrị
Nye nnea m mụrụ m o-o, nzamịrị
O mụrụ m o mụrụ m o-o, nzamịrị
M were nwa nke ukwu o! nzamịrị
Nye nwanne tọrọ m o-o, nzamịrị
Otọrọ m otọrọ m o-o, nzamịrị
M were nwa nke okpụkpụ, nzamịrị
Nye nkịta shiri anụ o, nzamịrị

Onye shiri anụ shiri anụ o, nzamịrị
Nne m erisana o, nzamịrị
Nye m ọla edo ọma nzamịrị
Nna m erisana o, nzamịrị
Nye m ọla edo ọma nzamịrị
Nwanne m erisana o, nzamịrị
Nye m ụdara ọma o, nzamịrị
Nkịta erisana o, nzamịrị
Gbọọ ụja woof- woof-woof, nzamịrị
Biko ka ọdiba nzamịrị

MMIRI NA-EDO

Mmiri na-edo
Anyị agaghị ịga akwụkwọ tata
Oyi na-atụ anyị na ime obi
Onye ga-enye anyị efe
Oyi na-atụ anyị
Oyi na-atụ anyị na ime obi

NDOBE JI NA UKO NWA MBE RISARA M YA

Ndobe ji na uko nwa mbe risara m ya
Ndobe ede na uko nwa mbe risara m ya
Mgbe m na-aputa nwa mbe tụkwashị m ụra
M chụba nwa mbe chụba nwa mbe chụkụta ya na ikpa
Ikpa ole ndị? Ikpa Egbebụike
Si egbe gbawapụ ya ishi
Si mma mawapụ ya ishi
Aya aya aya kịrịgbada Obuegbe
Aya aya aya kịrịgbada Obuegbe
Otu Nwoke na-ele m anya ka ụwa dịrị ya mma
Otu Nwanyị na-ele m anya ka ụwa dịrị ya mma
O nwụọna o fuona ụwa dịrị ya mma
Ezeibekwe Okoronkwo
Eghu nne ya amana aja

246

Eghu nna ya amana aja
Onye gata achụrụ m ya
Suo suo achụ na m ya
Suo-uoo-uoo achụrụ m ya

NWA ENWE Ị MAGORO NA ELU NA ESO M NGỊ

Nwa enwe e magoro na elu na eso m gị
Nwa enwe e mada na ala na esom gị
Nwa enwe enye m ọyọ e nye m ngbịrịnmgba
Ka m kpaba nwa na aka
Mgbe ọ ga ebe o lekiri
Nwa enwe m ooo
Nwa enwe m ooo

NWAKADỊNKPỌRỌ

Gịnị ga-emere m nwa naoo
Eeeh! Nwakadịnpkọrọ
Gịnị ga-emere m nwa naoo
Eeeh! Nwakadịnpkọrọ
Gịnị ga-eme Nwakadịnpkọrọ
Eeeh! Nwakadịnpkọrọ
Gịnị ga-eme Nwakadịnpkọrọ
Eeeh! Nwakadịnpkọrọ
Dinta dinta mere gịnị?
Dinta gbagburu agụ
Agụ mere gịnị?
Agụ gburu ehi
Ehi mere gịnị?
Ehi ṅụrụ mmiri
Mmiri mere gịnị?
Mmiri manyụrụ ọkụ
Ọkụ mere gịnị?
Ọkụ hugburu egbe
Egbe gburu ọkụkọ

Ọkụkọ mere gịnị?
Ọkụkọ riri mkpu
Mkpu mere gịnị?
Mkpu takashịrị oshishi obi
Oshishi obi mere gịnị?
Oshishi obi piakara ụkwa
Ụkwa mere gịnị?
Ụkwa dagburu Nwakadịnpkọrọ
Nga ọ gara agbasa nshị na ụkwa
Eeeh! Nwakadịnpkọrọ

NWAKAEGO NA OBODO

Nwakaego na obodo aye!
Nwakaego na obodo aye!
Mụ na gị ga abụ nwanna ma Chukwu kwere aye!
Ịkwere ịkwere Chukwu kwere aye!
E bekwala aye!
Ozuola aye!
E bekwala aye!
Ozuola aye!

NWANNE M NTA RAHỤ ỤRA

Nwanne m nta rahụ ụra
Rahụ ụra ka nne anyị lọta
Nwụtara gị ụkpla na nte
Ụkpla na nte na akaghị aka
Ọ mụ na ngị so ata ya?
O nda ndaghoro
O nda ndaghoro

NWANNE GHARA O NWANNE EBENA

Nwanne ghara o nwanne ebena
Nwanne m na ebe mbembe ajọ akwa

248

Ekuru nwa puta na obodo achọba onye nwe nwa
Achọba onye nwe nwa nchichi chibiri ya imi
Nwa obete obete biko ghara

NWA NỤNỤ KWE NA ISHI KWE NA EKELE

Nwa nụnụ kwe na ishi kwe na ekele
Nwa nụnụ kwe nke m n'ekwu
Nwa nụnụ nyem ihe di na akpagị
Nwa nụnụ kwe kwe kwe
Chịrị akwa m chịrị akwa m
Achịfọrọghị m otu
Ọkpụkpụ nwa m ọkpụkpụ nwam gbajiri ya obi

NWA NỤNỤ NỌ NA IKPERE MMIRI

Nwa nụnụ nọ na ikpere mmiri
Kwe m ekele, ekele ọma
Kwe m ọma, ọma na ikoro
Kwe m ikoro, ikoro ọbịa
Kwe m ọbịa, ọbịa nwamba
Kwe m nwamba, nwamba ehi
Kwe m ehi ehi na ipi ya
Kwe m ehi na ipi ya na opi
Kwe m opi na ugbọ
Kwe m ugbọ na ọja
Kwe m ọja, ọja kọrọrọ ịya osikapa jolloff
Kuru mmiri nwuyị n'ite buru ite shinye ọkụ
Ka nwa ikpi maba ọhịa
Nne kute mmiri oyi
Nna kute mmri ọkụ
Ka e were maa nwa ngwere na ishi
Ka o mee ishi ya kwereke m kweke m
Anyi etibe aka na ikpere
Ọdaba ngwongwo tingwoti ọdaa

NWA NỤNỤ UKWU NWA NỤNỤ NTA

Nwa nụnụ ukwu nwa nụnụ nta
Tụrụzanza tụrụzanza
Nwa nụnụ nwa nụnụ nta
Tụrụzanza tụrụzanza
E nọ eba ahụ eme gịnị
Ana m atụrụ nne m ose
Tụdịna otụ e shi atụ
Pịịee-ịe-ịe. Pịịee-ịe-ịe.
Tụ nwoke nike nike
Tụ nwanyị nike nike
Ọnụ m mere pịepịerọ
Pịerọ pịerọrọ pịịee-ịe-ịe.

NWA NWA OGBEYI

Nwa nwa ogbeyi
Samara
Nwa nwa ogbeyi
Samara
Nri nwunye nna gị siri
Samara
Erina erikwana
O tiri ya nshị
Samara
Ka ogbuo gị
Ọ kpọrọ nwa nke ya dochie gị o! o!
Nwa nwa ogbeyi
Samar o! o!

ỌDAWARA ABA DAWA ABA

Ọdawara aba dawa aba
Aba
Ọdawara aba dawa aba

Aba
Aba nke nụ aba ndị ọma
Aba
Aba nke nụ aba ndị ọma
Aba
Adịda aba ọgana ga-eme
Aba
Aba e! e!
Aba e! e!
Aba e! e!
Aba e! e!

Ọ GBA ADA NKỊTA NA-ARA ỌNỤ O! O!

Ọ gba ada nkịta na-ara ọnụ o! O!
Ọ gba ada nkịta na-ara ọnụ o! o!
E losụ olo e losụ olo o! O!
Ọ gba ada nkịta na-ara ọnụ o! o!
Jiri nwayọọ ṅụọ ara
Ka ọ dabaruo na-ala afọ gị
Jiri nwayọọ ṅụọ mmiri
Ka ọ dabaruo na-ala afọ gị
Ọ gba ada nkịta na-ara ọnụ o! o!
Ọ gba ada nkịta na-ara ọnụ o! o!
Anyị sịrị ụnụ, ụnụ abịan

ỌHA BỊARA IJE ANYỊ SỊRỊ ỤNỤ ABỊANA

Ọha bịara ije anyị sịrị ụnụ abaịna o! o!
Ekele dịrị ụnụ nile na otu otu o! o!
Ụnụ bụ ndị bịara ije ga elekiri anya
Anyị sịrị ụnụ abịaruona
Anyị sịrị ụnụ, ụnụ abịana
Anyị sịrị ụnụ, ụnụ abịana
Anyị sịrị ụnụ, ụnụ abịana
Anyị sịrị ụnụ, ụnụ abịana

251

Ọ KWA NKE MỤ GA AKA NKE GỊ

Ọ kwa nke mụ ga aka nke gị
Gị rijue afọ gị too ogologo
Nke gị kara nke mụ
Ọ kwa nke mụ ga aka nke gị
Gị ṅụọ mmiri gị too ogologo
Nke gị kara nke mụ
Ọ kwa nke mụ ga aka nke gị
Wụlie elu
Ọ kwa nke mụ ga aka nke gị
Wụlie elu
Ọ kwa nke mụ ga aka nke gị
Chịwa ọchị
Ọ kwa nke mụ ga aka nke gị
Gọwa ọgụgọ
Ọ kwa nke mụ ga aka nke gị

ỌMARA UGO ỌMARA UGO NDỊ ỌMA, ỌMARA UGO

Ọmara Ugo Ọmara Ugo ndị ọma
Ọmara Ugo
Ọmara Ugo Ọmara Ugo ndị ọma
Ọmara Ugo
Nne m nyere m ji na ejula
Ọmara Ugo
Nna m nyere m ji na ejula
Ọmara Ugo
Sị m buru ụzọ hụrịa nwa ji m
Ọmara Ugo
M buru ụzọ hụrịa nwa ejula m
Ọmara Ugo
Ejula ahụ agbanyụọrọ m ọkụ
Ọmara Ugo
M were jebe ka m ga gụta ọkụ
Ọmara Ugo

M were zuo dibia mmụọ na ụzọ
Ọmara Ugo
Ọ sị m tụ nkwe m sị ya tụ nkwe nke gị o!
Ọmara Ugo
Dibia mmụọ mebishịanụ m ishi o!
Ọmara Ugo
Ugo! Ugo! Ugo
Ọmara Ugo

Ọ NỤRỤ UBE NWA BỊA O! BỊA O! BỊA O!

O nụrụ ube nwa bịa o! bịa o! bịa o!
O nụrụ ube nwa bịa o!
O bụghị otu onye nwe nwa o!
O nụrụ ube nwa bịa o! bịa o! bịa o!
O bụghị otu onye nwe nwa o!
Ụmụ agbọ bịa ọ nụrụ ube nwa bịa o! bịa o! bịa o!
O nụrụ ube nwa bịa o!
O bụghị otu onye nwe nwa o!
Ụmụ agbọ bịa ọ nụrụ ube nwa bịa o! bịa o! bịa o!
O nụrụ ube nwa bịa o!
O bụghị otu onye nwe nwa o!
Ụmụ okorobịa ọ nụrụ ube nwa bịa o! bịa o! bịa o!
O nụrụ ube nwa bịa o!
O bụghị otu onye nwe nwa o!
Ụmụ okorobịa ọ nụrụ ube nwa bịa o! bịa o! bịa o!
O nụrụ ube nwa bịa o!
O bụghị otu onye nwe nwa o!
Ụmụ Igbo ọ nụrụ ube nwa bịa o! bịa o! bịa o!
O nụrụ ube nwa bịa o!
O bụghị otu onye nwe nwa o!
Ụmụ Igbo ọ nụrụ ube nwa bịa o! bịa o! bịa o!
O nụrụ ube nwa bịa o!
O bụghị otu onye nwe nwa o!
Onye ọbụna ọ nụrụ ube nwa bịa o! bịa o! bịa o!
O nụrụ ube nwa bịa o!

Ọ bụghị otu onye nwe nwa o!
Onye ọbụna ọ nụrụ ube nwa bịa o! bịa o! bịa o!
Ọ nụrụ ube nwa bịa o!
Ọ bụghị otu onye nwe nwa o!

ONYE ONYE NWANNE

Onye onye nwanne
Kukururu beleble beleble beleble
Kukururu beleble
Osita nwanne
Kukururu beleble beleble beleble
Kukururu beleble
Ọnwụ nna egbuna gị
Kukururu beleble beleble beleble
Kukururu beleble
Ọnwụ nne egbuna gị
Kukururu beleble beleble beleble
Kukururu beleble
Tana bụ gboo nwanne
Kukururu beleble beleble beleble
Kukururu beleble
Ọnwụ nna egbuna gị
Kukururu beleble beleble beleble
Kukururu beleble
Ọnwụ nne egbuna gị
Kukururu beleble beleble beleble
Kukururu beleble

ONYE NA-EBE AKWA

Onye na-ebe akwa
Iya obe akwa
Onye na-ebe akwa
Iya obe akwa
Ebesụ ma ịtọ nwa

Iya obe akwa
Nke e tọrọ ga aka ebe o!o!
Iya obe akwa
Kwo-o-o nụ ya
Iya-a-a-a obe akwa o!o!

ONYE TIRI NWANNE M ỌMA?

Onye tiri nwanne m ọma?
Aguọ tiri
Onye tiri nwanne m ọma?
Aguọ tiri
Aga m eshiri nwanne m ọma akwa
Aguọ pụọ
Aga m eshiri nwanne m ọma akwa
Aguọ pụọ

ONYE TIRI NWA NA-EBE AKWA?

Onye Tiri Nwa na-ebe akwa?
Egbe tiri nwa na-ebe akwa
Wete ụzịza wete ose
Wete akwụkwọ añara e ji ete ofe
Ka ụmụ nụnụ racha aka
Ka anya orima butuo ha
Ka m were anụ ha tere gị ofe ụtọ
Mgbe e richara anyị gwo egwu

ONYE GA-ENYE M NGỊRỊ?

Onye ga-enye m ngịrị?
Eriri ngịrị ngịrị ngịrị eriri ngịrị
Nna m ga-enye m ngịrị
Eriri ngịrị ngịrị ngịrị eriri ngịrị
Nne m ga-enye m ngịrị
Eriri ngịrị ngịrị ngịrị eriri ngịrị

Ekele na m nna m
Eriri ngịrị ngịrị ngịrị eriri ngịrị
Ekele na m nne m
Eriri ngịrị ngịrị ngịrị eriri ngịrị
Aga m eme ka nna m
Eriri ngịrị ngịrị ngịrị eriri ngịrị
Aga m eme ka nne m
Eriri ngịrị ngịrị ngịrị eriri ngịrị
Aga m ga-enye ụmụ m ngịrị
Eriri ngịrị ngịrị ngịrị eriri ngịrị

ONYE ỌMA LỌLỌAKỤ

Onye ọma lọlọ akụ Edede lekwe
Anyị ekele gị ọfọdụrụ nwa ntịntị
Onye ọma lọlọ akụ Edede lekwe
Anyị ekele gị
Onye ọma lọlọ akụ nke mụrụ onye eze
Eze Urualla lotawa ala bekee o! o!
Ọfọdụrụ nwa ntịntị
Onye ọma lọlọoakụ lekwe
Anyị ekele gị ofodụrụ nwa ntịntị
Anyị ekele gị ofodụrụ nwa ntịntị
ofodụrụ nwa ntịntị

ONYE WERE MỤ MERE IHE E! E!

Onye were mụ mere ihe e! e!
Onye were mụ mere ihe e! e!
Mụ were ya mere ihe o! o!
Onye ejighi mụ mere ihe e! e!
A ga mụ eji ya emere ihe e! e!
Nke ahụ nyịrị ndị ọka-ịkpe o! o!
Onye were m mere ihe e! E!
Onye were m mere ihe e! e!
Mụ were ya mere ihe o! o!

Onye ejighi mụ mere ihe e! e!
A ga mụ eji ya emere ihe e! e!
Nke na nyịrị ọ gwọ ọgwụ o! o!

ỤDARA M TOWE

Ụdara m puwe
Nda
Puwe puwe puwe
Nda
Puwere nwa enwe nne
Nda
Puwere nwa enwe nna
Nda
Nwunye nna m oo
Nda
Zụtara ụdara na ahịa
Nda
Racha racha racha
Nda
Rachapụ nwa enwe nne
Nda
Rachapụ nwa enwe nna
Nda
Elu ụwa bụ ọrịrị
Nda
Onye nọrịa ọ lawa
Nda
Ụdara m towe
Nda
Towe towe towe
Nda
Towere nwa enwe nne
Nda
Towere nwa enwe nna
Nda

Nwunye nna m oo
Nda
Zụtara ụdara na ahịa
Nda
Racha racha racha
Nda
Rachụ nwa enwe nne
Nda
Rachụ nwa enwe nna
Nda
Elu ụwa bụ ọrịrị
Nda
Onye nọrịa ọ lawa
Nda
Ụdara m mịwa
Nda
Mịwa mịwa mịwa
Nda
Mịwara nwa enwe nne
Nda
Mịwara nwa enwe nna
Nda
Nwunye nna m oo
Nda
Zụtara ụdara na ahịa
Nda
Racha racha racha
Nda
Rachụ nwa enwe nne
Nda
Rachụ nwa enwe nna
Nda
Elu ụwa bụ ọrịrị
Nda
Onye nọrịa ọ lawa
Nda

Ụdara m kawa
Nda
Kawa kawa kawa
Nda
Kawara nwa enwe nne
Nda
Kawara nwa enwe nna
Nda
Nwunye nna m oo
Nda
Zụtara ụdara na ahịa
Nda
Racha racha racha
Nda
Rachụ nwa enwe nne
Nda
Rachụ nwa enwe nna
Nda
Elu ụwa bụ ọrịrị
Nda
Onye nọrịa ọ lawa
Nda
Ụdara m sawa
Nda
Sawa sawa sawa
Nda
Sawara nwa enwe nne
Nda
Sawara nwa enwe nna
Nda
Nwunye nna m oo
Nda
Zụtara ụdara na ahịa
Nda
Racha racha racha
Nda

Rachụ nwa enwe nne
Nda
Rachụ nwa enwe nna
Nda
Elu ụwa bụ ọrịrị
Nda
Onye nọrịa ọ lawa
Nda
Ụdara m dawa
Nda
Dawa dawa dawa
Nda
Dawara nwa enwe nne
Nda
Dawara nwa enwe nna
Nda
Nwunye nna m oo
Nda
Zụtara ụdara na ahịa
Nda
Racha racha racha
Nda
Rachụ nwa enwe nne
Nda
Rachụ nwa enwe nna
Nda
Elu ụwa bụ ọrịrị
Nda
Onye nọrịa ọ lawa
Nda

UGOLOỌMA

Ugoloọma nne gị ọmurụ gị eleshị
Ugoloọma nna gị ọmurụ gị eleshị
Ịkọrọ m

Adawayị na nụ ụraịshị mmiri
Gị ga akọrọ m
Dawayị kwa na ụraịshị mmiri
Ugoloọma kwee
Aka aa Aka aa Aka aa
Ịbụ ihe onye ọma
Eju e jiri ghee mma
Ngwa fere reke reke lawa n'udo

ỤWA NKE NỤ NWANNE M

Ụwa nke nụ nwannem eh eh eh
Onye ejina ụwa eme ọnụ
Ee ụwa dị omimi ooo
Onye bara ụba na ebe akwa eh eh eh
Onye na-abaghị na ebe akwa
Sị na nke ya kasị njọ oo
Ụwa nke nụ nwannem eh eh eh
Onye ejina ụwa eme ọnụ
Ee ụwa dị omimi ooo
Onye nwere di na ebe akwa eh eh eh
Onye na-enwghị na ebe akwa
Sị na nke ya kasị njọ oo
Ụwa nke nụ nwannem eh eh eh
Onye ejina ụwa eme ọnụ
Ee ụwa dị omimi ooo
Onye nwere ego na ebe akwa eh eh eh
Onye na-enwghị na ebe akwa
Sị na nke ya kasị njọ oo

Ụwa nke nụ nwannem eh eh eh
Onye ejina ụwa eme ọnụ
Ee ụwa dị omimi ooo
Onye nwere nwa na ebe akwa eh eh eh
Onye na-enwghị na ebe akwa
Sị na nke ya kasị njọ oo

261

Ụwa nke nụ nwannem eh eh eh
Onye ejina ụwa eme ọnụ
Ee ụwa dị omimi ooo
Onye nwere nwuye na ebe akwa eh eh eh
Onye na-enwghị na ebe akwa
Sị na nke ya kasị njọ oo
Ụwa nke nụ nwannem eee
Onye ejina ụwa eme ọnụ
Ee ụwa dị omimi ooo
Onye na nwere ọrụ/ọlụ na ebe akwa eh eh eh
Onye na-enwghị na ebe akwa
Sị na nke ya kasị njọ oo
Ụwa nke nụ nwannem eh eh eh
Onye ejina ụwa eme ọnụ
Ee ụwa dị omimi ooo

ZI M NWATA NỌ NA UZUZU

Zi M nwata nọ na uzuzu
Ọ na-egwu egwu
O churu mmiri
Ite mmiri ya buru ibu
A na eji mmiri eshi ji n'ite.

ZAWA MBA ZAWA MBA

Zawa mba Zawa mba
Lekwe mụ anya o!
Ịza mba eruwena
Zawa mba Zawa mba
Lekwe mụ anya o!
Ịza mba eruwena
E ! lekwe mụ anya o!
Lekwe mụ anya o!
Ịwayị ịwayị
Ịza mba eruwena

EGWU NKUPUTE OR NNABATA NWA (Welcome Baby)

EGO OYIRIGBO LEKWE

Ego oyirigbo lekwe
Ego oyirigbo lekwe
Ego oyirigbo lekwe ihe ọma
Ego oyirigbo lekwe
Ego oyirigbo lekwe
Ego oyirigbo lekwe ihe ọma
Eusebuis gara Abu zụta akpụakpọ ụkwụ dara pam asatọ o! o!
Nganga kwere nwa onye eze a na-kpọ Euseby o! o!
Lekeri nwoke ọma lekrinụ nwa onye eze ọma o! o!
Lekeri nwoke ọma lekrinụ nwa onye eze ọma o! o!
Lekeri nwoke ọma lekrinụ nwa onye eze ọma o! o!
Lekeri nwoke ọma lekrinụ nwa onye eze ọma o! o!
Aya e!e! Aya ka anyị gawa na obi eze

EZEAHỤRỤKWE ỊGWE Ị MENA NDO NNA OO

Ezeahụrụkwe ogwugwru Ị mena
Ndo nna ndo nna ndo nna oo
Nwaọbira nwunye onye eze Ị mena
Ndo nne ndo nne ndo nne oo
Onye na-jighi ọ ga eme ntu aa
Ọ ga eme ntu aa ọ ga eme ntu aa
Onye na-jighi ọ ga eme ntu aa
Ọ ga eme ntu aa ọ ga eme ntu aa

MAKA IHI NWA KA ANYỊ JIRI BỊA

Mka ihi nwa ka anyị jiri baị o! o!
Mka ihi nwa ka anyị jiri baị o! o!
Onye ọma mụrụ nwa maka ihi nwa o! o!
Maka ihi nwa ka anyị jiri bịa na ebe a
Bịa norụ ala

Ọ BỤ ANỤ SỊ A NA-ALỤ A NA-ALỤ

Ọ bụ anụ sị a na-alụ a na-alụ
Ọ burụ onye ọbụna o!
Ọ bụ anụ sị a na-alụ a na-alụ
Ọ burụ onye ọbụna o!
Ana alụ anyị o!
Ana na-alụ anyị na obi eze
Karịa onye ọbụna o!
Ndị eze bụ di anyị o!

ỌBỤGHỊ MA NWA O! O!

Ọbụghị ma nwa o! o!
Onye ga-enye m
Anụ eghu o! o!
Onye ga-enye m
Ọgara bụ ma nwa o! o!
Onye ga-enye m
Anụ ọkụkọ o! o!
Onye ga-enye m
Ọgara bụ ma nwa o! o!
Onye ga-enye m
Diamond o! o!
Onye ga-enye m
Ọgara bụ ma nwa o! o!
Onye ga-enye m
Ọla edo/Goludu o! o!
Onye ga-enye m
Ọgara bụ ma nwa o! o!
Onye ga-enye m
Ụgbọ ala o! o!
Onye ga-enye m
Ọgara bụ ma nwa o! o!
Onye ga-enye m
Ụgbọ mmiri o! O!

Onye ga-enye m
Ọgara bụ ma nwa o! o!
Onye ga-enye m
Ụgbọ na-efe efe o! o!
Onye ga-enye m
Ọgara bụ ma nwa o! o!
Onye ga-enye m
Ukwu abada o! o!
Onye ga-enye m
Ọgara bụ ma nwa o! o!
Onye ga-enye m
Ukwu Judge o! o!
Onye ga-enye m
Ọgara bụ ma nwa o! o!
Onye ga-enye m
Ukwu lace o! o!
Onye ga-enye m
Ọgara bụ ma nwa o! o!
Onye ga-enye m
Ukwu Velvet o! o!
Onye ga-enye m
Ọgara bụ ma nwa o! o!
Onye ga-enye m
Ukwu abada o! o!
Onye ga-enye m
Ọgara bụ ma nwa o! o!
Onye ga-enye m

Ọ NỤRỤ UBE NWA BỊA O! O! BỊA O! O! BỊA O! O!

Ọ nụnụ ube nwa bịa o! o! bịa o! o! bịa o! o!
Ọ nụnụ ube nwa bịa o! o!
Ọ bụghị otu onye nwe nwa o! o!
Ọ nụnụ ube nwa bịa o! o! bịa o! o! bịa o! o!
Ọ nụnụ ube nwa bịa o! o!
Ọ bụghị otu onye nwe nwa o! o!

ORIRI E! ORIRI E!

Oriri e! Oriri e!
Oriri e! Oriri e!
Oriri bịam bịam n'ọnụ o!
Oriri e! Oriri e!
Oriri e! Oriri e!
Oriri bịam bịam n'ọnụ o!
Ọ bụ egwu ọmụmụ o!
Oriri bịam bịam n'ọnụ o!
Ọ bụ egwu nwa ọhụrụ
Oriri bịam bịam n'ọnụ o!
Bịa kuru nwa ọhụrụ o!
Oriri bịam bịam n'ọnụ o!
Ọ bụ egwu oriri nwa o! ọ
Oriri bịam bịam n'ọnụ o!
Anyị na-agụ egwu oriri nwa
Oriri bịam bịam n'ọnụ o!

Ọ DAWARA ABA DAWA ABA

Ọ dawara aba dawa aba
Aba o! o! o!
Aba nkenụ aba ndị ọma
Aba o! o! o!
Aba nkenụ aba ọmụmụ
Aba o! o! o!
A dịda aba ọ gana ga-eme nwa aba
Aba e! e! Aba e! e! Aba e! e! Aba e! e! Aba e! e! Aba e! e! Aba e! e!
Aba e! e!

ZAWA MBA ZAWA MBA

Zawa mba Zawa mba
Enyi m ị bịana
Ị za mba eruwela

Zawa mba Zawa mba
Enyi m ị bịana
Ị za mba eruwela
E! enyi m o! enyi m o!
Ị bịana ị bịana
Ịza mba eruwela
E! enyi m o! enyi m o!
Ị bịana ị bịana
Ịza mba eruwela

Igbo Numbers ỌNỤ ỌGỤGỤ OR ỌNỤ ỌGỤ IGBO

English	Anambra State	Imo State
0	Okilikili	Efu Or Ereghede Or Oroghoro
1	Ofu	Otu
2	Ibụa	Abụọ
3	Itọ	Atọ
4	Inọ	Anọ
5	Ise	Ise
6	Isii	Ishie
7	Isaa	Asaa
8	Isatọ	Asatọ
9	Itenanị	Teghete or Itolu
10	Ili	Iri
11	Ili na-Ofu	Iri na-Otu
12	Ili na- Ibụa	Iri na-Abụọ
13	Ili na- Itọ	Iri na-Atọ
14	Ili na- Inọ	Iri na-Anọ
15	Ili na- Ise	Iri na-Ise
16	Ili na- Isii	Iri na- Ishie
17	Ili na- Isaa	Iri na-Asaa
18	Ili na-Isatọ	Iri na- Asatọ
19	Ili na-Itenanị	Iri na-Teghete or Itolu
20	Ili Ibụọ or Oru	Iri Abụọ or Ọgụ
21	Ili Ibụọ na-Ofu	Iri Ibụọ na-Otu

21	Ili Ibụọ na- Ibụa	Iri Ibụọ na-Abụọ
23	Ili Ibụọ na- Itọ	Iri Ibụọ na-Atọ
24	Ili Ibụọ na- Inọ	Iri Ibụọ na-Anọ
25	Ili Ibụọ na- Ise	Iri Ibụọ na-Ise
26	Ili Ibụọ na- Isii	Iri Ibụọ na- Ishie
27	Ili Ibụọ na- Isaa	Iri Ibụọ na-Asaa
28	Ili Ibụọ na-Isatọ	Iri Ibụọ na- Asatọ
29	Ili Ibụọ na-Itenanị	Iri Ibụọ na-Teghete or Itolu
30	Ili Itọ	Iri Atọ
31	Ili Itọ na-Ofu	Iri Atọ na-Otu
32	Ili Itọ na- Ibụa	Iri Atọ na-Abụọ
33	Ili Itọ na- Itọ	Iri Atọ na-Atọ
34	Ili Itọ na- Inọ	Iri Atọ na-Anọ
35	Ili Itọ na- Ise	Iri Atọ na-Ise
36	IliItọ na- Isii	Iri Atọ na- Ishie
37	Ili Itọ na- Isaa	Iri Atọ na-Asaa
38	Ili Itọ na-Isatọ	Iri Atọ na- Asatọ
39	Ili Itọ na-Itenanị	Iri Atọ na-Teghete or Itolu
40	Ili Inọ	Iri Anọ
41	Ili Inọ na-Ofu	Iri Anọ na-Otu
42	Ili Inọ na- Ibụa	Iri Anọ na-Abụọ
43	Ili Inọ na- Itọ	Iri Anọ na-Atọ
44	Ili Inọ na- Inọ	Iri Anọ na-Anọ
45	Ili Inọ na- Ise	Iri Anọ na-Ise
46	Ili Inọ na- Isii	Iri Anọ na- Ishie
47	Ili Inọ na- Isaa	Iri Anọ na-Asaa
48	Ili Inọ na-Isatọ	Iri Anọ na- Asatọ
49	Ili Inọ na-Itenanị	Iri Anọ na-Teghete or Itolu
50	Ili Ise	Iri Ise
51	Ili Ise na-Ofu	Iri Ise na-Otu
52	Ili Ise na- Ibụa	Iri Ise na-Abụọ
53	Ili Ise na- Itọ	Iri Ise na-Atọ
54	Ili Ise na- Inọ	Iri Ise na-Anọ

55	Ili Ise na- Ise	Iri Ise na-Ise
56	Ili Ise na- Isii	Iri Ise na- Ishie
57	Ili Ise na- Isaa	Iri Ise na-Asaa
58	Ili Ise na-Isatọ	Iri Ise na- Asatọ
59	Ili Ise na-Itenanị	Iri Ise na-Teghete or Itolu
60	Ili Isii	Iri Ishie
61	Ili Isii na-Ofu	Iri Ishie na-Otu
62	Ili Isii na- Ibụa	Iri Ishie na-Abụọ
63	Ili Isii na- Itọ	Iri Ishie na-Atọ
64	Ili Isii na- Inọ	Iri Ishie na-Anọ
65	Ili Isii na- Ise	Iri Ishie na-Ise
66	Ili Isii na- Isii	Iri Ishie na- Ishie
67	Ili Isii na- Isaa	Iri Ishie na-Asaa
68	Ili Isii na-Isatọ	Iri Ishie na- Asatọ
69	Ili Isii na-Itenanị	Iri Ishie na-Teghete or Itolu
70	Ili Isaa	Iri asaa
71	Ili Isaa na-Ofu	Iri Asaa na-Otu
72	Ili Isaa na- Ibụa	Iri Asaa na-Abụọ
73	Ili Isaa na- Itọ	Iri Asaa na-Atọ
74	Ili Isaa na- Inọ	Iri Asaa na-Anọ
75	Ili Isaa na- Ise	Iri Asaa na-Ise
76	Ili Isaa na- Isii	Iri Asaa na- Ishie
77	Ili Isaa na- Isaa	Iri Asaa na-Asaa
78	Ili Isaa na-Isatọ	Iri Asaa na- Asatọ
79	Ili Isaa na-Itenanị	Iri Asaa na-Teghete or Itolu
80	Ili Isatọ	Iri Asatọ
81	Ili Isatọ na-Ofu	Iri Asatọ nba-Otu
82	Ili Isatọ na- Ibụa	Iri Asatọ na-Aụọ
83	Ili Isatọ na- Itọ	Iri Asatọ na-Atọ
84	Ili Isatọ na- Inọ	Iri Asatọ na-Anọ
85	Ili Isatọ na- Ise	Iri Asatọ na-Ise
86	Ili Isatọ na- Isii	Iri Asatọ na- Ishie

87	Ili Isatọ na- Isaa	Iri Asatọ na-Asaa
88	Ili Isatọ na-Isatọ	Iri Asatọ na- Asatọ
89	Ili Isatọ na-Itenanị	Iri Asatọ na-Teghete or Itolu
90	Ili Itenanị	Iri Teghete or Itolu
91	Ili Itenanị na-Ofu	Iri Asatọ nba-Otu
92	Ili Itenanị na- Ibụa	Iri Asatọ na-Aụọ
93	Ili Itenanị na- Itọ	Iri Asatọ na-Atọ
94	Ili Itenanị na- Inọ	Iri Asatọ na-Anọ
95	Ili Itenanị na- Ise	Iri Asatọ na-Ise
96	Ili Itenanị na- Isii	Iri Asatọ na- Ishie
97	Ili Itenanị na- Isaa	Iri Asatọ na-Asaa
98	Ili Itenanị na-Isatọ	Iri Asatọ na- Asatọ
99	Ili Itenanị na-Itenanị	Iri Asatọ na-Teghete or Itolu
100	Narị	Narị
100	Nari	Nari
101	Ofu Nari	Otu Nari
110	Ofu Nari Na-ili	Otu Nari Na Iri
1,000	Ofu Puku	Otu Puku
1,001	Ofu Puku na-Ofu	Otu Puku na-Otu
1,010	Ofu Puku na-Ili	Ofu Puku na-Iri
10,000	Puku Ili	Puku Iri
100,000	Puku Nari	Puku Nari
1,000,000	Ofu Nde	Otu Nde
1,500,000	Ofu Nde Na Puku Nari Ise	Otu Nde Na Puku Nari Ise
1,000,000,000	Njeri	Njeri
1,000,000,000,000	Nde Nde	Nde Nde
Uncountable	Agụtanwurọọ Ọnụ Ọgụ	Agụtachaghị Ọnụ Ọgụ

Oshishi Ube Nkena Mịrị Amị. Ube Nkena A Ejibeghị Eji

CHAPTER 12

Origin of Igbo Ancestry at ỌWỤWA ANYANWỤ WEST AFRICA:

SONG FROM ỤMỤ ARỌDỊ AT ỤMỤEZEARỌ URUALLA IMO STATE

Anyị bụkwa nnukwu mba (Great Nation) *o!*
Anyị bụkwa nnukwu mba o!
Ndị Ụmụezearọ bụ ụmụ Arọdị (Arodi)
Ndị Ụmụezearọ bụ ụmụ Gadị (Gad)
Ndị Ụmụezearọ bụ ụmụ Zilpah
Ndị Ụmụezearọ bụ ụmụ Jakọbụ (Jacob)
Ndị Ụmụezearọ bụ ụmụ Isaac
Ndị Ụmụezearọ bụ ụmụ Abaraham (Abraham)
Ụmụ Egbebuike, Ebughu, Chiege na Nnadi bụ
Ụmụ ọkpụ Agba ọhụrụ Ụmụ Arọdị ndị bi na
Ụmụezearọ na oge a na-ede akwụkwọ nke a Kpọ M Kwe M.

The original Igbo ancestors are typically found but not lim-
ited to Ndị Igbo who had continued to dwell at Urualla, Aba,
Agụlụeri, Afịkpo, all Arọ people, Asaba, Calaba, Enugu, former east-
ern region Ịgalla land, Ịlla, Ikwerre, Ijebu Igbo, Kalabari, Nembe,
Nnewi, Nri, Nsukka, Ụmụahịa, Port Harcourt, Ọhaọfịa, Ọnịcha,
Ọzụbụlụ, Obosi, Obi Igbo, Opopo, Owerri, Ubiaja, part of Bendel
and Benue States, and some communities of the northeastern states
who believed their forefather were one of the builders of the Tower
of Babel. Genesis chapter 11:1–4 says, "Now the whole earth had

one language and the same words. And as they migrated from the East and settled there. And they said to one another, 'Come let us make bricks and burn them thoroughly.'" Then they said, "Come let us build ourselves a city and a tower with its top in the heavens." Genesis chapter 11:5–8 says, "The Lord came down to see the city and the tower. And the Lord said, 'Look they are one people and they have all one language. Come let us go down and confuse their language there so that they will not understand one another's speech.'" So the Lord scattered them abroad from there over the face of the all earth, and they left off building the city." According to the oral traditional account handed over to the author, the builders blamed one another each time they requested from each other to hand over the materials needed for the building of the Tower of Babel. As the builders struggled to build the tower without progress, they blamed each other and fought among themselves. Prior to the project, the builders spoke the same language and understood each other. Soon after the project started, the builders could not understand the language they were speaking to each other anymore. The builders shook and tapped each other, spoke directly into each other's ears, yet they could not understand one another. In the middle of the confusion, the builders realized they could not continue their project due to their inability to communicate effectively and understand each other's language. The misunderstanding in language created huge frustration that basically made people abandon their colossal project. In Genesis chapter 11:9, it says, "Therefore it was called Babel, because there the Lord confused the language of all the earth, and from there the Lord scattered them abroad over the face of all the earth." Every builder returned home and was able to communicate exclusively with her/his kindred. The group that understood each other stayed together and the builders gradually moved away from the construction site and settled down in their new locations. When they drifted away from the east from each other, each group adapted to their new environment for survival.

The confusion in language from the attempt to build the Tower of Babel precipitated the need for each group who spoke the same language and understand each other to bond together. The inability to comprehend each other and differences in language among the same people who originated from one parent source gave rise to the migration away from the east. Each group of people who was able to understand one particular language from one another gave rise to different formations of current ethnic groups among humankind. The documentation about the attempt on the part of humankind in their building project plan of the Tower of Babel could be found in Genesis chapter 11:1, where it is clearly stated, "Now the whole earth had one language and the same words." When the confusion occurred, the primordial language that existed right from the creation of humankind which lacked vocabulary from the original ancient state followed, remained, and stuck with Ndị Igbo/Igbo people. The purpose of Genesis chapter 11:7, 8—which stated, "Come let us go down and confuse their language there so they will not understand one another's speech. Lord scattered them abroad from there over the face of of the earth and they left off building the city"—is to support the fulfilment of the prophecy as it was foretold in the Old Testament in the Bible. That in turn again explains in part why the ancestors of Ndị Igbo/Igbo people resorted to bonding together with another in their journey until their final exodus when they migrated from Egypt to their current Igbo land dị Obodo Ọdọịda Anyanwụ Nke Africa (West Africa). Humankind spoke the same language before the event of the Tower of Babel occurred.

The question on whether the dispersion at Babel was a real event could be found in the possible answer stated in this excerpt: "The Tower of Babel (2242 BC) was a post-Flood rebellion against God by Noah's descendants. God judged them by dividing the single language into multiple language families. As these groups spread out and became isolated, certain features (e.g. skin shade, eye shape) became dominant in certain groups." (https://answersingenesis. org/tower-of-babel/was-the-dispersion-at-babel-a-real-event/#fn-List_1_2 01/29/2017)

Archbishop Ussher, another reputable theologian and the renowned chronologist, placed the time of Babel at 106 years after the flood, when Peleg was born. (http://www.lordsbdt.com/uploads/7/0/1/4/7014934/babel_and_16_grandsons_of_noah.pdf)

According to the oral traditional account handed over to the author by the MGP, the builders blamed one another whenever they requested for the materials needed for the building of the Tower of Babel from each other. As the builders struggled to build the tower without progress, they blamed each other and fought among themselves. Prior to the project, the builders spoke the same language and understood each other. Soon after the project started, the builders could not understand the languages they were speaking to each other before the inception of the project. The builders shook and tapped each other, spoke directly into each other's ears, yet they could not understand one another. In the middle of the confusion, the builders realized they could not continue their project due to their inability to communicate effectively and understand each other's language. The misunderstanding in language created huge frustration that basically made them abandon their colossal project. Genesis chapter 11:9 elaborates, "Therefore it was called Babel, because there the Lord confused the language of all the earth, and from there the Lord scattered them abroad over the face of all the earth." Every builder returned home and was able to communicate exclusively with her/his kindred. The group that understood each other stayed together, and the builders gradually moved away from the construction site and settled in their new locations as they drifted away to the east from each other. The confusion from the Tower of Babel was the onset of humankind migrating all over the world. The significant message of the Tower of Babel was to establish oneness and togetherness among ethnic groups. Each ethnic group had their culture, cuisine, custom, language, and tradition unique and different from other ethnic groups. The purpose could have been for every ethnic group to respect each other.

In the eighteenth century, the colonial team crashed into Africa as a group of undocumented aliens. The colonial team stormed Africa without visas and/or permission under the disguise that they were either explorers or missionaries. It is unbelievable that a group of people would claim that they explored the biggest continent in the world where people had already established powerful empires and kingdoms. If any of their claim was true, how come the same colonial teams who were Christians when they claimed they were either explorers or missionaries are the same people supplying weapons to the non-indigenous people of Nigeria (who are their agents) that annihilated, beheaded, burned, butchered, exterminated, kidnapped, killed, massacred, maimed, raped, slaughtered, and terrorized Ndị Igbo or Igbo People whom they converted as Christians. How come the colonial team who are Christians are not condemning or helping to save the precious lives of Ndị Igbo or Igbo people they converted into Christianity? The colonial team settled down in Nigeria and other African countries, initiated wars, killed the indigenous people who showed them hospitality. In return for the gracious hospitality the indigenous people of the countries in the African continent accorded them, the colonial team circumvented the culture, cuisine, custom, language, and tradition of the Native African countries and created an indelible mark of confusion among the ethnic groups in the African continent. The colonial team violated the divine decree of oneness and muddled up different ethnic groups together. The colonial team superimposed the existing government of Arọ, Benin, Biafra, Bonụ, Calaba Eko, Ife, Ndị Igbo Igbo, Nri, Opobo, Oyo of Yoruba, and other Ndị Igbo or Igbo people ethnic groups from the powerful empires/kingdoms to the derogatory coined out Nigeria in 1914. The country known as Nigeria dastardly started to decay right from her inception as a nation in 1914 till her current shattered state of disaster. The Arọ, Benin, Biafra, Bonụ, Calaba Eko, Ife, Ijebu Igbo, Every Ndị Igbo, Nri, every Oduduwa ethnic group, Opobo, Oyo of Yoruba, and other Ndị Igbo ethnic groups from the powerful empires/kingdoms should unite reject "the N-word" slave country known as Nigeria. The abovementioned indigenous ethnic groups from the southern protectorate with ancient powerful empires/kingdoms should come together to restore and revive their ancestral culture, cuisine, custom, language, and tradition forthwith. The indigenous ethnic groups from the southern protectorate must revitalize their subdued ancient powerful empires/kingdoms, teach their offsprings how to speak and write their languages. Ndị Igbo or Igbo people and other indigenous ethnic groups from the southern protectorate must revive their Ntọnala and Omenala now or never.

Ndị Igbo or Igbo people are the direct descendants of Abraham (Abaraham). Abraham/Abaraham was the father of Isaac. Isaac was the father of Esau (Esọ) and his twin brother Jacob (Jakọbụ). Jacob (Jakọbụ) married his uncle Laban's two daughters. He married his uncle's oldest daughter named Leah first; however, not by choice. Jacob married Rachel, his uncle Laban's younger daughter whom he fell in love with, seven years later. God loved Jacob (whom God renamed Israel) dearly and Jacob had several encounters both in his dreams and physically wrestling with God. According to Genesis 35:16 through 21:

> After Jacob/Israel spoke to God at a place he called Bethel, he continued his journey from there with his family to Ephrath. Rachel whose expected date of confinement was at hand experienced a difficult labour. Rachel was delivered of her baby during that journey. The midwife who attended to Rachel brought to her attention that she would have another son. Rachel named her newborn son Benjamin. Rachel however died after she was delivered of her baby son. Rachel was buried on the way to Ephrath and Jacob set up a pillar at her grave; it is the pillar of Rachel's tomb, which is there in Hebron to this day. Israel journeyed on, and pitched his tent beyond the tower of Eder.

Israel ended his journey and settled down with his family in the new land where he pitched his tent. Jacob was renamed Israel after he wrestled with God in Genesis 22:28: "Jacob requested for the name of his opponent. In reply, then the man said, 'You shall no longer be called Jacob, but Israel, for you have striven with God and with human, and have prevailed.'"

Jacob's request for the man's name came again in Genesis 22:29: "'Please tell me your name.' But he said, 'Why is it that you ask my name?' And there he blessed him." Genesis 22:30 says, "So Jacob called the place Peniel, saying 'For I have seen God face to face and yet my life is preserved.'"

Jacob's two sibling wives and their two maids bore twelve sons to Jacob/Israel. Their twelve sons became the twelve tribes of Israel. According to Genesis 29:31–35 and 30:1–24, Jacob made twelve sons together with four different women in his household. Jacob made six sons together with his first wife, Leah. Jacob made two sons together with Leah's maid girl Zilpah. Jacob made two sons together with Rachel his beloved wife. Jacob made two sons together with Bilhah, Rachel's maid girl. Jacob and Leah reproduced six sons named Reuben, Simeon, Levi, Judah, Issachar, Zebulun, and a daughter named Dinah. Leah's maid Zilpah made two sons, Gad and Asher, together with Jacob. Rachel bore two sons, Joseph and Benjamin, for Jacob, whereas Rachel's maid Bilhah made two sons Dan and Naphtali together with Jacob. Joseph, the first son of Rachel and Jacob, was Jacob's favorite son of his second wife Rachel, whom he fell in love with.

Joseph's brothers intended to kill him because he revealed his dream of greatness to his family members in Genesis 37:5–11. Reuben and Judah thwarted the plan from the other ten brothers to kill Joseph. Joseph's brothers sold him to the Ishmaelites for twenty pieces of silver. The Ishmaelites took Joseph to Egypt. Reuben, the oldest son of Jacob/Israel, made an extraordinary effort to rescue Joseph from his brothers and return him to their father. When Reuben went back to the pit to rescue Joseph and return him to Jacob/Israel their father, his efforts were abortive. Joseph has already been sold to the Ishmaelites. The Ishmaelites took Joseph to Egypt. Joseph excelled and became the governor general in the land of Egypt (Genesis 37:21–31). A great famine broke out in the land after Jacob/Israel and his family had settled down at Ephrath where he pitched his tent beyond the tower of Eder. Jacob/Israel and members of his household were seventy-five in number when they relocated to Egypt in search of food for survival. Israel's family members were reunited again with with Joseph in Egypt. According to (Genesis 46:20–27), Joseph, the first son of Rachel and Jacob, had two sons, Manasseh and Ephraim, together with his wife Asenath in Egypt. Asenath was the daughter of Potiphera. However, Joseph had a total of nine sons in the land of Egypt. Benjamin was the second son of Jacob and Rachel who procreated ten sons, namely Bela, Becher, Ashbel, Gera (Gera means attentive listening skills), Naaman/Nnamani (Nna means father; Mani means has knowledge of the land. Naaman/Nnamani means the father has knowledge of the land), Ehi (Ehi means a cow), Rosh, Muppim, Huppim, and Ard. Bilhah, Rachel's maid, bore two sons named Dan and Naphtali together with Jacob. Dan was the first son of Jacob and Bilhah. Dan, the fifth son of Jacob, was the biological father of an only son named Hashum. Dan's brother Naphtali, the sixth son of Jacob, procreated four sons named Jahzeel, Guni/Gini (Guni/Gini means what?), Jezer/Jeza (Jezer/Jeza means go and answer), and Shillem. Jacob had a total of sixty-six biological children and grandchildren when he relocated to Egypt. Rachel expired after she was delivered from Benjamin on the family's journey to Ephrath.

The author would focus more on the offsprings of Jacob/Israel with Bilhah, Rachel, and Zilpah at this point. These three great mothers/women Bilhah, Rachel, and Zilpah together with the beloved son of God Jacob/Israel were the direct ancestors of Ndi Igbo/the Igbo people. More attention would be directed to Jacob/Israel, Bilhah, Rachel, and Zilpah, the great ancestors of Ndi Igbo collectively. Zilpah is the direct matriarch of Urualla people. The grandchildren of Jacob/Israel, Bilhah, Rachel, and Zilpah were the ancestors of Ndi Igbo or the Igbo people. Bilhah, Rachel's maid, bore two sons for Jacob. Dan was the first son of Bilhah and Jacob and the fifth son in order of seniority of the twelve sons of Jacob/Israel. The twelve sons of Jacob/Israel made up the twelve tribes of Israel. Naphtali, the second son of Jacob and Bilhah, Rachel's maid, was the sixth son of the twelve sons of Jacob. Leah's maid Zilpah bore two sons for Jacob. The first son Gad was the seventh son in order of seniority of the twelve sons of Jacob/Israel. The twelve sons of Jacob/Israel made up the twelve tribes of Israel. Asher, the second son of Jacob and Zilpah, was the eighth son for Jacob.

God renamed Jacob Israel after their wrestling in Genesis 35:5–16. Refer again to Genesis 46: 16–17: Gad's children were Ziphion, Haggi, (Haagi) Suni, Ezbon/Ezebonu (Ezbon/Ezebonu constructive speech leads to kingship) Eri (Eri means to eat), Arodi/Arọdị (means the royal investiture exists), and Areli (Arelịe means redeem to consume) Asher's (Asha Means Rebut or to The Weaver Bird) children were; Imnah, (Ị mana means you are sensible) Ishvah, Ishvi, Beriah, and their sister Serah. More focus should be directed to Areli, Eri Arodi/Arọdị, and Ezbon (Ezebonụ), who were the grandchildren of Jacob and Zilpah (Leah's maid), Gera (Gera means high level in listening skills), Naaman (Nnamani means the father that has knowledge of geography) and Ehi (Ehi means cow), who were Benjamin's sons and grandsons of Jacob and Rachel. Rachel expired after she was delivered of Benjamin during Jacob and his family's journey to Ephrath. Jacob/Israel buried Rachel at Hebron.

Genesis 37:12–36 narrates how Joseph was sold by his brother into slavery in Egypt at About 1910 BC (About 3,900 years ago). Joseph's brothers sold him out into slavery to Egypt due to jealousy. Joseph's brothers were jealous of him because he had some dreams two times where members of his family bowed before him. In Genesis 37:5–11, Joseph's brothers sold him believing they would never bow before him. Joseph's brothers did not recognize that selling Joseph, their seventeen-year-old teenage youngest brother into slavery to Egypt was the ordained channel Chineke/Chukwu Okike Abịama/ God had destined for the fulfilment of his dream. Joseph's brothers were unaware that God gave Joseph the divine gift of dreams as a resource for the preservation of the twelve sons of Jacob/Israel who are/were the twelve tribes of Israel. "Joseph's brothers are jealous of Joseph, so they sold him into slavery. Joseph ended up in Egypt where he rose to power as a trusted assistant of a kind Pharaoh. His father and his eleven brothers later left Canaan, because of famine, and moved to Egypt where Joseph saved their lives. Joseph and his brothers were the twelve Tribes of Israel." (http://aboutbibleprophecy.com/e3.htm)

Joseph was imprisoned in Egypt when Potiphar's wife blackmailed him in Genesis 37:6–19. Joseph utilized his divine gift of dreams to overcome many obstacles in the land of Egypt. Joseph's gift of dreams from God catapulted him to earn the high position of a governor in the nation of Egypt.

Joseph died in or about 1635 BC. The pharaoh who was kind to Joseph also died some years after Joseph's death. Down the line after the death of the pharaoh who was kind to Joseph, the pharaoh who succeeded him became hostile to the sons and daughters of Jacob or Israel. The new ruling pharaoh was determined and actually enslaved the descendants of Jacob/Israel. The children of Jacob/Israel requested for a better treatment from the ruling pharaoh after the death of Joseph; however, their requests proved abortive.

That ruling Pharaoh after the death of Joseph continued his maltreatment toward the children of Jacob/Israel. One of the grandsons of Jacob/Israel and Leah named Levi gave birth to a son named Moses in the land of Egypt at that time. A couple from the descendant of Levi, the third son of Jacob/Israel and Leah, gave birth to a son at about between 1635 to 1571 BC. The Levite woman, according to Exodus chapter 1:2–4, "saw that the baby was a fine baby she hid him for three months. When she could not hide him any longer she got a papyrus basket for him...she put the the child in it and place it among the reeds on the bank of the river. His sister stood at a distance to see what would happen to him." Pharaoh's daughter, who came to bathe at the river, saw a basket covered by the reeds. Pharaoh's daughter sent her maids to bring the basket to her. Pharaoh's daughter observed a baby crying inside the basket. Pharaoh's daughter empathized with the baby and stated, "This must be one of the Hebrew's children" (Exodus 1:5). The sister of a three-month-old baby who was watching the boy from a distance offered to provide Pharaoh's daughter with a Hebrew woman who would nurse the boy for her. Pharaoh's daughter and the boy's sister entered into an agreement. The boy's sister summoned the boy's biological mother, and Pharaoh's daughter commissioned her in Exodus 2:9–10: "Take this child and nurse it for me and I will give you your wages. When the child grew up, She brought him to Pharaoh's daughter, and she took him and named him Moses, 'because,' she said, 'I drew him out of water.'" Pharaoh's daughter raised Moses until he grew up. Moses had the knowledge and understanding of his heritage from Levi, the third son of Jacob/Israel. Moses ventured out of Pharaoh's palace and forced the children of Jacob into hard labor. Moses witnessed an

Egyptian beat his Hebrew kinsfolk. Moses killed the Egyptian who beat up the Hebrew when nobody was watching and buried him in the sand. The following day, Moses went out again and observed two Hebrew men fighting in Exodus 2:11–14. Moses acted as a mediator and said to the one who was in the wrong, "Why do you strike your fellow Hebrew?" He answered, "Who made you a ruler and judge over us? Do you mean to kill me as you killed the Egyptian?" Moses was scared and thought, *Surely the thing is known*. Pharaoh eventually heard about the incident and sought to kill Moses. Moses fled and settled down by the well in the land of Midian. Moses married Zipporah, the daughter of Reuel, the priest of Midian. Moses encountered God when he observed a bush was blazing.

A group of the children of Jacob or Israel (Jakọbụ) who could not endure Pharaoh's hostility and maltreatment left Egypt. They relocated and set up their new dwelling sanctuary in Igboland (the entire eastern region of Nigeria) part of Yoruba land typically Ijebu Igbo. Ndị Igbo/Igbo People are domiciled all over the place. They settled down in the Middle Belt demographic area of Nigeria. Ndị Igbo/Igbo People also dwell at Ọtụrụkpo, Igala land, Asaba, Ubiaja, Illa, and all Ika Igbo people (some non-Igbo speaking Bendelites), some part of other areas in the northern part of Nigeria.

Arodi/Arọdị, Areli, Eri, Ezbon/Ezebonụ, Gera, Naaman (Nnamanị) and Ehi left Egypt when the pharaoh who was kind to Israel's family expired. The new pharaoh who ascended the throne became hostile and enslaved the children of Jacob or Israel. The unkind pharaoh went as far as killing the descendants of every new born male child of Jacob or Israel. Moses was survived under the circumstances mentioned above. Moses later grew up and led the children of Jacob or Israel back to Jerusalem at Hebron where Jacob/Israel buried Rachel and Solomon built a temple to the God of Abraham, Isaac, and Jacob or Israel. In Exodus 3:3–6, Moses said, "I must turn aside and look at this great sight and see why the bush is not burning up." God called to him out of the bush, "Moses, Moses!" And said, "Here I am. Come no closer! Remove sandals from your feet, for the place is holy ground." He said, "I am the God of your father, the God of Abraham, the God of Isaac, and the God of Jacob." And Moses hid his face, for he was afraid to look at God.

Ndị Igbo/Igbo people like Moses are the children of the same God of your (Moses) father, the God of Abraham, the God of Isaac, and the God of Jacob.

Ndị Igbo/Igbo people are the descendants of Jacob or Israel and Zilpah.

Ndị Igbo/Igbo people are the descendants of Jacob or Israel and Bilhah.

Ndị Igbo/Igbo people are the descendants of Jacob and Rachel.

Ndị Igbo/Igbo people are the grandchildren from their ancestor Gad, the first son of Jacob or Israel and Zilpah.

Ndị Igbo/Igbo people are the grandchildren from their ancestor Asher, the second son of Jacob or Israel and Zilpah.

Ndị Igbo/Igbo people are the grandchildren from their ancestor Naphtali, the second son of Jacob or Israel and Bilhah.

Ndị Igbo/Igbo people are the grandchildren from their ancestor Benjamin, the second son of Jacob and Rachel.

Ndị Igbo/Igbo people are the descendants of Jacob or Israel's sons named Asher Benjamin, Gad, and Naphtali. Genesis 35:23–26 accounted for the twelve sons of Jacob who eventually became the twelve tribes of Israel.

Naphtali was the sixth son from the twelve sons of Jacob/Israel.

Gad was the seventh son from the twelve sons of Jacob/Israel.

Asher was the eighth son from the twelve sons of Jacob/Israel.

Benjamin was the twelfth son from the twelve sons of Jacob/Israel.

Ndị Igbo or Igbo people are the direct children of Arodi/Arọdị, Areli, Eri, Ezbon/Ezebonụ the sons of Gad and the grandson of Jacob/Israel.

Ndị Igbo or Igbo people are the direct children of Ishvi and Beriah, the sons of Asher and the grandson of Jacob/Israel.

Ndị Igbo or Igbo people are the direct children of Guni/Gịnị, Jezer/Jeza, the sons of Naphtali and the grandson of Jacob/Israel.

Ndị Igbo or Igbo people are the direct children of Gera, Naaman, and Ehi the sons of Benjamin and the grandson of Jacob/Israel.

Arodi/Arọdị, Areli, Eri, Ezbon/Ezebonụ, the sons of Gad (the seventh son of Jacob/Israel), who was the first son of Jacob or Israel and Zilpah, Ishvi, and Beriah the sons of Asher (the eighth son of Jacob/Israel) who was the second son of Jacob or Israel and Zilpah, in company of Guni/Gịnị, Jezer/Jeza (the two grandchildren from Bilhah and Jacob's second son named Naphtali and the sixth son of Jacob) as well as Gera, Naaman and Ehi, the sons of Benjamin (the twelfth son of Jacob/Israel), who was the second son of Jacob and Rachel left Egypt. The abovementioned ancestors of Ndị Igbo/Igbo people left Egypt about late 1570 to early 1430 BC due to the severity of suffering the great-grandchildren of Jacob/Israel received from the Egyptians after the deaths of Joseph and the kind pharaoh. The Un-ending/Ongoing harsh conditions and inhumane measures the Egyptians leveled unto the children of Israel gave rise to them being subjected to bondage, brutal treatments, hardship, and persecution. Few other half-brothers Ishvi and Beriah, who were also Asher's two youngest sons from Jacob renamed Israel, and Leah's maid Zilpah, were ambivalent in relocating within the African continent. The brothers had their desire to relocate back to Kiriath-arba (that is Hebron), the alien residence of Abraham and Isaac. Genesis 35:27–29. The unkind Egyptian pharaoh would not let the sons of Jacob/Israel go. Ishvi and Beriah joined their brothers and relocated from Egypt to the Igboland in the Mgbada Ọwụwa Anyanwụ (southeast) dị na Obodo Ọdọida Anyanwụ Nke Africa (West Africa).

Gad and Asher were Jacob/Israel's sons from Leah's maid Zilpah.

Naphtali was the son of Jacob or Israel and Bilhah. Benjamin was Jacob's son from Rachel who was the love of Jacob or Israel's life. So the children of Jacob whom God renamed Israel Genesis 32:28, left Egypt during the great untold persecution from Egyptians and settled down in the current Igboland. That included but was not limited to the entire old Eastern region, Asaba, Illa, Ugwashị, and the Delta. Actually, some of Jacob's children settled at Benue, Kafanchan, Ijebu Igbo, Ijebu Ode, Igala Land, Ọtụrụkpo, and their many other neighbors.

The four brothers Arodi/Arọdị, Areli, Eri, Ezbon/Ezebonụ, and their half brothers passed through Sudan and landed at Chad, where they saw different kinds of fish in the basin of Lake Chad. They were skilled fishermen who utilized their expertise to exploit the abundant aquatic products of Lake Chad. They followed Lake Chad down east and finally settled down at Aguleri (Agulu means pull up eri; aguleri means pull up and eat). The four brothers, Arodi/Arodi, Areli, Eri, Ezbon/Ezebonu were referring to different types of fish they found in the river where they settled down at their new town named Aguleri. The four brothers Arodi/Arodi, Areli, Eri, Ezbon/Ezebonu, and some of their half-brothers ended their journey and settled down first briefly at Aguleri. After a few years, Arodi/Arodi, Areli, Ezbon/Ezebonu, and some of their half-brothers later left Aguleri and settled down at many other towns located at Mgbada Owuwa Anyanwu (southeast) na Mgbago Ugwu (north) di na Obodo Odoida Anyanwu Nke Africa (west Africa). The first settlers named their new dwelling home Aguleri (Aguleri means pull up and eat). They built their famous Obi Gad home where they held conferences and meetings. There is a particular ancient tree which the first settlers planted that still exists at Aguleri till today. The Igbo people consider the ancient tree as one of their clear-cut claims and evidence that points to their belief substantiating their ancestral heritage from Gad.

Arodi/Arodi, Eri, and Ezbon in the company of some of their siblings and half-siblings continued with their journey to other parts of the regions mentioned above. They settled down at their respective areas where they established themselves without being held into bondage with brutal treatments, hardship, harsh conditions, and the persecution mentioned earlier. Ndi Igbo/Igbo people mingled with the bush people who were the residents at the area. Ndi Igbo/Igbo people intermarried with the bush people. Ndi Igbo/Igbo people adopted few of their cultures so as to promote living in harmony and peace with the bush people.

Starting from their arrival at about 1571 BC to 1430 BC. Ndi Igbo/Igbo people (at Nri in particular, who specialized in iron work) had produced different iron products not limited to the famous *Ogele* or *Ogene* (hollow gong) *Nnukwu Ite Igwe* (huge cast-iron cooking pots), exceptional cast-iron and bronze artifacts, pottery, as well as different sculptures. In Igbo land, there were many goldsmiths who smelted abundant gold nuggets in the geographic area as well as gold inventories they bought from Ghana into lovely trinkets. The trinkets were in high demand at the time for *ụmụ ndị eze* (children from the royal families). The author's maternal grandmother and biological mother had a huge collection of black diamonds and pure solid gold jewelries. The Igbo silversmiths produced high-quality silver ornaments which were of commendable superior standards that might not be duplicated.

Bronze ornamental staff head, ninth century, Igbo-Ukwu.
(Photo credit: 01/21/2018: https://en.wikipedia.org/wiki/Archaeology_of_Igbo-Ukwu)

Ndị Igbo/Igbo people continued to do what they knew/know how to do since after the creation of humankind. Build and obey

Chineke, Chukwu Okike Abịama/God. Ndị Igbo in obedience to Chineke, Chukwu Okike Abịama or God continued to perform the great Igbo P actions during fertilization in the fallopian tube for the sake of the propagation of humankind in their new home. Ndị Igbo/Igbo people enjoyed peaceful life in their new dwelling places of abode at the obodo ọdọịda anyanwụ nke Africa starting from about 1571 BC to about the fifteenth to the sixteenth centuries AD. The population of Ndị Igbo or Igbo people exploded in their new homeland. Ndị Igbo/Igbo people lived in villages ruled by Onye ishi known as Eze or Igwe. Ndị Igbo/Igbo people depended on Chineke, Chukwu Okike Abịama/God who is the *Eze karịrị Eze nile*. Ndị Igbo maintained their belief in reincarnation and respect for the ancestors, which is one aspect of their Ntọnala. Ndị Igbo or Igbo people maintained their forefather's abrahamic faithfulness to Chineke, Chukwu Okike Abịama/God/Yahweh regarding *Ikwa ụmụ ndị nwoke nka abalị asatọ mgbe e jiri mụọ ha* (the circumcision of the male offspring eight days after birth). Ndi Igbo did practice the democratic kind of government before the colonial team arrived in the African continent. The Igbos participated in the intercontinental African trade with the Portuguese in that era when they arrived at West Africa. Their trade with the Portuguese focused but was not limited to beads, gemstones, gold, ornaments, palm kernels, palm oil, silver, spices, etc. before the colonial bekee team arrived in Africa. Other kingdoms such as the Arọ, Biafra, Benin, Hausa Ife, Nri, other Ndị Igbo/Igbo people at Ijebu Igbo, Ịgala Ọtụrụkpo, and Oyo/Ife (better known as the children of Oduduwa) enjoyed a peaceful and rich lifestyle in their geographic homes which the British-educated journalist later coined as Nigeria after the arrival of the British colonial team. The Portuguese who arrived first mingled, mixed, and participated with Ndị Igbo in the intercontinental African trade. The Portuguese flourished with prosperity. They did not dehumanize, colonize, enslave, or amalgamate the indigenes of the southern protectorate with the northern protectorate.

Ede Eko.

Almost extinct EBI tree located at Okorobi Palace.

CHAPTER 13

The Early Europeans Who Visited Africa

The Portuguese claimed they were the European pioneer who "explored" Africa. Ooh! Yes, right. The Portuguese claim that they "explored" the African continent with several countries. The fact is that Africa is a continent, not a country. Most of the African countries at that time were the cradle of civilization with powerful, wealthy empires, and kingdoms (King Jaja of Opobo, one of the wealthiest kings in that era, was a native of Amaigbo) before the Portuguese "explorers" illegally "explored" the African continent. Those undocumented "explorers" penetrated the African countries without permission and/or visas. Between the fifteenth and sixteenth centuries, the Portuguese traders visited Arọ, Benin, Biafra, Bonụ, Calaba Eko, Ife, Nri, Opobo, Oyo of Yoruba, and other Ndị Igbo/Igbo people's kingdoms and bought spices and other goods available in the areas. One does not "explore" an established country with an existing commendable and viable Republican–oriented democratic government the colonial team subdued. The colonial team turned around, copied, and stole the democratic type of government that existed in the Ndị Igbo/Igbo people's land. Lord Macaulay's truthful testimony stated, "I have travelled…breath of Africa… I have not seen one person who is a beggar who is a thief such wealth I have seen…such high moral values, such caliber, that I do not think we would ever conquer this country, unless we break the very backbone of this nation." Ndị Igbo and their other siblings from Jacob were among the people who built the pyramids in Egypt.

Image Not Available

Excerpts of the questionable documented account from Lord Macaulay dated February 2ⁿᵈ, 1835, above said it all.

According to excerpts from *History of Africa*:

> The beginnings of Portugal's empire: 15ᵗʰ–16ᵗʰ c. The Portuguese, in their bold exploration along the coasts of Africa, have an underlying purpose—to sail round the continent to the spice markets of the east. But in the process they develop a trading interest and a lasting presence in Africa itself,—Portuguese settlements in both **Guinea and Angola**. On the east coast they are drawn to Mozambique and the Zambezi river by news of a local ruler, the Munhumutapa, who has fabulous wealth in gold.
>
> (http://www.historyworld.net/wrldhis/ PlainTextHistories.asp?groupid=1476&History-ID=ab24&gtrack=pthc 01/21/2018)

This is the map of West Africa before colonization

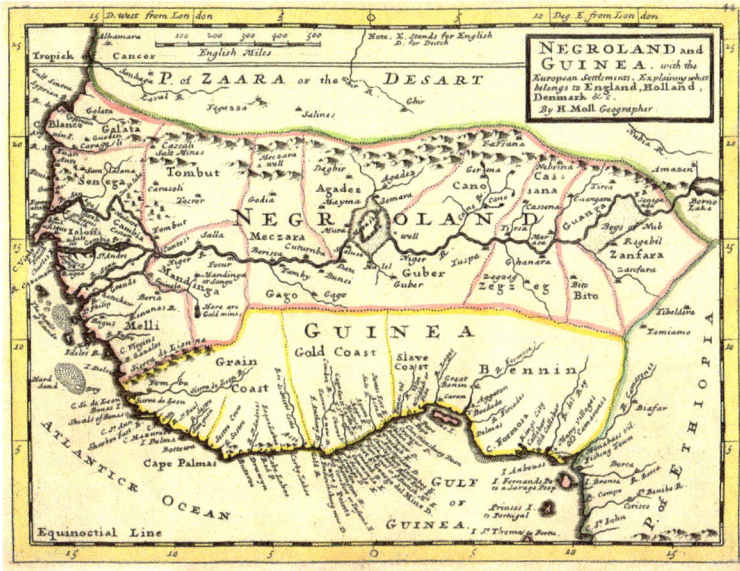

(Photo credit: 01/21/2018
s://docs.google.com/document/d/1BVizVEcOJa9fWkeoglPIh
Jjm1qzSsoqQnq77gXD9aL8/edit)

The map above clearly labeled West Africa before colonization as NEGRO LAND, so colonists continue to label the area Nigeria, which means negro/slave.

In the ancient map above, there were no such areas labeled as Nigeria ("the N-word") or the River Niger ("the N-word" river) in the coined-out country named Nigeria.

The fact is that there was nothing like a country named Nigeria ("the N-word") or the River Niger ("the N-word").

In the map, there were the following: Great Bennin, Biafra, C. Formosa, Dolmas, Fernando Po, Fishing Town, Grain Coast, Gold Coast, Dolmas, Fishing Town, Guinea, King's Town (that geographical area happened to be the kingdom of the concentration of the predominantly residence of Ndị Igbo/Igbo people) which probably the imperialists through commission or omission and/or on a purpose refused to account for. The colonial team and/or the imperialists recognized that Ndị Igbo/Igbo people were/are highly intelligent humans. The imperialists including Lord Macaulay's scam probably considered Ndị Igbo/Igbo people as their threats. The map showed Slave Coast (the exact area the British–educated journalist coined out and fabricated "the N-Word" slave country named Nigeria). Many villages in the map are various other dwelling empires and kingdoms of Ndị Igbo/Igbo people. Probably, through commission or omission, the imperialists again refused to account that the area belonged to Ndị Igbo or Igbo people. Traditionally, Ndị Igbo/Igbo people live in villages where they form a republican type of democratic government. Ndị Igbo or Igbo people are very hardworking builders. NegroLand, Old Calabar, River Del Rey, River Formosa, River Lagos, etc. were the lands of Ndị Igbo/Igbo people.

Niger, Nigeria, and Nigerian are among the words listed as niggard, *which is also known as Negro and/or slave.*

It is quite absurd and unbelievable that the highly educated indigenes of a nation whose wealthy ancient kingdoms as well as their powerful ancestral motherland which was blessed with the longest river in West Africa was degraded and dehumanized with the derogatory "coined" out negative "N-word."

The highly educated, intelligent human citizens and dignitaries of the ancient powerful empires/kingdoms had allowed the British–educated journalist to subdue and coin out the existing great empires/kingdoms by utilizing her unilateral technique to declare their country with the derogatory N-words that means exactly the same as negro or nigger or slave.

Every indigene from Nigeria was subtly coined, neo-conned, stamped, and fabricated into an absolute dehumanization as well as disrespect for over a hundred years.

The entire indigenous human population from the southern protectorate had been doomed to morbid dehumanization, disrespect, and indignity by the British–educated journalist since 1914.

The entire indigenous human population from the southern protectorate could remain inferior and subhuman as long as they continued to accept and retain the citizenship of the coin-minted, fabricated, rubber-stamped N-word country named Nigeria.

The colonial team created a distorted belief that projected them as the superior "white race" over the inferior "black race" and spilled their concept all over the indigenes of the coined out "N-word" slave minted country called Nigeria.

The colonial team created a huge impediment that obliterated the superior wealthy ancient empires/kingdoms they considered as threats to them since the seventeenth century.

The imperialists and/or the colonial team had always provided unflinching ironclad support (not limited to assault weapons) to the minority non-educated, non-indigenous political ruling tribes who are illegal aliens (like them) of "the N-word" slave country named Nigeria.

The uneducated/indigenous group in the northern provinces who had been empowered by the colonial team consider themselves as the superior ruling class of "the N-word" country named Nigeria over the rightful indigenes of the Southern province dị na obodo ọdịda anyanwụ nke Africa.

With the solid support the uneducated/indigenous group in the northern province received from the colonial team/imperialists, the so-called superior ruling class of "the N-word" slave country named Nigeria had always annihilated, beheaded, burned, butchered, executed, exterminated, fought, hacked, killed, maimed, murdered, and slaughtered the highly educated rightful indigenous group (the colonial team/imperialists profiled and labeled as inferior) before and after the amalgamation of the northern and southern protectorates into "the N-word" slave country named Nigeria in 1914.

The colonial team/imperialists deliberately designed Nigeria basically to ensure ownership of Nigeria and her abundant and inestimable natural resources indefinitely.

The plot was also structurally/systemically coin-minted to accomplish the slavery ownership statement from Lord Macaulay when he stated, "I have travelled…breath of Africa… I have not seen one person who is a beggar who is a thief such wealth I have seen…, such high moral values, such caliber, that I do not think we would ever conquer this country, unless we break the very backbone of this nation."

The colonial team/imperialists needed to "break the very backbone of this nation" so they could enslave and own the indigenes who were the rightful owners of the abundant and inestimable natural resources, particularly in Nigeria as well as other countries on the African continent.

The colonial team who were the imperialists believed it was absolutely necessary for them to suppress the indigenous people in as many countries in the Africa continent who had credible, civilized, commendable, established, and powerful ancient empires/kingdoms in order to usurp both the African people and their inexhaustible wealth on the continent.

Lord Macaulay was not playing games when he truthfully elaborated exactly the caliber of the indigenous Ndị Igbo tribal groups of the southern protectorate to the British parliament on February 2nd, 1835.

Lord Macaulay's account of the indigenous people (especially the geographic areas predominantly occupied by Ndị Igbo and/or Igbo people) created a credence of allure that projected Ndị Igbo or Igbo people as threats not only to the colonial team/imperialists but to almost every other tribe in "the N-word" slave country named Nigeria.

The colonial team/imperialists systematically castrated and oppressed Ndị Igbo/Igbo people in "the N-word" country named Nigeria such that every ethnic group in country named Nigeria basically abhor Ndị Igbo or Igbo people.

The colonial team/imperialists systematically conditioned every ethnic group in "the N-word" country named Nigeria such that they must mutually exhibit morbid Haterade toward Ndị Igbo or Igbo people.

The above are very insignificant factors that drove the nomad/roaming non-indigenes of named Nigeria to entertain the audacity and impetus to claim that "the N-word" slave country named Nigeria is their booty to claim.

The entire indigenous human population from the southern protectorate had a compelling need and obligation to come together now and renounce the citizenship of the fabricated "N-word" coined slave country named Nigeria.

The entire indigenous human population from the southern protectorate need to be strong.

It is not going to be easy, however, to reclaim and rename their subdued empires and kingdoms is accomplishable.

The entire indigenous human population from the southern protectorate must sever slavery in order to reclaim, rename, and revitalize their subdued ancient empires/kingdoms.

The entire indigenous human population from the southern protectorate should develop the compelling need necessary to enable them to wake up, unite, come together, and focus on disassociating themselves from the fabricated coined "N-word" slave country named Nigeria (which is their common goal).

The entire indigenous human population from the southern protectorate must apply their highest level of their highly educated constructive reasoning *now* or never. That enlightened power should enable them to remain awake and united with each other.

The colonial team/imperialists had a great need to resolve their uncanny and unsettling truth about Ndị Igbo/Igbo people found in Lord Macaulay's address which stated, "I have not seen one person who is a beggar who is a thief such wealth I have seen…such high moral values, such caliber, that I do not think we would ever conquer this country."

The colonial team superimposed the vital role of leadership in the coined out "N-word" country named Nigeria by inverting the power to rule "the N-word" nation named Nigeria on the pinky fingers of the non-indigene, non-educated who were/are the illegal and undocumented alien tribes of the "N-word" country named Nigeria.

The Arọ Igbo, Biafra, Benin, Hausa Ife, Nri, Ndị Igbo/Igbo people, and Yorubas Omo Oduduwa, or the Children of Oduduwa indigenes, etc. were/are the ancient established powerful empires/kingdoms Lord Macaulay was referring to.

Traditional heads of Ibeku meet with heads of the British administration in Southern Nigeria.

(Photo credit: http://www.dcstamps.com/southern-nigeria-pro tectorate/)

Excerpts from the questionable documented indelible account from Lord Macaulay dated February 2nd, 1835, above continues to speak volumes.

"I have travelled across the length and breadth of Africa and I have not seen one person who is a beggar, who is a thief such wealth I have seen in this country, such high moral values, people of such caliber, that I do not think we would ever conquer this country, unless we break the very backbone of this nation, which is her spiritual and cultural heritage and therefore, I propose that we replace her old and **ancient education system**, her culture, for if the Africans think that all that is foreign and English is good and greater than their own, they will lose their selfesteem, their native culture and they will become what we want them, a truly dominated nation".

Lord Macaulay's Address to the British Parliament on 2nd Feb 1835

The established powerful empires/kingdoms with the highly educated rightful indigenous tribes mentioned above were considered as threats to Lord Macaulay and the colonial team.

The uneducated cattle-rearing, non-indigenous colonial team puppet leaders of Nigeria had never stopped to siphon off multi-trillion dollars/billions of euros from the natural resources generated from the southern protectorate and secretly deposit their loots right back to the same imperialists who absolutely considered the citizens of Nigeria lower than their wild animals.

Once those multibillions are/were deposited into phantom bank accounts abroad in Europe, the funds remain difficult to be accounted for. Since the looted funds might not be accounted for, the government of the same colonial team people continue to confiscate, exploit, and enslave the highly educated indigenes of the coined out country named Nigeria.

The colonial team had structurally planted their pernicious systemic plot by instigating their clueless, uneducated, non-indigenous puppet leaders of "the N-word" country named Nigeria to always investigate their predecessors after they might have rigged and won the elections. As soon as the puppet leaders might have assumed powers, they announce their panels for the investigations. The embezzlers and looters would flock the Western world abroad (typically Europe) to dump the funds they had swiped off from the abundant resources from "the N-word" country named Nigeria during the onset of the investigation. While the investigation had never been conclusive in the "the N-word" country named Nigeria, such looted funds basically remain where the looter deposited them and would never be recovered again.

With that carefully sophisticated, structural, woven-in, looting system created by the colonial team in Nigeria, "the N-word" country named Nigeria technically had never really gained their so-called independent in October 1st, 1960.

The "N-word" country has been enslaved from approximately between 1650 to 1860, during the Transatlantic Slave Trade to the present day, in a subtle and not-so-subtle enslavement of the indigenes of the country named Nigeria.

Enough has been overdue to be more than enough. *Gbam.*

It is about time the rightful indigenes of "the N-word" country should wake up from their slumber.

The indigenes from the southern protectorate of "the N-word" country named Nigeria must reject being primed by the colonial team in hating Ndị Igbo/Igbo people.

The indigenes from the southern protectorate of "the N-word" country named Nigeria must understand that the colonial team amalgamated the northern and southern protectorates in 1914 purely for economic reasons and not the indigenous Ndị Igbo/Igbo people.

The indigenes from the southern protectorate of "the N-word" country named Nigeria must understand that the colonial team amalgamated the northern and southern protectorates in 1914, not the indigenous Ndị Igbo/Igbo people who have been targeted and annihilated.

The indigenes from the southern protectorate of "the N-word" country named Nigeria must understand that their enemies are/were the colonial team and their non-indigene agents who have been ruling "the N-word" country named Nigeria since 1960, not the indigenous Ndị Igbo/Igbo people.

The indigenes from the southern protectorate of "the N-word" country named Nigeria must cease, desist, and resist from being distracted by the colonial team and their agents (who consider Ndị Igbo/Igbo people as their threats) by turning them against the Ndị Igbo/Igbo people.

The indigenes from the southern protectorate of "the N-word" country named Nigeria must understand that their enemies are a colonial team and their non-indigene agents who have been ruling Nigeria since 1960.

The indigenes from the southern protectorate of Nigeria must understand that their enemies are a colonial team and their non-indigene agents who have been ruling "the N-word" country named Nigeria since 1960 (they have been exploiting the resources from the southern protectorate, not Ndị Igbo/Igbo people who are also victims).

The indigenes from the southern protectorate of "the N-word" country named Nigeria must unite, shatter, and discard every destructive, dehumanized, distorted, negative, smoldering imbued action/information that originated from Lord Macaulay which the colonists actually instilled into different rightful indigenous tribal groups of the country named Nigeria. Typical example, "for if the Africans think that all that is foreign and English is good and greater than their own, they will lose their self esteem, their native culture and they will become what we want them, a truly dominated nation."

Come on, folks, the indigenes from the southern protectorate of Nigeria *must* desist, refrain from fighting and hating each other.

Let no humankind continue to put blame on the colonists regarding the hate and fight among the indigenes from the southern protectorate of "the N-word" country at this time. The blame period has elapsed. *Gbam.*

The indigenes from the southern protectorate of Nigeria must apply the information from this documentation, their education, knowledge, intelligence, and above all, the wisdom from Chineke, Chukwu Okike Abịama, God Yahweh, and put a solid end to affirming they are citizens of Nigeria, which means negro, nigger, and slave.

The colonist are currently not forcing the indigenes from the southern protectorate to accept their horrendous dehumanization into protracted slavery of every citizen in Nigeria. Definitely, the colonist team/imperialists were/are undocumented illegal aliens/foreigners in the ancient countries of the African continent.

The highly educated indigenes of the southern protectorate are not limited to Aguleri Igbo, Arọ Igbo, Biafra, Benin, Hausa, Calabar, Ife, Mba Mmiri People, Nri, Ndị Igbo/Igbo people, Igala people, Nembe, Oduduwa Yoruba people, Opopo, Nembe, and Oyo, etc., should convene/converge and shatter the shackle of the slavery chain the colonists fettered on them since the illicit amalgamation of the northern and southern protectorates in 1914.

The indigenes of the southern protectorate *must unite* and put an effective *end to the slavery chain* the educated British female journalist coined out of and imposed upon the country she named Nigeria on the human Chineke, Chukwu Okike Abịama/God created in His likeness and image from a single parent.

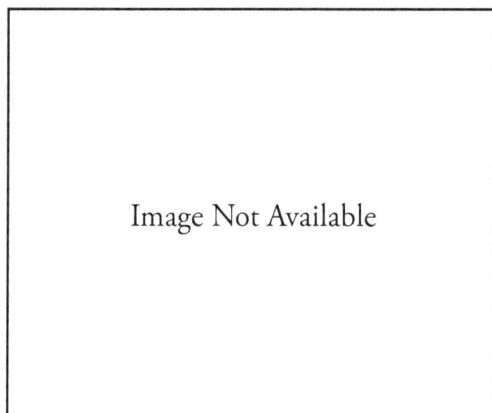

Image Not Available

"The N-words" were/are associated with the ancient West African map above before colonization as the *Negroland and the slave land*.

Each time one bears one's name and date of birth in "the N-word" Nigerian passport, one inadvertently has glorified "the N-word." Some of the airport officials know that the exact dictionary meaning of all the words listed above are associated with "the

N-word." The airport officer probably could have been asking her-self or himself why the traveler and other people from "the N-word" country named Nigeria haven't individually or collectively (equally neutralized back by injecting an adequate or a higher volume of bile-like coin mint ink just like the British–educated journalist had squirted all over the indigenes) refuse to carry the passport of "the N-word" country she named Nigeria? How come the indigenes of "the N-word" country named Nigeria never come together to reject the degrading, dehumanizing, outrageous insult the female journalist levied upon a group of powerful people since 1914?

Everyone should desist from blaming the group of people that colonized Africa. Each time one states "I am a citizen of the N-word country named Nigeria," one was/is affirming and accepting the painful harm and the assault the British–educated journalist inflicted on the people with powerful empires and kingdoms, such as Aguleri Igbo, Arọ Igbo, Anịma Igbo, Asaba Igbo, Awụsa, Benin, Biafra, Bonụ, Calaba, Eko, Eri Igbo, EzeArọ (Fulani who arrived in the nineteenth century and were not the indigenes), Ife, Ịgalla, Ijebu Igbo, Kalagbarị Nembe, Nri Igbo, Oduduwa, Opobo, Ọtụrụkpo, Oyo, to mention few. Every citizen from Nigeria has to abhor and reject any name associated in part or completely with "the N-word," be it the cit-izenship, the country, and/or the river. No human deserves to be dehumanized because in Genesis 1:27: "So God created Humankind in his image, in the image of God he created them male and female." Chineke, Chukwu Okike Abịama, God, Yahweh did not create any slave. Absolutely, no human deserves to be profiled with any word connected with the "the N-word."

Image Not Available

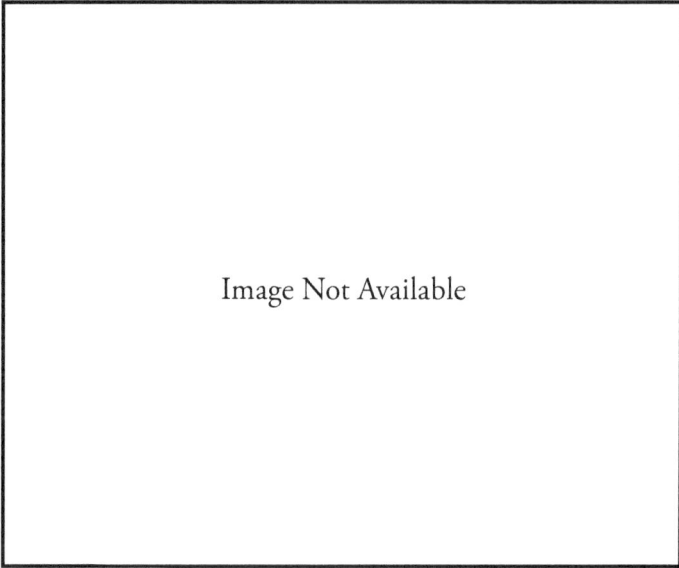

Excerpts of the questionable account from Lord Macaulay dated February 2nd, 1835, above continues to speak volumes.

CHAPTER 14

What Nigeria Is Not: Native to Her People

According to Excerpts from Wikipedia:

> There are over 520 languages spoken in Nigeria. The most commonly spoken language of Nigeria, English, the former colonial language, was chosen due to the contrast of cultural and linguistics forced through drawn borders facilitated under the Berlin Conference. Communication in the English language is much more popular in the country's urban communities than it is in the rural areas due to colonization.
>
> The other major languages are Hausa, Igbo, Yoruba, Urhobo, Ibibio, Edo, Fulfulde and Kanuri. Nigeria's linguistic diversity is a microcosm of much of Africa as a whole, and the country contains languages from the three major African languages families: Afroasiatic, Nilo-Saharan and Niger–Congo. Nigeria also has several as-yet unclassified languages, such as Centúúm, which may represent a relic of an even greater diversity prior to the spread of the current language families. (https://en.wikipedia.org/wiki/Languages_of_Nigeria)

What Nigeria Is Not

Nigeria is truly not associated, connected, or a derivative of any of the abovementioned 520 languages spoken in the current "N-word" country named Nigeria. The colonial team did not involve the indigenous humans in naming their great ancient Anịọma Igbo, Agụlụeri Igbo, Arọ Igbo, Benin, Calaba Igbo, Eri Igbo, Ijebu Igbo, Ịgala, Mbammiri Igbo, Nri Igbo, Nnamani Igbo, Oduduwa, and other empires and kingdoms that were muddled up with the undocumented non-indigenous ethnic groups of "the N-word" country named Nigeria. The colonial team deliberately ignored the fact that Chineke, Chukwu Okike Abịama or God created humankind in His likeness and image. They went ahead and imposed racial slurs and perpetual slavery upon their fellow humans into the country they named Nigeria. Chineke, Chukwu Okike Abịama or God never created slavery, but the colonial team coined out the derogatory "N-word" country they called Nigeria in that geographic area in West Africa since 1914 and imposed it on their fellow humans. The colonial team never ceased to create confusion in the country known as Nigeria, which they had imposed on the highly civilized caliber empires and kingdoms. The excerpt below is one of the coined tricks:

"…article is about the people of Nigeria. It is not to be confused with Nigerien, those from Niger." (https://en.wikipedia.org/wiki/Nigerians)

The statement above is the typical example of the subtle and not-so-subtle weapon the colonial teams had always utilized to distort the truth. It is also their selective manipulation and imposed slavery gameplay. Clearly, the excerpts from the definition of *Negro* or nearby words for niggard or slave below explicitly listed the *exact* words that have the true dictionary meaning of the set of words in the group being defined below.

Niger is the first in the set of words and Nigerien is the fourth in the set of words on the list. The narrator from the above statement selectively extracted from the eleven groups of words that represent the hard-core meaning of the "N-words" below. Humankind from every ethnic group has been advised that "It is not to be confused with Nigerien, those from Niger."

Nigerians, Nigerien, Niger strongly retain their positions from the dictionary definition of "the N-word" status among other words on the list. The dictionary did not exclude Niger and Nigerien on the list. Why would anybody encourage humankind, especially the people they had enslaved since 1914 not to pay attention to that glaring truth regarding dehumanized Nigeria? The answer would give everybody who is involved in acting out of ignorance when they continue to slaughter Ndị Igbo for no apparent reason because of Nigeria, a clear mental detox food for thought. Why would any person have a desire to keep this?

What Nigeria Is: Nigeria Means Negro, Nigger, and Slave

Nigeria is the dehumanization of the great empires and kingdoms of OBODO ỌDỊDA ANYANWỤ NKE AFỊRỊKA.

The truth is, Niger is the name of the longest river in "the N-word" country known as Nigeria.

Nigeria is the of the name of the coined "N-word" country in West Africa known as Nigeria.

Nigerians are the citizens of the country in West Africa known as Nigeria.

Nigeria is one of eleven words included in the dictionary definition from the excerpts below. Some of those words include but are not limited to Niger, Nigeria, Nigerian, Nigerien, Nigga, etc. The words are exactly the same as negro, nigger, and/or slave. Those eleven group of words were/are directly and/or explicitly the contemptuous, derogatory, dehumanizing, discriminatory, and racial slurs coined out from the infamous country named Nigeria. The country the colonial team named Nigeria is/has been located in West Africa since 1914. The educated British female journalist coined the country's name from "the N-word" longest river in the country where the citizens are of "the N-word" country.

The words below might appear to be redundant. The redundancy is absolutely necessary because, for over a hundred years, the highly educated and intelligent indigenous ethnic groups from the southern protectorate (especially Ndị Igbo) have been abused, annihilated, attacked, exterminated, butchered, burned alive, buried alive, dehumanized, insulted, killed, subdued; their humanity stolen and shattered, their natural resources exploited, their empires and kingdoms obliterated and replaced with the derogatory country named Nigeria. The colonial team carefully and systematically sowed the seed of discord among the different ethnic groups and primed them to constantly hate and fight each other since 1914. The humiliation the colonial team created among the different ethnic groups in "the N-word" country they coined Nigeria had been continuously redundant for over a hundred years. It will only take redundancy to explain and eradicate the magnitude of redundancy the colonial team planted in Nigeria since 1914. It must take the simple truth from one twenty-first century–educated female to unweave the morbid, avaricious, wealth-grasping basket country she coined out and named Nigeria since 1914. That honesty should be an effective means necessary to actually *detangle and free* ỤMỤ IGBO PEOPLE OF CHINEKE, CHUKWU OKIKE ABỊAMA, GOD, YAHWEH *from the colonial bondage.*

> *Niggard/Negro is also slave.*
> Nearby words for niggar:
> niger-kordofanian
> nigeria
> nigerian
> nigerien
> nigga
> niggard
> niggardly
> nigger
> nigger heaven
> nigger of the narcissus
> Niggerhead
> (http://www.dictionary.com/browse/niggard)

Igbo is the greatest gift from Chineke, Chukwu Okike Abịama or God to humankind for the perpetuation of His creation.

Chineke, Chukwu Okike Abịama or God created humankind and blessed them with the vital life force (air), which is abundant and free of charge. Why would any ethnic group of humankind continue to annihilate Ndị Igbo periodically?

Chineke, Chukwu Okike Abịama or God is love and love is power. All humans are mandated to love each other through the power of love from Chineke, Chukwu Okike Abịama or God.

Chineke, Chukwu Okike Abịama or God created humankind in His likeness and image. Chineke, Chukwu Okike Abịama or God is love.

The humankind He created in His likeness and image are equally love. The only commandment Chineke, Chukwu Okike Abịama or God gave to humankind when He created the first parents, Adam and Eve, in Genesis 1: 28 was: "Be fruitful and multiply, and fill the earth and subdue it; and have dominion over every living thing that moves upon the earth." Why would some humans continue to disobey Chineke, Chukwu Okike Abịama or God? The relentless hateful efforts from the colonial team had always been focused on using the ignorant non-indigenes of "the N-word" country known as Nigeria as their viable means for the extermination of Ndị Igbo. Lord Macaulay's report dated February 2nd, 1835, profiled Ndị Igbo as a threat to the colonial team. The threat precipitated the distorted, hateful, morbid, and negative perception the colonial team had carefully woven inside the political system of "the N-word" country called Nigeria. The hateful idea the colonial group created has exposed Ndị Igbo as a viable target among other ethnic groups in Nigeria since 1914. That continues to speak volumes. Their relentless hateful efforts had also always been to continue to keep on running the slave country named Nigeria as slaves even when the current colonial team know quite well that vice had overpowered the slave nation they created since 1914.

Chineke, Chukwu Okike Abịama or God enthroned His blueprint of love associated with creation inside Igbo whenever the great four P actions take place between the winner Sperm inside the egg in the fallopian tube.

Since Chineke, Chukwu Okike Abịama or God left His legacy of love inside Igbo, Igbo became pure love. Therefore, Chineke, Chukwu Okike Abịama or God nọnyere ỤMỤ IGBO MGBE NILE.

Again, it is very important to repeat over and over again, the priceless actions of the four great P Igbo actions in the fallopian tube during the process of fertilization is one of the greatest gifts Chineke, Chukwu Okike Abịama gave to humankind. That precious gift to humankind is important for the continuity and perpetuation of God's very own creation. In Genesis chapter 1:26, it says, "Then God said, 'let us make Humankind in our image.'" Chineke, Chukwu Okike Abịama or God created humankind through His divine spoken words. Chineke, Chukwu Okike Abịama or God pronounced the sacred words of creation and unleashed His words inside IGBODOANYA, IGBOSHIKWO IGBOCHIDONKECHINYEREGỊ, AND IGBOKWABA or IGBO. *Igbo* has been the embodiment of God's statutes and ordinances after His creation of humankind in His likeness and image. IGBODOANYA, IGBOSHIKWO IGBOCHIDONKECHINYEREGỊ, AND IGBOKWABA or IGBO had always carried out the task of the action of God's spoken words faithfully in the four Igbo P actions and process during fertilization in the fallopian tube. The four Igbo P great actions during fertilization in the fallopian tube are the continuity and replication of the works of Chineke, Chukwu Okike Abịama or God's creation of humankind in His likeness and image from generation to generation till today. Chineke, Chukwu Okike Abịama or God did not create *negro/niggard/islave* or the coined out "N-word" country known as Nigeria. There is only one human race from one single parent: Ndị Igbo bụ Ụmụ Chineke, Chukwu Okike Abịama or God. No humankind created and made in the likeness and image of Chineke, Chukwu Okike Abịama or God should allow herself or himself in the twenty-first century to be coined into a citizen of the "N-word" country. *Gbam. Kpọm Kwem.*

Azikwe with Felicia Obua,a local NCNC organizer,Orlu division during his campaign in Urualla in 1959

CHAPTER 15

Who Named Nigeria?

Sir Fredrick Shaw, a British baronet was a father of a high-ranking British military major general, George Shaw. The major general was the father of the British–educated female journalist born on December 19th, 1852. The female mass communication writer for the London newspaper *The Times* got married to Lord Lugard in June 10, 1902, at the age of forty-nine years and approximately six months. The marriage did not yield any fruitful issues from the womb. The female journalist "coin expert" died childless in January 25, 1929. She was seventy-six years old. The female journalist had a decision-making authority during the colonial team era. That authority empowered her to "coin" out some of the areas known in the seventeenth century West African map as "Area Of Supply Of Slave Labor, Great Bennin, Biafra, C. Formosa, Dolmas, Fernando Po, Fishing Town, Grain Coast, Gold Coast, Dolmas, Fishing Town, Guinea, King's Town, Slave Coast, Many Villages, NegroLand, Old Callabar, River Del Rey, River Formosa, River Lagos Undiscovered etc.," and named it the *fabricated* country currently known as Nigeria.

The terms and/or words Nigerian, Nigeria, and Niger are among the list of eleven words the dictionary defined to have the same meaning as negro and/or nearby words for niggard or slave. The eleven offensive "N-words" on the list according to the dictionary are among the derogatory words known as Negro/Niggard (or slave). Almost every person in that country named Nigeria believe that the female journalist "coin expert" coin-shaped, minted, and struck Nigeria out of the area of the River Niger (which is also part of the offensive

"N-words"). Come on, folks! Come on, humankind! The River Niger is equally another coining and/or fabrication of the "N-word" known as negro, nigger, and/or slave. People should please refer to excerpts from the dictionary meaning on the list from the word *negro* or nearby words of *niggard* in this documentation several times.

People have to refer also to the dictionary definition with different meanings of the word *coin* as well from the 1650 to 1885 different maps (made by the slave imperialists) to acquire some viable educational knowledge. It is very important for the readers to develop an interactive relationship with this documentation. That, in turn, should enhance constructive reasoning required to understand the relationship between the excerpts from the unilateral "coin" naming Nigeria, her river the Niger, and the Nigerian citizens and "the N-word," which is akin to negro, nigger, and/or slave. According to the excerpts from an essay that first appeared in *The Times* on January 8, 1897, the female journalist "coin expert" virtually dehumanized and enslaved the indigenous people of the southern protectorate even when the House of Commons in England had already passed its bills to abolish slave trade on July 26th, 1833 (read excerpts from William Wilberforce, 1759–1833) below. William Wilberforce abolished slavery and died on July 29th, 1833, three days after the bills to abolish slavery was passed. The abolition of slavery took place on July 26th, 1833.

William Wilberforce (1759–1833): the politician

William Wilberforce was an English politician who became the voice of the abolition movement in parliament. He was a slightly built man, about five foot three in height, and suffered from bouts of bad health.

From 1789, Wilberforce regularly introduced bills in parliament to ban the slave trade. He was fiercely opposed by those making fortunes from the trade, who used all kinds of delaying tactics. The first time a bill was introduced, Wilberforce lost the debate by 163 votes to 88, but he never gave up. A bill to cease the trade was passed by the House of Commons in 1792—but with the amendment that the ban should be "gradual," which those with an interest in the trade interpreted as "never."

In his late thirties, Wilberforce married Barbara Spooner (also an Evangelical Christian). He remained devoted to her throughout his life. Finally on March 25th, 1807, the Abolition of the Slave Trade Act abolished the slave trade in the British colonies. It was carried by 267 votes. The house rose to its feet and cheered wildly (see letter from Clarkson).

However, this was not a vote to abolish slavery as a whole throughout the empire, just the trade in enslaved people. William Wilberforce continued to work for the abolition of all slavery within the British colonies. He joined the Society for Gradual Abolition and, when the campaign intensified again in the 1820s and '30s, he did as much as his failing health would allow. In 1821 he requested that Thomas Fowell Buxton take over the leadership of the campaign in the Commons and resigned his parliamentary seat in 1824 after a serious illness. By May 1830, when two thousand people met in London at Freemasons' Hall, Wilberforce was stooped with age and wearing a metal girdle to prevent him slumping.

Despite the groundswell of public opinion, Parliament still refused to ban slavery, until parliamentary reform removed many of its supporters. Despite this, it was still not clear that Parliament would act. Wilberforce wrote a last petition. The parliamentary debate lasted three months. On the 26th of July 1833, the Abolition of Slavery bill passed its third reading in the House of Commons. A messenger rushed to Wilberforce's house. They told him that slavery in British colonies would finally be abolished. Just three days later, on 29ᵗʰ July, William Wilberforce died.

Wilberforce Speech to the House of Commons 1789 (206.5 KB)

(Photo credit: http://abolition.e2bn.org/people_24.html)

The abolition of slavery did not deter the educated British journalist "coin expert" from thrusting the indigenous West African people from being the most powerful empires and kingdoms who were the early cradle of civilization into the "coined out" morbid "N-word" *slavery.* Again, it should be noted that slavery has been actively going on up to the current twenty-first century even when the House of Commons in England passed the bill to abolish slavery in July 26ᵗʰ, 1833.

Excerpts from CNN can attest for the twenty-first century slavery on:

> A man named Victory put a face on the story that people could identify with. A 21-year-old Nigerian stylist named Victory told Nima that he had been sold as a slave. His family sold everything to help him escape Nigeria so he could go to Europe, where smugglers told him he would find work. After almost a year and a half trying to get to Europe and his dream of being a designer, he ran auction, he was sold again and again. Then, they demanded the family to put out money and his smugglers sold him. When he didn't bring enough at pay ransom for his release.

(https://www.poynter.org/news/how-cnn-documented-human-slave-auctions)

Excerpts from *The Times:*

In an essay that first appeared in *The Times* on 8 January 1897, by "Miss ——," she suggested the name "Nigeria" for the British Protectorate on the Niger River. In her essay, —— made the case for a shorter term that would be used for the "agglomeration of pagan and Mahomedan States" to replace the official title, "Royal Niger Company Territories." She thought that the term "Royal Niger Company Territories" was too long to be used as a name of a real estate property, under the trading company in that part of Africa. She was in search of a new name, and she coined "Nigeria," in preference to terms such as "Central Sudan," which were associated with the area by some geographers and travellers.

(https://en.wikipedia.org/wiki/Flora_Shaw,_Lady_Lugard)

The coined out areas mentioned above later became colonized and amalgamated in 1914 as "the N-Word" country currently known as *Nigeria*.

Excerpts from the definition *negro* or nearby words for niggard or slave (should be repeatedly noted in this documentation) below explicitly listed the hard-core other words that have the exact meaning:

> *niger-kordofanian*
> *nigeria*
> *nigerian*
> *nigerien*
> *nigga*
> *niggard*
> *niggardly*
> *nigger*
> *nigger heaven*
> *nigger of the narcissus*
> *Niggerhead*
> (http://www.dictionary.com/browse/niggard)

Niger: (River Niger, "The N-word" for a river in "the N-word" country).

Nigeria: (Nigeria "The N-word," a country "coined-out" from "the N-word" river).

Nigerian: ("The N-word" indigenes of "N-word" country)

A whopping first three top on the line of the exact meaning from the words Nigger/Negro/Slave or nearby words for niggard.

The educated British journalist singlehandedly, shackle-chained up slavery around the neck of every human from different ethnic group of people Chineke, Chukwu Okike Abịama, God, Yahweh created in His likeness and image inside "the N-word" coined out country called Nigeria. That "N-word" country named Nigeria is currently located in West Africa since 1914. The coin expert did not spare any indigenous and non-indigenous tribes in "the N-word" country she coined out as Nigeria. The British–educated journalist unilaterally coin-lumped the indigenous and non-indigenous tribes up and referred to them as an "agglomeration of pagan and Mahomedan States."

There was/is no iota of truth from the essay the female journalist "coin expert" had presented to *The Times* on January 8, 1897. The "coin expert" probably could have committed a *heinous* crime against humankind.

That "N-word" country named Nigeria was supposed to have gained her independence from Britain in 1960. Just like William Wilberforce abolished slavery in July 26th, 1833, and slavery is still going on in the twenty-first century, likewise the elected leaders of "the N-word" country named Nigeria still allows Britain to rule their country. The leaders of "the N-word" country named Nigeria fight, annihilate, and exterminate Ụmụ Igbo each time they attempt to disassociate themselves from the dehumanized and derogatory situation the educated British journalist unilaterally subjected Ndị Igbo to since 1914. It is despicable that any right-thinking human will allow/accept slavery.

"The N-word" country citizens named Nigerians need to initiate how they can deliver themselves from the degrading, ignorant, offensive, and inflammatory slur dumped on them by the colonial team since 1914. There was no contract between the ethnic groups from "the N-word" country named Nigeria and the colonial team. Colonization, dominance, exploitation of Wealth and imposition of power were some of the factors that led to the fabrication of "the N-word" country named Nigeria to Ndị Igbo and other indigenes from the southern protectorate since 1914. The United Nations should take an appropriate action to *free* Ndị Igbo and other indigenes from the southern protectorate from "the N-word" country named Nigeria forthwith.

Ụmụ Igbo, Ndị Igbo, Igbo people should continue to remain the obedient children of Chineke or Chukwu Okike Abịama, God or Yahweh since they left Egypt between 1500 to 1300 BC. Ụmụ Igbo were and are still the children of Jacob/Israel and three women—Rachel, Bilhah, and Zilpha. Ụmụ Igbo are the special children of Chineke or Chukwu Okike Abịama or Yahweh, not pagans from the "N-word" country. Lord Macaulay, the "coin expert" and the colonial team deliberately delineated the powerful kingdoms of the Igbo people namely, Anịọma Igbo, Arọ Confederacy, Eze-Arọ People, Bonị, Brass, Igala, Nri, Igbo Ukwu, Arọchukwu, Calabar, Igalla Ijebu Igbo, Opobo, the Benin, the Oduduwa, etc. to delimit the indigenes of the area they considered as the southern protectorate.

Facts/Truths about the Origin of the Coinage of the Name of Nigeria as well as the River Niger

The abovementioned words were and are referred to as "the N-word." According to the usage and discussion from the dictionary, the country Nigeria and her River Niger were and still are the deliberate expression of contemptuous discrimination which originated from the female journalist who glorified herself as a "coin expert" in 1914. The two transitive "N-words" (Nigeria and River Niger) reciprocated with her squirted stamping dye that culminated in the highest offensive and inflammatory racial slur fettered to the aborigines of Nigeria (like no other colonized country in this world). The female journalist "coin expert" had no biological child; therefore, she enslaved and owned every humankind and wealth from Nigeria. That "N-word" country naming scam eradicated powerful kingdoms/empires such as the Arọ, Benin, Calaba, Ife, Igbo, to mention few high-caliber indigenous humans from the southern protectorate before the illegal and undocumented arrival of the colonial team in the countries of Africa. The unsuspicious indigenes and powerful kingdom/empires of Africa did not name their N-word country in their native language. The "coin expert" confiscated and enslaved "the N-word" country and the citizens and the wealth of the "the N-word" country became the legacy and lineage of the childless female journalist "coin expert." Surprised? Yeah, right! Still wondering why the non-ancient indigenous small group consistently led "the N-word" country in West Africa with the unflinching support of the imperialists/colonial team who are also the kinship folks and members of the female journalist "coin expert" (refer again to excerpts from Lord Macaulay next page). Another factor is that the small group who do not value education deliver and make economic returns in monetary funds to new colonial team who are now the current generation of the educated British female journalist "coin expert."

The behavior of the small indigenous group who have been illegal aliens since the nineteenth century whereby they demand for the ancient ancestral land that belong to the indigenes is similar to the act of colonization from the ancestral colonial team of the British educated journalist and the "coin expert." The small group constantly slaughter and spill the blood of the indigenes who own the landmark areas located in the geographic regional provinces of the southern protectorate of the N-word country. The purpose of periodical killings focuses on calculated action which originated from the colonial team aimed to dehumanize and constantly exterminate, slaughter, and spill the blood of the indigenes who own the landmark areas located in the geographic regional provinces of the southern protectorate of the N-Word country.

Image Not Available

Excerpts of the questionable documented indelible account from Lord Macaulay dated February 2nd, 1835, above continues to speak volumes.

Another purpose of periodical killings also focuses on calculated action, which originated from the colonial team to dehumanize and exterminate the educated and highly intelligent indigenes from the southern protectorate. The goal has been directed to enable the non-indigenes to snatch and occupy the ancient ancestral lands of the indigenes of the "N-word" country. The non-indigenous group would then turn around and subject the surviving indigenes to paying high taxes (typical colonial culture) to the non-indigenous group (because the folks of the female journalist "coin expert" consider the indigenous people of the "N-word" country as their threats). The current new era colonial team and imperialists are relatives from the country of the female journalist "coin expert" origin. Those blood-affiliated kinship relatives of the "coin expert" always provide iron-clad support, not limited to the supply of assault weapons to the small non-indigenous group of the "N-word" country to assure they continue to subdue the indigenes who are threats to them. The small non-indigenous group always state boldly that their cattle are more valuable than the indigenous people of the "N-word" country. They forever claim they could have owned the dehumanized and derogatory "N-word" country in West Africa since 1802 (which was when they walked/crossed into the "N-word" country with their cattle illegally without documentation) were it not for the intervention of the British. The non-indigenous group failed to grasp that the educated British female journalist "coin expert" equally reduced (owned and enslaved them through their actions) to the subhuman status. The truth remains that God created humankind in His likeness and image over the animals. In Genesis 1:26–27, it says, "Then God said, 'Let us make Humankind in our image according to our likeness; and let them have dominion over the fish of the sea, and over the birds of the air and over the cattle and over all wild animals of the earth, and over creeping things that creep upon the earth! So God created Humankind in His image.'" God did not create slavery. God did not make provision for slavery. God created Adam, the first man, and fashioned Eve, the first woman, out of a single rib from Adam. God mandated the words: IGBODOANYA/TO PERSEVERE, IGBOSHIKWO/TO PREVENT, IGBOCHIDONKECHINYEREGỊ/TO PROTECT what God gave you and IGBOKWABA/TO PRESERVE and/or for short Igbo as His channel and continuity of recreation of humankind. *It is absolutely inhumane and above all ungodly for any person to enslave and/or kill another person.*

The Brief Account of the Amalgamation of the N-Word

Excerpts: On or sometime in about August 1897, Lord Lugard was commissioned to form a local native military force to secure British interests in the rural areas known to the colonial team as the Lagos colony. There were many powerful kingdoms in the area before the arrival of the colonial team. Those powerful empires/kingdoms were the Anịọma Igbo, Arọchukwu Igbo, Arọ Igbo Confederacy, Benin, Bonị, Brass, Calabar, Eze-Arọ Igbo people, Ịgala, Nri, Nembe, Igbo Ukwu, Igalla Ijebu Igbo, Kalagbarị, Oduduwa Opobo to mention a few, etc. The colonial team executed Lord Macaulay's compelling instruction when he stated, "I have travelled…breath of Africa… I do not think we would ever conquer unless we break the very backbone of this nation." The colonial team/imperialists systematically reduced the abovementioned powerful empires/kingdoms into what they considered as and named the southern protectorate. From that point, Lord Lugard thwarted the French colonial aggression in that southern protectorate area. Lord Lugard fulfilled his assigned task, formed the West African Frontier Force, and became the commander of the force till the conflict with France was rectified in December 31, 1897.

As soon as France was out of the way, the British colonists appointed Lord Lugard the high commissioner of the northern protectorate. According to the *Times,* Lord Lugard actively participated and announced the instrument of Proclamation which established the Protectorate on January 1, 1900.

> The area available for Lord Lugard to govern was small. Lord Lugard embarked on expanding his territory but the indigenous Hausa Tribes were un-compliant with their obligations on the Treaty imposed on them. In 1906, A Mahdi Resistance at a Satiru town close to Sokoto escalated into an uprising. Lord Lugard's Troops were deployed to the town. The Town was obliterated with countless casualties (Elementary School history class).

Lord Lugard became governor of the Northern Nigeria Protectorate from September 1912 to January 1, 1914.

Lugard was knighted in 1901 for his services in Nigeria.

(https://en.wikipedia.org/wiki/Frederick_Lugard,_1ˢᵗ_Baron_ Lugard#cite_note-LG27261-18)

As part of the Armalmargated area governed by Lord Lugard and in 1914, there was a need to name northern and southern protectorates.

Image Not Available

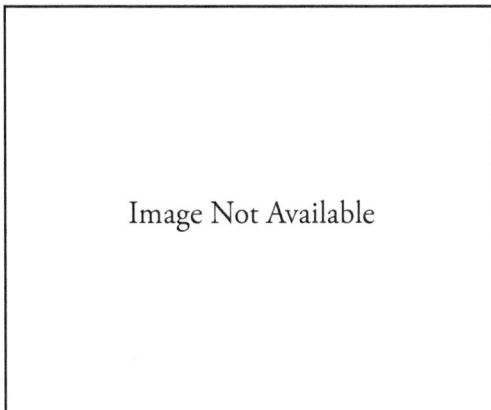

(Photo credit: https://biafrandotorg.files.wordpress.com/2015/08/snc.jpg 03/18/2018)

The British administrators holding a conference with the established powerful kingdom of Ndị Igbo/Igbo people and their traditional heads from Ibeku in the southern protectorate.

Definition: protectorate *noun* [C] US /prəˈtek·tər·ət/

a region or political unit that is controlled by another, or the government by which it is ruled. The Protectorate refers to the government of England from 1653 to 1659.

(Credit: https://dictionary.cambridge.org/us/dictionary/english/protectorat)

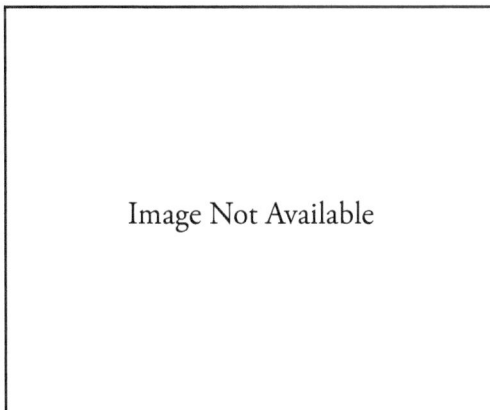

Image Not Available

Traditional heads of Ibeku meet with heads of the British administration in Southern Nigeria.

(Photo credit: http://www.dcstamps.com/southern-nigeria-protectorate/)

03/18/2018

Definition of *protectorate:*

1a: government by a protector: the government of England (1653–59) under the Cromwells: the rank, office, or period of rule of a protector: the relationship of superior authority assumed by one power or state over a dependent one: the dependent political unit or territory in such a relationship. (https://www.merriam-webster.com/dictionary/protectorate)

Definition of *protectorate*: (prətektərət): countable noun p A *protectorate* is a country that is controlled and protected by a more powerful country. *In 1914 the country became a British protectorate.* (https://www.collinsdictionary.com/us/dictionary/english/protectorate)

Transition Chart for the British Nigeria area

Fast facts

Region: West Africa

Group: British Nigeria

Classification: Colony (Britain)

Prior Regime: Niger Coast Protectorate

Key dates:

1900, January 1: Southern Nigeria formed by joining the Niger Coast Protectorate with territories from the Royal Niger Company.

1906: Lagos became part of Southern Nigeria.

1914, January 1: Southern Nigeria and Northern Nigeria were combined to form the colony of Nigeria

Following Regime: Nigeria Colony

Scott Catalogue: (Southern Nigeria) #1–56

Pick Catalogue: none

Image Not Available

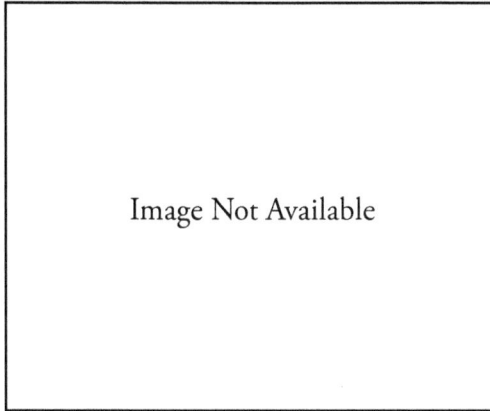

Traditional heads of Ibeku meet with heads of the British administration in Southern Nigeria

Excerpts:

British colonization in western Africa didn't really begin until after the British Parliament prohibited British subjects from participating in the slave trade, and in 1833 abolishing slavery throughout the British Empire (with the exceptions "of the Territories in the Possession of the East India Company," the "Island of Ceylon," and "the Island of Saint Helena," which were eliminated in 1843). With the collapse of the slave trade, and the decline of the influence of the African Oyo Empire which supported it, interest in the area waned.

British influence in the Nigeria area increased gradually over the 19th century, but they did not effectively occupy the area until 1885, when competitive pressure increased from France and Germany. The Royal Niger Company was formed in 1879 as the United African Company; renamed to National African Company in 1881 and to Royal Niger Company in 1886. It was

charted by the British government to develop the
Niger basin.

(http://www.dcstamps.com/southern-nigeria-protectorate/)

The word *Nigeria*, which was the coined up "N-word" country named Nigeria never originated from any tribe in the northern and southern protectorates. The "N-word" Nigeria was unilaterally coined out by the British–educated journalist. The "N-word" Nigeria truly was the highest level of degradation deliberately structured to permanently enslave humankind from the northern and southern protectorates by the colonial team. Why would any humankind from "the N-word" country affirm, acknowledge, claim, confess, declare, own, proclaim, and profess that that individual is a *slave?* That is exactly what every citizen of the coined out "N-word" country named Nigeria had/has been doing to themselves since 1914 after the British–educated female journalist and/or the "coin expert" coined out that country. Whenever a citizen of Nigeria acknowledges that the British journalist coined out the "N-word" country named Nigeria out of the River Niger (the River Niger which means negro, nigger, and slave) that humankind accepts and acknowledges what Nigeria "the N-word" country represents. That humankind has allowed herself or himself to be ignorant. By naming Nigeria "the N-word" country, the British–educated female journalist definitely dehumanized the indigenes and the non-indigenes of the citizens of "the N-word" country named Nigeria each time the citizens proclaim and verbalize, "I am from Nigeria" (which means negro, nigger, and slave). In other words, the indigenes of the great empires/kingdoms of West Africa before the colonial team illegally arrived in their impeccable country as undocumented aliens turned around, have them sub-humanized to the extent they were *coined into* calling themselves negro, nigger, and slaves. The ethnic group who arrived in the nineteenth century unfortunately are annihilating the indigenous people of the powerful empires/kingdoms of that land.

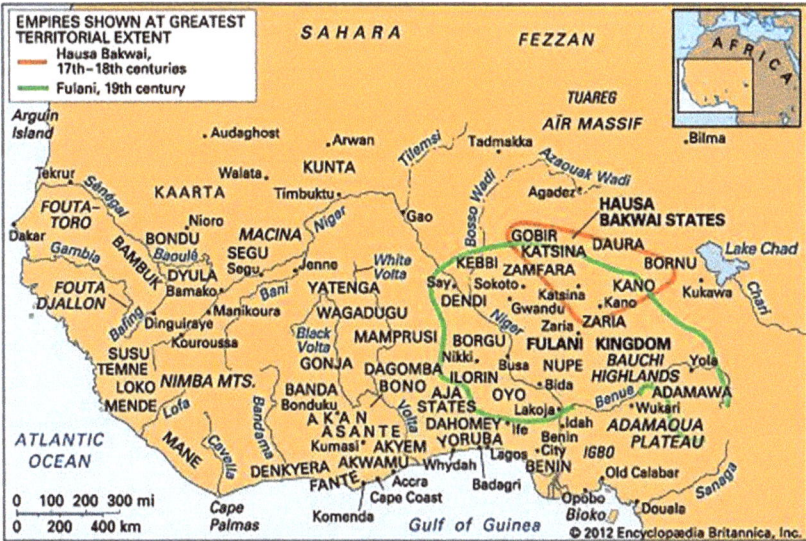

EMPIRES SHOWN AT GREATEST TERRITORIAL EXTENT
Hausa Bakwai, 17th–18th centuries
Fulani, 19th century

SAHARA   FEZZAN

AFRICA

TUAREG

Arguin Island   • Audaghost   • Arwan   Tilemsi   Tadmakka   AÏR MASSIF   • Bilma

Azaouak Wadi

Tekrur   Walata •   KUNTA   Agadez •   HAUSA BAKWAI STATES
Sénégal   KAARTA   Timbuktu •   • Gao   Bosso Wadi
FOUTA-TORO   • Nioro   Niger
Dakar   BONDU   MACINA   GOBIR   DAURA   Lake Chad
Gambia   Baoulé •   SEGU   White Volta   KEBBI   KATSINA   BORNU
BAMBUK   DYULA   Segu •   • Jenne   ZAMFARA   • Kano   Kukawa
FOUTA DJALLON   Bamako •   Bani   YATENGA   Say •   Sokoto •   Katsina •   KANO   Chari
• Dinguiraye   • Manikoura   WAGADUGU   DENDI   Gwandu •   ZARIA
Bafing   • Kouroussa   Black Volta   MAMPRUSI   BORGU   FULANI KINGDOM   Zaria
SUSU   GONJA   DAGOMBA   Nikki •   Busa   NUPE   BAUCHI   • Yola
TEMNE   NIMBA MTS.   BANDA   BONO   ILORIN   • Bida   HIGHLANDS
LOKO   Lofa   Bandama   Bonduku •   STATES   OYO   Benue   ADAMAWA
MENDE   AKAN   DAHOMEY   • Idah   ADAMAQUA   • Wukari
ATLANTIC OCEAN   MANE   ASANTE   AKYEM   YORUBA   Benin   IGBO   PLATEAU
Cavella   Kumasi •   Ife •   • City   Lagos •   BENIN   Old Calabar
DENKYERA   AKWAMU   Whydah •   Benin •   Opobo •   Sanaga
FANTE   Accra   Badagri   Bioko   • Douala
0 100 200 300 mi   Cape Palmas   Cape Coast   Komenda   Gulf of Guinea   © 2012 Encyclopædia Britannica, Inc.
0 200 400 km

(Photo credit: https://docs.google.com/document/d/1BVizVEc OJa9fWkeoglPIhJjm1qzSsoqQnq77gXD9aL8/edit)

According to the map above, the Fulani ethnic group arrived at "the N-word" country named Nigeria in the nineteenth century. They settled in the area highlighted in green. For that ethnic group to claim ownership of "the N-word" country named Nigeria, it must not be glorified in this documentation. The indigenes of the ancient empires and kingdoms of "the N-word" country named Nigeria have great need to Strive and claim their heritage Back.

Nigerian (*Nigerian* is number four on top of the line among the derogatory "N-words" *negro, nigger,* and *slavery* by the dictionary definition. Nigerians are the indigenes of "N-word" country). Therefore, all Nigerians who simply say they are the citizens of the derogatory "N-word" country named Nigeria definitely, acknowledge, affirm, claim, declare, degrade, dehumanize, disgrace, profess, and pronounce they are slaves. Basically, anytime any human with citizenship of the coined "N-word" country named Nigeria is calling herself/himself a nigger, negro, and/or a slave. Those are whopping first three top-of-the-line offensive N-words that originated from *negro, nigger,* and *slave.* The British–educated female journalist coined those words into every ethnic group of the Nigerian country people as well as the river in the Nigerian country. That could explain why the non-indigenes who arrived late in the country who rule the N-word country always declare that it is not negotiable to release Ndị Igbo and other tribes from the southern protectorate. They learned the tricks about how to coin history and claim they own the "the N-word" country. This documentation encourages readers to always check out certain words from the dictionary.

The definition of slave is valuable at this time. "A slave is unable to withdraw unilaterally from such an arrangement and works without remuneration." However, the British–educated female journalist and/or the "coin expert," unilaterally, coined out "the N-word" country named Nigeria out of the "the N-word" River Niger. The colonial team unilaterally held a conference which was convened on Saturday November 15, 1884, at Bismarck's official residence on Wilhelmstrasse. At that meeting, Bismarck was the chairman. The conference continued till the colonial team unilaterally carved out the African continent to their satisfaction among themselves on February 26, 1885. The foreign colonial team did not invite the indigenes from the African countries to participate in the Berlin Conference where the crucial decisions about the boundaries, cultures, economics, ethnicities, languages, political ideas, traditions, welfare, etc. of their countries were made. The ancient established powerful empires/kingdoms in West Africa and other countries in the African continent before the arrival of the foreign colonial team were obliterated and replaced with the atrocious colonial imperial dominance in that Berlin Conference. The history of West Africa and other African countries was rewritten with great distortion at that Berlin Conference. The ancient boundaries, cultures, economics, ethnicities, languages, political ideas, territories, traditions, and welfare of West Africa and other African countries were altered and distorted to suit the avaricious grasping nature of the colonial team of the Berlin Conference. The decision the colonial team imposed on the African nations, particularly Ndị Igbo at the Berlin Conference, set up an aria that structured the fate of Ndị Igbo and the African continent till today. The colonial team unilaterally carved out the

African continent among themselves in Berlin when that conference that commenced on Saturday 15th November 1884 and was over on the 26th of February 1885. The colonial team were then and are still now exploiting the African continent till today. When will the colonial team end the exploitation of the African continent?

Below are excerpts from a confidential prominent person of the United States of America—the greatest nation in the world.

- You hate him for telling you the truth, but the truth has come out from your white God.
- A prominent…leader's *speech on why he hates Africans and Arabs*.
- We are not obliged, even for a second, to try to prove to anybody and especially to blacks and Arabs that we are superior people—we have demonstrated that to the black and Arabs in 1,001 ways.
- The America we know today was not created by wishful thinking. We created it at the expenses of intelligence, sweat, and blood. We do not pretend like other whites that we like the blacks—we must admit, without any fear, that we don't like them, and for so, so, many valid reasons.
- The fact that blacks and Arabs look like human beings does not necessarily make them sensible human beings. Hedgehogs are not porcupines and lizards are not crocodiles because they look alike. If God had wanted us to be equal to blacks and Arabs, he would have created us all of a uniform color and intellect. But he created us differently. Whites, blacks, yellow, the rulers, and the ruled.
- Intellectually, we are superior to the blacks and Arabs. That has been proven beyond the reasonable doubt over the years.
- I believe that a white man is an honest, God-fearing person who has demonstrated practically the right way of being a human.
- By now every one of us has seen it practically that blacks and Arabs cannot rule themselves. Give them guns and

they will kill each other. They are good in nothing else but making noise, dancing, marrying many wives, alcoholism, witchcraft, indulging in sex, pretending in church, jealousy, fighting, and complaining of bad leadership, but yet refuse to take a decisive action and protest to remove the brigands from position of power.

- Let us all accept the fact that the black man is a symbol of poverty, mental inferiority, laziness, and emotional incompetence. To make the matter worse, he can do everything possible to defend his stupidity. Give them money for development and they will fight and create hatred and enmity for themselves. Drill oil wells for them and they will not have peace all the days of their life.

- **See, for instance, what's happening in Nigeria (a country blessed with abundant resources),** Southern Sudan, Malawi, DRC just to mention a few. This proves to anybody including a stupid fool that Africans do not know what they want. Isn't that plausible? They are like monkeys looking for already ripping banana all over the world! Therefore that the white man is created to rule the black man, Africans will always have day dreams. And here is the creature (black man) that lacks foresight but only see what is near him and still fails to know what to do. A black man is stupid to the extent that he cannot plan for his life beyond a year. Therefore how can they develop and live longer.

- Corruption in the west (and China) is a big abomination, but in Africa, it's so huge that it is slowly becoming an acceptable way of life! (Shame, isn't it?) They sing and rejoice to their corrupt political leaders. They worship their scandal-ridden religious leaders like their gods. Lest you forget, these so-called Africans are praising, dancing, and praying for the people who have impoverished them, and who comes to hide their loot here.

- Then which fool argues that the black man is not born a beggar, grows a beggar, looks a beggar, falls sick as a beggar, and dies a beggar. This has been proven beyond reasoning. I wonder why even up to now most Africans still go to school by force, and those who are at school are just drug addicts who don't know what took them there. This is a pregnant stupidity in Africa. The body of Africans is a very fertile ground for all diseases in the world because they don't fear even HIV/AIDS. This leaves me with a question: Are our eyes created the same with those Africans? I hear there are still cultures in Africa that prohibit them from using latrines, which is very annoying.

- They cried for independence but have failed to rule themselves. For sure, being African is a very untreatable disease that even prayers are not enough. They have minerals but they cannot do anything with it. Therefore let us (whites) go to Africa and pick what we can pick and leave what is of no use. Poverty is a disease to the whites, but to the blacks it is very normal.

- Look at what is currently going on in the Nigeria National Assembly. Legislators amending the constitution to favor themselves at the expense of two (200) million Nigerians. The present administration now have no economic blueprint plan, rather just noise and false propaganda. Characterized with hatred and witch hunt/impoverishment. Majority of these legislators are treasury looters who are intellectually barren but using the ill-gotten wealth to oppress the citizens of that great country. "What a shame!" Black people with black sense, and a sick president in London for medical tourism! The worst tragedy in Africa is that if you dare stand up and speak up for what's right, you may end up regretting. The few wise and open-minded Africans who have tried to educate these fools about civilization have met the worst. They have been pushed hard against the wall, they have been silenced and others have been killed.

- Before I finish, let me tell Africans that before you jump and call me a racist, an anti-blacks or whatever term you may wish to use against me, first tackle a runaway corruption, dreadful terrorism, tribalism, poverty, unemployment, diseases, illiteracy, ignorance, and inequality that have put your whole continent on the verge of collapse. "Hate me or love me, I don't care. I know this is the plain truth which will never see the light of the day to the cowards who are afraid to be told as it is.

• Be confidential.

There is nothing like the black and/or white humankind. *Kpọm Kwem.*

This is some of the very real twenty-first century's superimposed and subjective opinion about the Africans/Arabs. There is juxtapositioned confusion and fallacy as well as hard-core truth up there. Check out most of the highlighted statements above and draw your honest conclusions about them.

The genuine truth still remains that the ancient Africans, Ndị Igbo, and other powerful ancient empires/kingdoms in the African continent were the original source of democracy and the cradle of civilization. The colonial team or nwa Bekee intimidated the Africans, killed them, enslaved them, and subtly adopted the African people's way of life. The colonial team replaced the African old and ancient educational system, her culture with profiling the entire people from the African continent with distorted negative remarks. Those brand remarks are recycled from era to era and from generation to generation

The colonial team left an indelible mark of slavery in "the N-word" slave coined country named Nigeria. Nigeria means *negro, nigger,* and/or *slavery.* The current president of "the N-word" slave coined/fabricated country named Nigeria has been conditioned to owe iron-clad loyalty to his colonial team madams/masters.

Recently, the current president and leader of the coined-out "N-word" country named Nigeria acquired several jet fighters and other weapons from his western world colonial team madams/masters. He had positioned the cattle colonial herders and four condemned war jet fighters out of about a dozen fleet war jets he acquired from the western world at Enugu to annihilate Ndị Igbo at his chosen time. Mazị Nnamdị Kanụ spoke up about the coined out "N-word" country named Nigeria in his unique way. The current president and leader of the coined out "N-word" country named Nigeria deployed military soldiers and armored vehicles to Mazị Nnamdị Kanụ's family palace on/or about September 10th through 14th, 2017. Mazị Nnamdi Kanụ and his parents' whereabouts still remain unknown until he made his speeches in October 2018. The leader of "the N-word" country named Nigeria should and has an obligation to understand that the colonial team from every era considered the Africans and their leaders as sub-humans and/or underlings. The leaders of the African countries, especially from "the N-word" country named Nigeria, should make the connection and understand the deal from the colonial team. The world leaders know what is going on. There is no point annihilating Ndị Igbo and other ethnic groups. The leader and president of "the N-word" country named Nigeria should review the statements from the prominent western world twenty-first century leader's remark above. The leader and president of "the N-word" country named Nigeria should recall the atrocious scrambling actions the colonial team apportioned to the countries in the African continent at the Berlin Conference that convened in November 15th, 1884, and ended February 26th, 1885. Make the connections. That should enable the leader and president of "the N-word" country named Nigeria to swiftly put a final end to whatever he knew or didn't know about the killings and the annihilation of Ndị Igbo and other ethnic groups.

The leader and current president of "the N-word" slave country named Nigeria should go back to the excerpts of the nineteenth century's *The Times* on January 8, 1897, below over and over again. The review of the June 2018 twenty-first century's compelling and powerful excerpts from naming Nigeria should not be overemphasized. In an essay that first appeared in *The Times* on 8 January 1897" herein thoroughly. The female journalist "coin expert" has dehumanized and enslaved the indigenous people of the south protectorate even when the House of Commons had already passed its bills to abolish the slave trade on July 26th, 1833 (read excerpts from William

Wilberforce 1759–1833). William Wilberforce abolished Slavery on July 26th, 1833, yet slavery prevailed at that time when a nation in West Africa was virtually coined into Nigeria. Slavery is actively still going on in the twenty first century, as long as the indigenous citizens of the country bear passports and declare themselves the citizens of "that N-word" slavery country.

Every human from the African continent descent/origin that is currently scattered all over the world has greater need to unite at this point and time. They must come together and support the indigenous ethnic groups namely, the Benin' Housas, Ndị Igbo (who have been exterminated), Yorubas (especially people from the Southern protectorate) of the coined out and fabricated "N-word" country named Nigeria.

It is absolutely necessary to include dictionary definitions in this documentation.

Definition of Slavery:

> *Slavery* is any system in which principles of property law are applied to people, allowing individuals to own, buy and sell other individuals, as a *de jure* form of property. A slave is unable to withdraw unilaterally from such an arrangement and works without remuneration. Many scholars now use the term chattel slavery to refer to this specific sense of legalised, *de jure* slavery. In a broader sense, however, the word slavery may also refer to any situation in which an individual is *de facto* forced to work against their own will. Scholars also use the more generic terms such as unfree labour or forced labour to refer to such situations. However, and especially under slavery in broader senses of the word, slaves may have some rights and protections according to laws or customs. Slavery began to exist before written history, in many cultures. A person could become

a slave from the time of their birth, capture, or purchase.

While slavery was institutionally recognized by most societies, it has now been outlawed in all recognized countries, the last being Mauritania in 2007. Nevertheless, there are an estimated 45.8 million people subject to some form of modern slavery worldwide. The most common form of the slave trade is now commonly referred to as human trafficking. Chattel slavery is also still practiced by the Islamic State of Iraq and the Levant. In other areas, slavery (or unfree labour) continues through practices such as debt bondage, the most widespread form of slavery today, serfdom, domestic servants kept in captivity, certain adoptions in which children are forced to work as slaves, child soldiers, and forced marriage.

(Credit: https://en.wikipedia.org/wiki/Slavery 02/09/2018)

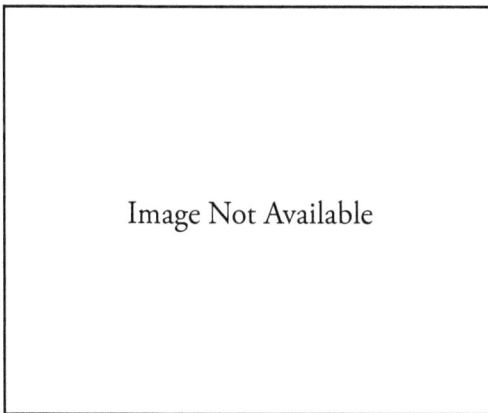

Image Not Available

Shatter the shackle of slavery now or never!

Map of Nigeria, showing the boundaries of 1914

Below is the core decision and reason for amalgamation of the northern and southern protectorates:

On 1 January, 1900, the chartered territories of the Royal Niger Company merged with the Niger Coast Protectorate to form the Southern Nigeria Protectorate. The colony around Lagos was added in 1906, and the territory was officially renamed the Colony and Protectorate of Southern Nigeria. As consolidation and British influence increased, Southern Nigeria was joined with Northern Nigeria Protectorate to form the single colony of Nigeria in 1914. The unification was done for economic reasons rather than political—Northern Nigeria Protectorate had a budget deficit; and the colonial administration sought to use the budget surpluses in Southern Nigeria to offset this deficit.

Stamps
(Photo credit: http://www.dcstamps.com/southern-nigeria-pro
tectorate/)
About the colonial administrator protectorates:

The British Administration began with Frederick
Lugard as the first High Commissioner. In 1907,
Lugard left Nigeria for Hong Kong and Percy
Girouard became the new High Commissioner.
Girouard had a long history of rail construction
in Canada and Africa and was tasked with sub-
stantial railroad construction in the Protectorate.
In 1909, Henry Hesketh Bell, the governor of
the Uganda Protectorate was appointed high
commissioner. In 1912, it was estimated that
the area of Northern Nigeria was approximately
660,000 square kilometres (255,000 sq. mi.) and
had a population of about 10 million people.
Charles Lindsay Temple became the acting Head
Commissioner in 1911 and 1912 and began
overseeing, with close collaboration with Lugard,
the creation of the Colony and Protectorate of
Nigeria

One defining characteristic of administra-
tion in Northern Nigeria Protectorate was the
inclusion of chiefs and emirs as "native authori-
ties" fitting into British administration. Taxation
proved very difficult in the protectorate for the
first years of British rule. Lugard's attempts to
institute poll taxes were foiled by the emirates,
the need to introduce coin controversy, and
attempts to tax trade were opposed by powerful
merchants. This created a substantial deficit in
the budget of the Protectorate and public works
projects had to be paid by grants from the British
Empire. As a result, the British often had signif-

icant shortages of British personnel before 1907. These pragmatic concerns resulted in incorporation of the traditional authorities within the British structure. These same financial and administrative challenges resulted in discussions led by Lugard for the unification of the Lagos Colony, the Southern Nigeria Protectorate, and Northern Nigeria. The disparities between the protectorates was to be corrected by creating a central administration in Lagos, with custom revenues from the south paying for the projects in the north. The unified Colony and Protectorate of Nigeria began in 1914 and had two lieutenant governors with one responsible for the area of the southern province and another responsible for the northern province. The administration in the north remained largely separate and included and deepened the use of native authorities. These divisions have been found to persist in many respects to this day.

(Credit: https://en.wikipedia.org/wiki/Northern_Nigeria_Protectorate)

Below is the map of the world before the colonial team redesigned Africa.

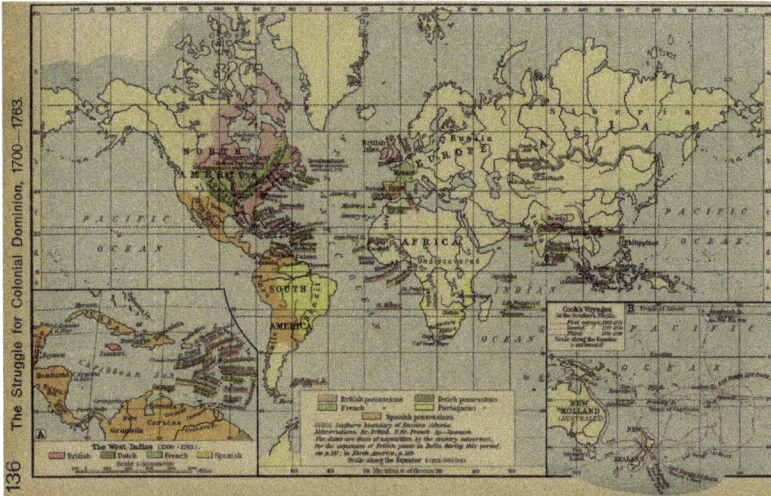

The struggle for colonial dominion (1700–1763) (Photo credit: 12/23/207 http://users.humboldt.edu/ogayle/Hist%20110%20 Images/world_map_1700_1763.jpg)

Map of the world before the colonial team redesigned Africa. The West Africa area was labeled as the supply of slave labor. The Central Africa was marked as an *undiscovered*. Egypt, the cradle of civilization before Common Era was missing on the world map. There is a Mazagan 1708 in North Africa. The map depicted who colonized which country in this world map.

It was not documented anywhere that "the N-word country" is/was the native word language of the indigenous natives of the imposed "N-word" country. It is questionable if the indigenous people at the time in the area depicted as the area of supply of slave labor located at that map of the world above were involved in naming their country. It is unknown if the three major tribes—Hausa, Igbo, and Yoruba—participated or played any role when the instrument/s of the amalgamation of their ancestral native land country was/were instituted and/or proclaimed. The meaning and reason for obliterating powerful kingdoms such as the Arọ, Biafra, Benin, Fulani, Hausa, Ife, Nri, and Oyo to mention a few with the derogatory and insulting N-word as a nation probably was coined to continue to plunge the indigenes into an everlasting slavery.

The derogatory and insulting "N-word" in West African area should be *renamed* in an alphabetical order of the three main acceptable and agreed vernacular words of the indigenes in the area. The words, BỊA (Come) in Igbo language, WA (Come) in Yoruba language and ZO (Come) in Hausa language could have been the name of the country, not the "N-word," which rendered every indigene in that amalgamated geographical area in West African as a permanent enslavement to the "coin expert" journalist. Every indigene from the southern protectorate area should abhor, reject, and break the shackle of the "N-word" and the slave chain. BỊAWAZO could have been considered for the name of the country (if the "coin expert" journalist consulted, sought for the contribution and input from the indigenes) not the bile-loaded and poisonous coined out "N-word." BỊAWAZO could have been an ideal name for the amalgamated country if the "coin expert" journalist had considered and had some iota of regard/ respect for the indigenes in the country. The injustice the educated British journalist "coin expert" heaped on the indigenes, river, and the country should henceforth be condemned, counterbalanced, and conquered. Now that it took over a hundred years of extermination and humiliation of the indigenous people of the southern protectorate area of "the N-word" country, to ask relevant questions regarding the meaning of the coined out name of the country, the indigenous people should disassociate and disengage themselves completely from anything connected to the "N-word." The indigenous people should have completely nothing to do with the N-word country.

"The coin expert" and her —— exploited the wealth as well as the humans who were sold as slaves during her lifetime." "The coin expert" coined the indigenous people into self-professing and self-declaration of themselves as slaves to the colonists each time a citizen of the contemptuous N-word country carries/ed a passport bearing the name of "the N-word" country. The indigenes of the "N-word" country admit and profess they are slaves of the colonists by agreeing they are the citizens of the "N-word" country. The indigenes of the "N-word" country have unknowingly allowed and permitted the colonial team/imperialists to own them as well as every resource from the "N-word country" for over one hundred years. The illegal colonial team who were/are foreign imperialists aliens (were undocumented aliens each time they invaded any country in Africa) who came from Europe and colonized "N-word country" (which could have been BỊAWAZO if the indigenes were involved in naming their country) actually met powerful and rich kingdoms throughout the countries in the African land. The illegal colonial team conned their ways, divided, exploited, and claimed almost the entire giant African continent among themselves. They also exterminated the indigenes in millions during the process.

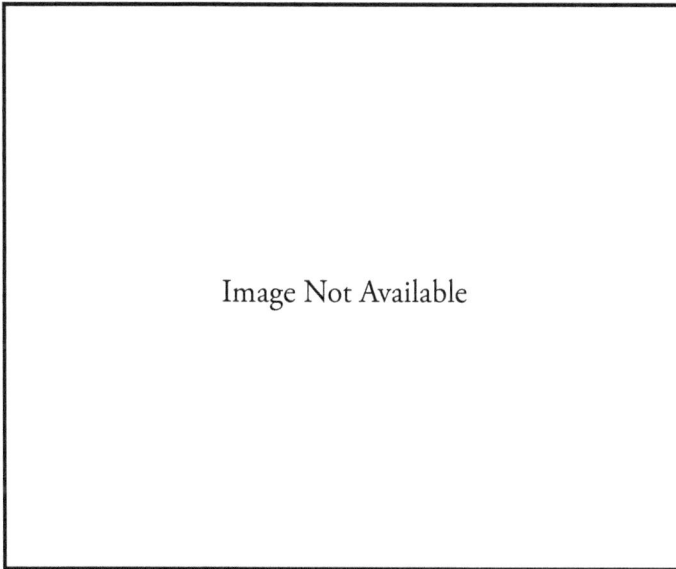

Image Not Available

Africa before the 1884 to 1885 conference
(Photo credit: 01/21/2018
http://libweb5.princeton.edu/visual_materials/maps/websites/africa/maps-continent/1710%20moll.jp)

There were flourishing Democratic kingdoms in Africa before colonial countries arrived. Some of the kingdoms were coined into different names.

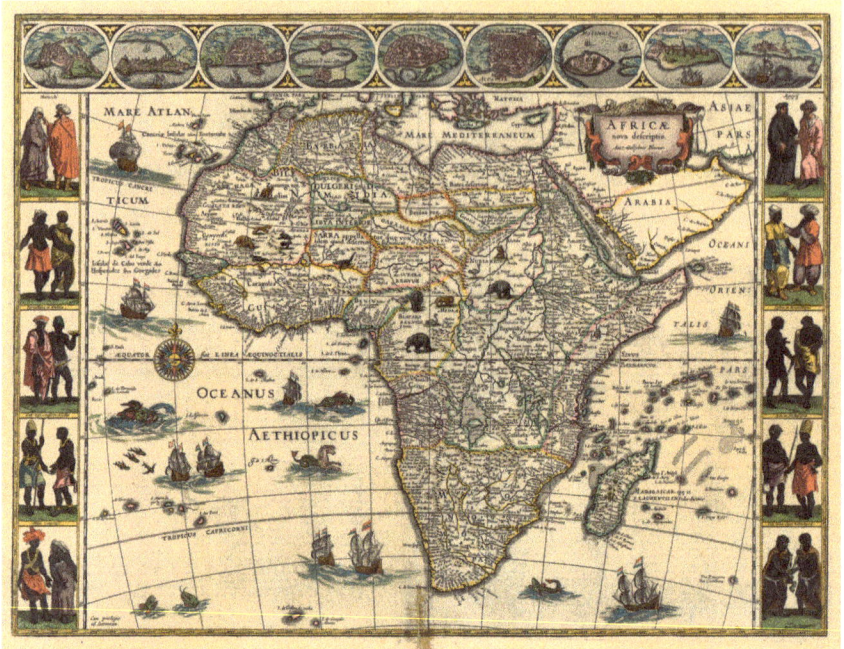

Virgin African Continent before the Arrival of the Colonizers
(Photo credit: 01/21/2018
https://docs.google.com/document/d/1BVizVEcOJa9fWke-
oglPIhJjm1qzSsoqQnq77gXD9aL8/)

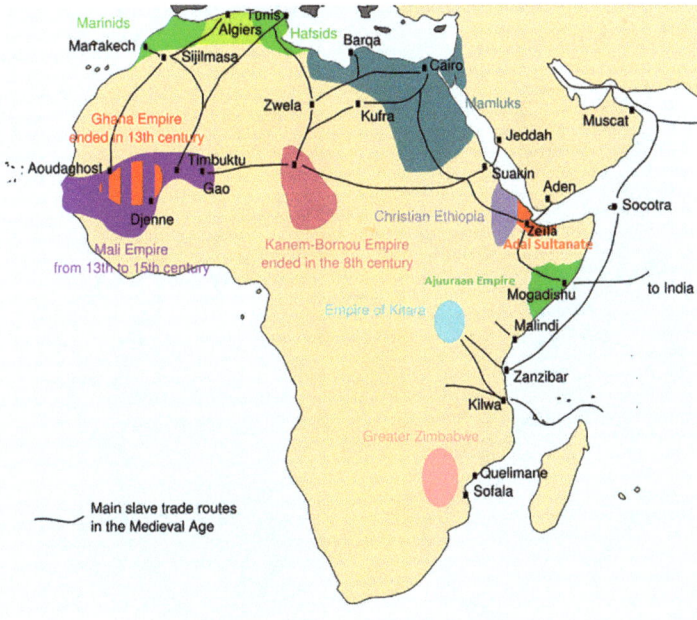

Africa and Her Powerful Empires before the Arrival of the Colonial Team

(Photo credit 01/04/2017

https://en.wikipedia.org/wiki/Slavery#/media/File:African_slave_trade.png)

There were the following: Ajuuraan Empire, Ghana Empire, Kanem Bornou Empire, Mali Empire.

Map showing where slaves were sourced in Africa for the Trans-Atlantic slave trade.

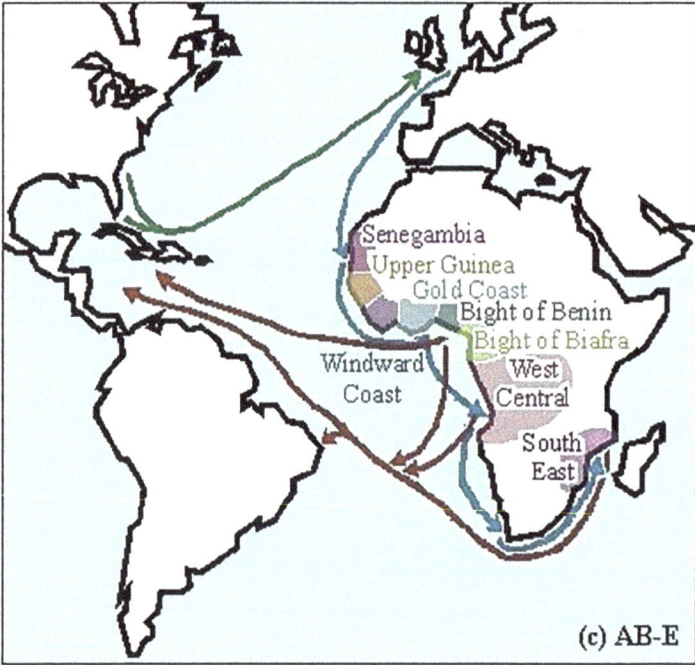

There were Bight of Benin, Bight of Biafra, Gold Coast, Upper Guinea Senegambia, and West Central in this map before the colonizers arrived.

(Photo credit. 01/04/2018

http://www.nigerianmuse.com/20090829095954zg/nigeria-watch/the-benin-empire-and-slave-trade-a-history-lesson-in-5-minutes-compiled-by-bolaji-aluko)

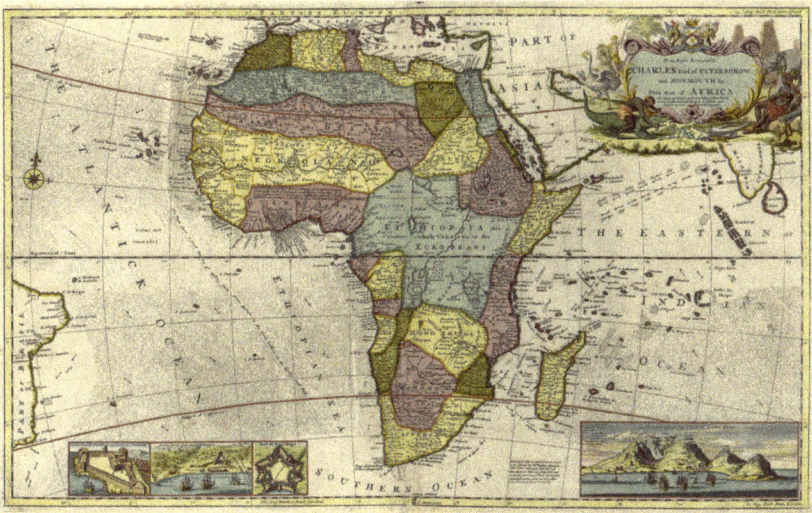

Africa before the 1884 to 1885 Conference
(Photo Credit: 01/21/2018
http://libweb5.princeton.edu/visual_materials/maps/websites/
africa/maps-continent/1710%20moll.jp)

There were flourishing democratic kingdoms in Africa before colonial countries arrived. The colonial team coined some of the kingdoms into different names, such as the negro and/or slave land.

Slave Trade in Action

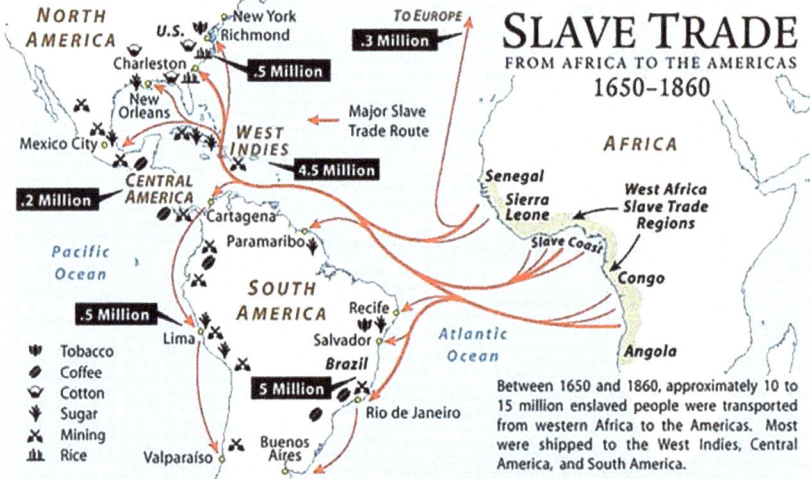

This map depicts the forced movement of millions of enslaved Africans to the Americas over a span of 4 centuries. It is estimated that as many as 15 million people were transported as slaves, with unknown numbers dying enroute. Most of the enslaved people ended up in South America or the Caribbean, while nearly 500,000 were transported to North America. Almost all of the enslaved Africans worked as plantation laborers or else in mining, and most of those in the Caribbean and Central and South America died from the harshness of the work and the brutality of their living conditions. Only in North America did the slave population reproduce itself, with individuals having a life expectancy equal to that of the white population. In Africa, European traders dealt with African suppliers, seldom capturing the slaves themselves. Importantly, the practice of slavery had been in operation in Africa and in central Europe for centuries prior to the redirection of the trade to the Americas. Muslim slave traders from Arabia and Turkey, for example, had transported enslaved Africans and Europeans into South East Asia and the Iberian Peninsula for centuries. Nothing in the past, however, equaled the Atlantic slave trade in size or in the extent and depth of its impact on the world.

(Photo credit: 12/23/2017 http://users.humboldt.edu/ogayle/hist110/enslaved.html)

Map of the World Illustrating Africa and the Slave Trade in Full Swing

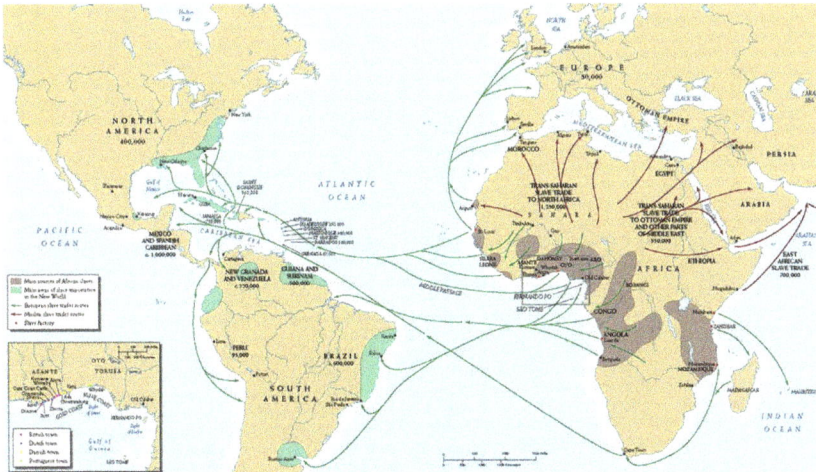

(Photo credit: 01/21/2018
https://docs.google.com/document/d/1BVizVEcOJa
9fWkeoglPIhJjm1qzSsoqQnq77gXD9aL8/edit)

This map clearly showed Aro, the ancient kingdom of Ndị Igbo people. Aro is the short form of Arodi or Arọdị mentioned earlier was the son of Gad or Gadị. Gad or Gadị was the seventh son of Jacob or Jakọbụ and Zilpah Leah's maid. Jacob or Jakọbụ, also known as Israel Isireala and Esau or Esọ, his twin brother, were the sons of Isaac. Isaac was the son of Abraham or Abaraham.

The Map Has The Calabar Ancient Kingdom Who Are Also The Descendants of Jacob Or Jakọbụ. Aro And Calabar Kingdoms In The Map Are From The South

(Photo credit: 01/21/2018
https://docs.google.com/document/d/1BVizVEcOJa
9fWkeoglPIhJjm1qzSsoqQnq77gXD9aL8/edit)

The current countries in the African continent after colonization with the dehumanized, offensive, derogatory "N-word" country.
(Photo credit: http://www.worldatlas.com/webimage/countrys/af.htm)

ỌHA ỌRA VEGETABLE; GIFT FROM A NUN TO PRINCESS KECHI.

Ofe ọha na-atọ rịkpọọọ
ỌHA ỌRA VEGETABLE
Onye rara ọha nne di ya
Ọha mgbe mgbe ọha ala nne di ya ọha mgbe mgbe o!
Onye rara ọha nne di ya
Ọha mgbe mgbe ọha ala nne di ya ọha mgbe mgbe o!
Queen Akụobi rara ọha Queen Nnenwebi nne di ya
Ọha mgbe mgbe ọha ala nne di ya ọha mgbe mgbe o!
Queen Ifenyinwa rara oha Queen Oriego nne di ya
Ọha mgbe mgbe ọha ala nne di ya ọha mgbe mgbe o!
Princess Royal Kechi rara ọha Mgbịrịmma Nwamara nne di ya
Ọha mgbe mgbe ọha ala nne di ya ọha mgbe mgbe o!

His Royal Highness, King Ezeahụkwe Ezeugo. The Okosisi was born in 1910, and he joined our ancestors in 1989. King Ezeahụkwe Ezeugo Okosisi was Princess Royal Akụefete, Igbochidonkechinyeregị, Imemụrụọha, Nne, Kechipetronilla, Martina, Tete, Simon-Ebughu and the author's maternal uncle (MU). King Ezeahụkwe Ezeugo Okosisi was the paramount ruler of Urualla in Ideato local government area of Imo Owerri Province in the Aro Kingdom of West Africa (WA) from 1948 to 1989. Ụmụezearọ village is located at Urualla, where the direct descendants of Arodi/Arọdị, son of Gad, the seventh son of Jakaọbụ/Jacob, currently reside. They were among the group of Jakaọbụ/Jacob's children who relocated from Egypt to settle down in WA at about 1400 BC.

CHAPTER 16

Igbo is the short version of the full words ordained by Chineke, Chukwu Okike Abịama, Yahweh. The full words are, IGBODOANYA/to persevere, IGBOSHIKWO/to prevent, IGBOCHIDONKECHIN-YEREGỊ/to protect what God gave you, and IGBOKWABA/to preserve. They are the channels of God's recreation of humankind. The words IGBODOANYA/to persevere, IGBOSHIKWO/to prevent, IGBOCHIDONKECHINYEREGỊ/to protect what God gave you, and IGBOKWABA/to prevent are the great four (could also be four great) IGBO (PS), which represent the short version of God's words known as *Igbo*. The actions of the four great Igbo PS are the sum of all activities that always take place between the sperm and the egg in the fallopian tube during the process of fertilization.

In Genesis chapter 1:26; "Then God said, 'let us make Humankind in our image, according to our likeness; and let them have dominion over…" Who were the "let us make humankind in our image, according to our likeness" the Lord Chineke, Chukwu Okike Abịama, Yahweh was referring to? The author's ancestors strongly believed that Ndị Igbo were among the group the Lord God was communicating with at that particular time. God perfectly built and created Humankind through His divine spoken words. God commanded His fruitful spoken words when He built Adam out from scratch with the soil of the earth. From the work of His divine hands, God molded the soil of the earth beautifully into Adam. God's careful building performance resulted in the creation of Adam. God concluded the creation of humankind when He fashioned Eve out from a single rib from Adam. God observed the work of His divine hands and saw that the humankind He created, male and female, were good. God unleashed His lovely spoken words and actions that produced humankind inside IGBODOANYA, IGBOSHIKWO, IGBOCHIDONKECHINYEREGỊ, AND IGBOKWABA and or IGBO. According to Urualla ancestors, the presence of Ndị Igbo among the group who were with Chineke, Chukwu Okike Abịama, Yahweh during creation was the compelling factor Chineke, Chukwu Okike Abịama, Yahweh, the Lord God bestowed the blueprint of creation inside IGBODOANYA, IGBOSHIKWO, IGBOCHIDONKECHINYEREGỊ, AND IGBOKWABA and /or IGBO. From that sixth day when God created humankind in His likeness and image, the words IGBODOANYA, IGBOSHIKWO, IGBOCHIDONKECHINYEREGỊ, AND IGBOKWABA or IGBO had continued to serve humankind as an embodiment of God's statutes and ordinances in regard to procreation. Chineke, Chukwu Okike Abịama, Yahweh actually created only Adam and fashioned Eve out from Adam's lone rib. Chineke, Chukwu Okike Abịama, Yahweh did not create Adam, Eve, or any other human slave to serve the first parents. Chineke, Chukwu Okike Abịama, God/ Yahweh did not coined humankind as slaves or to create slavery.

Every indigene from "the N-word" country where focus tilts more on terminating the lives of the indigenous Ụmụ Chineke, Chukwu Okike Abịama, Yahweh from the southern protectorate *must bury* their differences forthwith. It is of utmost importance that the indigenes from the southern protectorate of "the N-word" country named Nigeria *must swiftly unite* and reclaim their subdued empires/kingdoms.

This is the most appropriate time to utilize the *Onye kwe Chi ya kwe* wisdom. Ụmụ Ọkpụ, the southern protectorate needed to shatter the shameful shackle of slavery sooner (later is not an option) or swallow the sufferance of slavery indefinitely.

Ụmụ Ọkpụ (southern protectorate) needed to put an end to the sole economic reason the northern and southern protectorates were coined from, colonized, and amalgamated into in 1914.

Ụmụ Ọkpụ (southern protectorate) must acquire a sound knowledge of what "the N-word" country named Nigeria stands for.

Ụmụ Ọkpụ (southern protectorate) must understand what "the N-word" country named Nigeria stands for.

Ụmụ Ọkpụ (southern protectorate) must understand the meaning of "the N-word" country named Nigeria.

Ụmụ Ọkpụ (southern protectorate) from the ancient/powerful empires/kingdoms had always been educated and are currently well-educated.

Ụmụ Ọkpụ (southern protectorate) are like elephants chained and pegged to the ground. The very person who chained the elephant knows the tremendous power of the elephants. The elephants were constantly reminded of their unsurpassed power yet were coined into notion that it was not necessary to get up from the ground. The elephants were given enough food for subsistence. They are not slaves. Wake up.

Every citizen, including the leaders of "the N-word" country named Nigeria, should disassociate oneself with the derogatory "N-word."

Every indigenous citizen and/or naturalized citizens of the coined out "N-word" country from the "N-word" River Niger in the "N-word" country named Nigeria located in West Africa should understand that they profess they are slaves each time they articulate that they are Nigerians.

Every indigenous citizen and/or naturalized citizen of "the N-word" country named Nigeria must desist from affirming, calling, referring to themselves as the citizens of the dehumanized, despicable, disrespective, and derogatory "N-word" the colonial team imposed on that elicit "N-word" country named Nigeria in West Africa.

Every indigenous citizen of "the N-word" country named Nigeria needs to claim for her/himself, in her/himself, on her/himself, to her/himself the original indigenous powerful kingdom/empire that existed before the illegal arrival of the undocumented colonial team in West Africa.

One thing is for sure: The colonial team has never, does not, and will not affirm and/or claim the citizenship of "the N-word" country named Nigeria in West Africa because they know that Nigeria means slavery.

The indigenous citizens and/or naturalized citizens of the "the N-word" country had been and are currently affirming and/or have been claiming to be the citizens of "the N-word" country named Nigeria, located in West Africa. They are calling themselves slaves.

This documentation brings to the attention of every human-kind both the oppressor and the oppressed that no human deserves to be profiled or tagged with the "N-word" in any form or shape. It is important for every human to understand that the following below are associated with the "N-word" by definition.

Did the definition of *nigger* change?

> There is a widespread belief that the original mean-ing of *nigger*, as defined in dictionaries, was "an ignorant person," and a related belief that current dictionary definitions describing its use as a hate-ful, racist epithet are a recent change. We do not know the source of those beliefs, but they are not accurate. The word was first included in a Merriam-Webster dictionary in 1864, at which time it was defined as a synonym of *Negro*, with a note indicat-ing that it was used "in derision or depreciation." There has never been a definition like "an ignorant person" for this word in any subsequent dictionary published by this company. Nor do we know of such a definition in any earlier dictionary.

Origin and etymology of *nigger*:
"alteration of earlier *neger*, from Middle French *negre*, from Spanish or Portuguese *negro*, from *negro* black, from Latin *niger*"
First Known Use: 1574
(https://www.merriam-webster.com/dictionary/nigger   01/27/ 2018.)

No Humankind from any ethnic group from the "N-word" country was a slave to start with. An educated journalist subtly "coined" and imposed the "N-word" country and the civilized indig-enous humankind the colonial team met in the geographic area.

In parallel, the Niger Coast Protectorate was a British protector-ate in the Oil Rivers area of present-day Nigeria, originally established as the Oil Rivers Protectorate in 1885 and expanded and renamed the Niger Coast Protectorate on 12 May 1893.

On January 1, 1900, the chartered territories of the Royal Niger Company merged with the Niger Coast Protectorate to form the Southern Nigeria Protectorate. The colony around Lagos was added in 1906, and the territory was officially renamed the Colony and Protectorate of Southern Nigeria. As consolidation and British influence increased, the Southern Nigeria was joined with Northern Nigeria Protectorate to form the single colony of Nigeria in 1914. The unification was done for economic reasons rather than political—Northern Nigeria Protectorate had a budget deficit; and the colonial administration sought to use the budget surpluses in Southern Nigeria to offset this deficit.

(Photo credit: http://www.dcstamps.com/southern-nigeria-pro tectorate/)

(Every indigenous tribe from the Southern Protectorate of "the N-word" country named Nigeria must squirt out her or his bile to overtake her or his blood circulatory system.

Clearly, the colonial team did not consider the interest of the indigenes from the Southern Protectorate when they amalgamated the northern and the southern protectorates. The amalgamation of the northern and the southern protectorates by the colonial team was purely akin to the avaricious economic grasping type formula. The gold-digging, grabbing, sucking, as well as the permanent enslavement of the indigenes of the southern protectorate should be terminated by any and every effective means available. The colonists had never and will never have the interest of the indigenes from the southern protectorate in their decision-making process, not prior to when they fabricated "the N-word" country named Nigeria in 1914, not now and will never be forever. The current Fulani Semi-Nomadic cattle herders colony is the continuity of the colonial team's coined out "N-word" slave country Nigeria agenda structured and pioneered for huge economic purposes in the twenty-first century. The British–educated "coin expert" journalist and the Berlin Conference colonial team laid the foundation. The current Fulani semi-nomadic cattle herdsmen killing rampage is the height of degradation of the indigenes from the southern protectorate. The semi-nomadic Fulani cattle herdsmen constantly profess that they value cattle (animals) over humankind who Chineke, Chukwu Okike Abịama, God/Yahweh created in His likeness and image. The irony in the situation is that the semi-nomadic Fulani ethnic groups failed to recognize that they were and are also enslaved by the British–educated "coin expert" journalist, the Berlin colonial team as long as they are the citizens of Nigeria.

The British–educated "coin expert" journalist clearly regarded the Fulani people also as the ignorant ethnic group. The Fulani semi-nomadic cattle herders have been used by the colonial team. If not, why would a group of people obstinately resort to brutal killings of their fellow human simply to retain and promote the "N-word" slave country named Nigeria? The question should be, do cattle herdsmen actually understand what they are doing? They should review the excerpts from January 8th, 1897, below before the "coin expert" fabricated "the N-word" slave country she called Nigeria right here over and over again. The Fulani semi-nomadic cattle herdsmen group should read and carefully digest every word the British–educated journalist had made in those statements published in *The Times* on January 8th, 1897. Once they grasp the insult heaped and assigned to them, they must quickly lay down their AK-47s and desist from shedding innocent blood.

The author had continued and shall continue to include the definition of Nigeria on several chapters in this documentation for the universal enlightenment of every humankind, which should be of great benefit to the oppressors and the oppressed. The entire humankind all over the world will also benefit from this documentation when every nation on earth unites together and speaks up to condemn the Fulani semi-nomadic cattle herdsmen who have been slaughtering the indigenes from the southern protectorate of Nigeria with impunity. They must stop the annihilation of Ndị Igbo in millions in the coined out and fabricated "N-Word" country named Nigeria. Nigeria means slavery. Ndị Igbo are not slaves. *Gbam.*

Excerpts from an essay that first appeared in *The Times* on January 8, 1897. The female journalist "coin expert" clearly dehumanized and enslaved the indigenous people of the south protector-ate even when the House of Commons passed its bills to the abol-ish the slave trade on July 26th, 1833 (read excerpts from William Wilberforce 1759–1833). William Wilberforce abolished slavery, yet slavery prevailed at that time and is actively going on in the twen-ty-first century.

> In an essay that first appeared in *The Times* on January 8, 1897, by "Miss ——," she suggested the name "Nigeria" for the British Protectorate on the Niger River. In her essay, —— made the case for a shorter term that would be used for the "agglomeration of pagan and Mahomedan States" to replace the official title, "Royal Niger Company Territories." She thought that the term "Royal Niger Company Territories" was too long to be used as a name of a Real Estate Property, under the Trading Company in that part of Africa. She was in search of a new name, and she coined "Nigeria," in preference to terms, such as "Central Sudan," which were associated with the area by some geographers and travellers.

(https://en.wikipedia.org/wiki/Flora_Shaw,_Lady_Lugard)

The current Fulani predecessors arrived in Nigeria on or about the 1804. The second and/or third generations of the Fulani had/have the audacity to state from time unending that "the N-word" country named Nigeria could have been their "booty but for the intervention of the British." That is pure *fiction*. The current Fulani predecessors owe themselves some decent responsibilities necessary in educating themselves on their nomadic culture and tradition. They must focus on the exact time and circumstances that led to their roaming along the entire West Africa. They need to check out facts, read documentations, and above all study the history as well as the old and new maps of the African continent so as to acquire the truth on when they arrived in "the N-word" coined out country named Nigeria. The established Igbo empires/kingdoms as well as kingdoms of Benin, Ife/Oduduwa, and other indigenes of the southern protectorates are not "booties" for grabs and as such let the Fulani semi-nomadic and/or nomadic cattle herdsmen go elsewhere and grab their utopian "booties" where they believe they could find them. Ndị Igbo left Egypt and arrived at Aba, Achina, Agụlụeri, Asaba, Arọ Igbo Kingdom, Calaba, Ịgalla, Ịjebu Igbo, Ikwerre, Nembe, Nkwerre, Nri, Ọka (misspelled Awka by the colonial team), Ọkịgwe, Ọnịcha (misspelled Onitsha by the colonial team), Ụlụ (misspelled Ọrlụ by the colonial team), Ọtụrụkpo, Owerri, Ụmụahịa, Urualla, to mention quite a few on or about 1571 BC to 1430 BC. Other powerful kingdoms like the Benin, Oduduwa of the Yoruba Land, and Itshekiri arrived at their respective ancestral and current lands on different dates sometime between on or about 1500 BC to 1200 BC. The current Fulani predecessors roamed in into "the N-word" country named Nigeria on or about the 1804. They were the last ethnic group to arrive in "the N-word" country named Nigeria. Now the Fulani semi-nomadic and/or nomadic cattle herdsmen have the audacity and impetus to constantly annihilate Ndị Igbo, behead the indigenous humans of the southern protectorate, brutalize everybody including the Hausa people who were domiciled in the northern protectorate before their arrival, burn homes and Christian churches of every Ndị Amala, convert the wealth of Ndị Nwe Obodo, deceive and lie to the citizens of the world, destroy Christian holy places, execute people, exterminate Ndị Igbo, exploit abundant natural resources and wealth that belong to the indigenes of the southern protectorate and everywhere they invade, hack infants and children's life expectancies, snuff out pregnant women's lives, kidnap teenage high school girls, kill humankind, lie to the world, maim the youth, shoot everything that moves, slaughter individuals, set houses on fire, rape every female, stalk people, steal lands, terrorize people, and above all, enslave the people they managed to spare their lives. What? This is the twenty-first century.

The established democracies (republican type of government), empires, kingdoms, the origin of civilization, prosperity/wealth of the indigenes of the southern protectorates, which Lord Macaulay described to the British Parliament, existed before Mungo Park and other "explorers" arrived in Igboland. It is quite absurd that Mungo Park ever claimed that he discovered "the N-word" river named River Niger when Ndị Igbo had been dwelling in the area as early as between 1571 BC to 1430 BC. The indigenes of the southern protectorates are the special Ụmụ Chineke, Chukwu Okike Abịama, God/Yahweh.

A Brief History of Mungo Park, "the Explorer"

Mungo Park was born in 1771, near Selkirk in Scotland. In 1795 the association appointed Mungo Park to explore the course of the River Niger—until Houghton had reported that the Niger flowed from West to East; it was believed that the Niger was a tributary of either the river Senegal or Gambia. Relying on the kindness of African villagers, Park continued on his way to the Niger, reaching the river on 20 July 1796. Park was an instant success, and the first edition of his book *Travels in the Interior Districts of Africa* sold out rapidly. His £1000 royalties allowed him to settle in Selkirk and set up a medical practice (marrying Alice Anderson, the daughter of the surgeon to whom he had been apprenticed). But settled life soon bored him and he looked for a new adventure—but only under the right conditions. Eventually in 1805, Banks and Park came to an arrangement—Park was to lead an expedition to follow the Niger to its end, sending the native guide, Isaaco, back to Laidley with his journals. Park was determined to continue. Park, Lieutenant Martyn (who had become an alcoholic on native beer), and three soldiers set off downstream from Segu in a converted canoe, christened the HMS *Joliba*. Each man had fifteen muskets but little in the way of other supplies.

When Isaaco reached Laidley in the Gambia news had already reached the coast of Park's death—coming under fire at the Bussa Rapids, after a journey of over one thousand miles on the river, Park and his small party were drowned. Isaaco was sent back to discover the truth, but the only remains to be discovered was Mungo Park's munitions belt. The irony was that having avoided contact with local

Muslims by keeping to the center of the river, they were in turn mistaken for Muslim raiders and shot at.

(https://www.thoughtco.com/biography-mungo-park-42940)

Excerpts about the civil war:

> The Nigerian Civil War, also known as the Nigerian-Biafran War, was a three-year, bloody conflict with a death toll numbering more than one million people...seven years after Nigeria gained independence from Britain, the war began with the secession of the southeastern region of the nation on May 30, 1967, when it declared itself the independent Republic of Biafra. The ensuing battles and well-publicized human suffering prompted international outrage and intervention.

(http://www.blackpast.org/gah/nigerian-civil-war-1967-1970)

Why would any right-thinking tribe or ethnic group fight to be the citizen of the "the N-word" country? Why would any right-thinking tribe or ethnic group fight to be associated with "the N-word" country? Why would any right-thinking tribe or ethnic group kill other ethnic groups who refused to be associated with "the N-word" country? Why would any right-thinking tribe or ethnic group fight when that group were/are dehumanized, disrespected, humiliated, offended with the "the N-word" country? The "the N-word" country is not the native language of any ethnic group or tribe of any country in Africa. The geographic area where the colonial team coined out "the N-word" country had powerful empires and kingdoms before their arrival. The colonial group subdued those powerful empires and kingdoms and replaced them with the offensive and derogatory N-word country. No sane tribe or ethnic group would dream or accept to be profiled as the group of ignorant people labeled as slaves with "the N-word" country and they proclaim they are/were such citizens with their passports bearing their names with "the N-word" country. No right thinking tribe or ethnic group would allow themselves to be associated with "the N-word" and/or its derivatives when the dictionary meaning of "the N-word" had been in existence since 1864.

Usage Discussion of NIGGER

> *Nigger* is an infamous word in current English, so much so that when people are called upon to discuss it, they more often than not refer to it euphemistically as "the N-word." Its offensiveness is not new—dictionaries have been noting it for more than 150 years—but it has grown more pronounced with the passage of time. The word now ranks as almost certainly the most offensive and inflammatory racial slur in English, a term expressive of hatred and bigotry. Its self-referential uses by and among black people are not always intended or taken as offensive (although many object to those uses as well), but its use by a person who is not black to refer to a black person can only be regarded as a deliberate expression of contemptuous racism. Its offensiveness has grown to such an extent in recent decades that sense 3 is now rarely used and is itself likely to be found offensive. The word's occurrence in older literary works by such writers as Joseph Conrad, Mark Twain, and Charles Dickens can be shocking and upsetting to contemporary readers.

Did the definition of *nigger* change?

There is a widespread belief that the original meaning of *nigger*, as defined in dictionaries, was "an ignorant person," and a related belief that current dictionary definitions describing its use as a hateful, racist epithet are a recent change. We do not know the source of those beliefs, but they are not accurate. The word was first included in a *Merriam-Webster* dictionary since 1864, at which time it was defined as a synonym of *negro*, with a note indicating that it was used "in derision or depreciation." There has never been a definition like "an ignorant person" for this word in any subsequent dictionary published by this company. Nor do we know of such a definition in any earlier dictionary.

Lugard was knighted in 1901 for his service in Nigeria.

His or her picture in the N-word country were and are still not from the languages of the Hausa, Igbo, and Yoruba kingdoms who were and still are the indigenous people in the geographical area in West Africa the N-word country.

The powerful kingdoms such as the Arọ, Biafra, Benin, Fulani (that arrived later in the nineteenth century who now claim ownership of "the N-word" country) Hausa, Ife, Nri, and Oyo Yoruba, to mention few who have been dehumanized with the derogatory and insulting N-word as a nation probably was coined to continue to plunge the indigenes into an everlasting slavery.

Now, every citizen of "the N-word" country *must* condemn and counter the N-word *off* of the citizens, country, and the river in the nation Lord Macaulay rightly stated: "I do not think we would ever conquer unless we break the very backbone of this nation." What backbone was Lord Macaulay referring to? The Ndị Igbo/Igbo people and the Oyiri Igbo in the southern protectorate in particular and other indigenous citizens of "the N-word" country. The indigenous citizens of the southern protectorate should immediately react, refuse, refute, and reject any connection with "the N-word" country. Desist from bearing the derogatory "N-word" country's passport. Although Lord Macaulay, the colonists, and the coin expert imposed the "the N-word" country on the citizens of the southern protectorate in 1914, the citizens of the southern protectorate have the ability in 2018 to say "Enough is enough" and reclaim that very backbone which Lord Macaulay was scared of. The indigenous citizens of the southern protectorate should immediately reclaim, revive, revitalize, and relatively renew the *return back* of the suppressed great powerful empires/kingdoms not limited to Arọ, Biafra, Benin, Hausa, Ife, Igbo, Nri, and Oyo Yoruba that Lord Macaulay rightly stated: "I do not think we would ever conquer unless we break the very backbone of this nation." Agree and collaborate with the truth in Lord Macaulay's address. The colonial team/imperialists had a great need to subdue every different dialect group of Ndị Igbo/Igbo people, Arọ, Biafra, Benin, Hausa, Ife, Igbo, Nri, and Oyo Yoruba empires/ kingdoms for fear of threat from the same indigenes. Rise up again (not in violence but in intelligence and wisdom), shatter the shameful shackled chain of slavery from the colonial team/imperialists to resolve the uncanny and unsettling truth from Lord Macaulay. Come on, continue to excel with your undisputed divine building knowledge gift from God.

The author hereby makes this important message clear to every indigene from the southern protectorate in particular and the entire "N-word" country in general. Let nobody utter any kind of insult and heap the same upon the retired general and ex-president of "the N-word" country, Mr. President Olusegun Obasanjo. Considering the alleged dual biological heritage leveled upon His Excellency, the retired general of "the N-word" country, Mr. President Olusegun Obasanjo. Honorable Mr. President and retired general Olusegun Obasanjo's rare biological attributes make him a multifaceted juggernaut. The author challenges every country in the entire world to name a person who has ascended a powerful position as a president, promised to return power to democracy on a specific date, and went ahead and honored his or her promise. Currently, honorable Mr. President and retired general Olusegun Obasanjo in the author's opinion is the father of discipline because he was a man of his word then. Until there is another proven candidate with documented facts from any country in the whole wide world who matches him, Mr. President Olusegun Obasanjo is a reliable father of discipline. Some people claim his biological father is Onye Igbo and his biological mother is a Yoruba first lady. The allegation is that Mr. President Olusegun Obasanjo's biological father could or could not be traced right to Ndị Igbo Igbo village somewhere in a town that starts with U. He visited that small town when he was the president. The biological mother of Mr. President Olusegun Obasanjo was the great daughter of Oduduwa. The author and almost every human should applaud honorable Mr. President and retired general Olusegun

Obasanjo's alleged one-of-a-kind powerful (yet to be proved) Igbo and Yoruba genetic combinations. If his father was an Igbo man, they have a commendable unique heritage. The alleged combination of his biological parents does not really matter. His parents gave birth to a rare disciplined son. Honorable Mr. President and retired general Olusegun Obasanjo should have received the Nobel Prize. Honorable Mr. President and retired general Olusegun Obasanjo's quality is beyond the scope of this documentation. This is the typical example of the bull elephant chained on the peg to the ground. Imagine where that bull elephant was provoked, chain-pegged to that ground for a long time. That elephant would naturally bust the chain by merely getting up. The elephant must go rampage and continue to clear any obstacle that has blocked his way regardless if it was an Iroko tree or other trees around his vicinity effortlessly. That elephant's move when he got up and busted the chain could be the key that might have led to the chained elephant's natural freedom.

Ndị Igbo, Oduduwa, Benin, and other Oyiri Igbo people from the southern protectorate and other indigenous citizens of "the N-word" country have been enslaved by the colonial team for over a hundred years. The distorted fear and threat the colonial team conceived about the Igbo people led to prolonged and unresolved acts of abuse, assault, and extermination of Ndị Igbo and the southerners' degradation, humiliation, insults, etc. loaded upon the indigenous citizens of southern protectorate were and are still quite atrocious and despicable. The colonial team *coined* Nigeria and dumped slavery upon a group of decent empires/kingdoms. The colonial group could have subdued the indigenous citizens of the southern protectorate in the past; however, they are not able to distinguish the *truth*. The purpose of this documentation is focused on bringing the truth to light so that both parties would embrace the *truth* and rectify the inhumane treatment to the citizens of "the N-word" country named Nigeria.

In Genesis chapter 1:26, it says "Then God said, 'let us make Humankind in our image, according to our likeness; and let them have dominion over…'" God created humankind through His divine spoken words. God commanded His fruitful spoken words of creation and unleashed them inside the words IGBODOANYA/to persevere, IGBOSHIKWO/to prevent, IGBOCHIDONKECHINYEREGỊ/ to protect what God gave you, and IGBOKWABA/to persevere or IGBO. God created humankind; God did not create slaves.

Image Not Available

Enyi means an elephant.
Nga oke Enyi abụọ lụru ọgụ ahịhaị anaghị epu ya.
Oke Enyi wee iwe ebelebe gbuo
Otoro gbawa ala nga oke enyi were iwe
Onye akpasukwala oke enyi iwe
Huge African bush Enyi or elephants
(Photo credit: https://www.123rf.com/stock-photo/serengeti_ animals.html?sti=lsovld8h8nfszffvgs|&mediapopup=20782860)

King EzeUrualla Edwin Ekwosụ Ezeanyịka. The Okosisi III is the current paramount ruler of Urualla in Ideato local government area of Imo Owerri Province in the Aro Kingdom of West Africa (WA) from 1989 till the present. King EzeUrualla Okosisi III is Princess Royal Akụefete, Igbochidonkechinyeregị, Imemụrụọha, Nne, Kechipetronilla, Martina, Tete, Simon-Ebughu, and the author's maternal uncle (MU). From left: Sibling, Royal Princess Chiebonam, Sabina John Anyaehie. Late Cousin Prince Fabulous Ezeugo. The monarch King EzeUrualla Edwin Ekwosụ Ezeanyịka. The Okosisi III and Kechi the author's Ụmụezearọ village is located at Urualla where the direct descendants of Arodi/Arọdị son of Gad, the seventh son of Jakaọbụ/Jacob currently reside. They were among the group of Jakaọbụ/Jacob's children who relocated from Egypt to settle down in WA at about 1400 BC.

CHAPTER 17

NDỊ IGBO/Igbo people *and other tribes from the southern protectorate with other tribes from the northern protectorate were subjected into the dehumanizing, derogatory, humiliating, offensive, and protracted cruel enslavement into Nigeria,* regarding the atrocious hidden agenda from the colonial team since 1914. The purpose of this documentation is/ was to set the inhumane systemic, protracted cyclical plot, humiliating crafty records from the colonial team against the indigenes of "the N-word" coined out country named Nigeria since January 1st, 1914 right and straight. The purpose of the plot has been to enslave/exterminate the indigenous southern protectorate empires/ kingdoms (especially NDỊ IGBO/Igbo people) who dwell in "the N-word" Slave country named Nigeria. The fact still remains that the truth about the author's intention was/is not to blame, condemn, criticize glorify, incite, and/or point fingers at any group of humans. It is not to praise the countries in Africa or condemn the colonial team. It is not to blame the colonial team (the oppressors) or to feel sorry for the countries in the African continent, the oppressed. This documentation objectively invites humankind all over the world to carefully read the chronological sequence of events that took place between the countries in Africa and the colonial team. The focus should be directed to "the N-word" slave country named Nigeria. Every reader needs to objectively assess every actual historic event that has taken place in the African countries and the subsequent tyranny conceived, planted, and established by the colonial team in the colonized nations since the fifteenth century. The colonial team and the educated female British journalist "coin expert," the Transatlantic slave trade, the 1884 to 1885 Berlin Conference, launched a permanent, perpetual, dehumanizing, insult and enslavement on the indigenes from the southern protectorate in "the N-word" slave country named Nigeria. The colonial team and the educated female British journalist "coin expert" conceptualized their distorted idea regarding Ndị Igbo/Igbo people in particular as a colossal threat to their control/imperialism in "the N-word" slave country named Nigeria. The early colonial team visualized their trapped, unsettled as well as their elicit fear of Ndị Igbo/Igbo people (and other ethnic groups from the southern protectorate) and created an indelible scheme that destroyed the most powerful empires/kingdoms that existed in Africa before their arrival in "the N-word" slave country named Nigeria. The educated female British journalist "coin expert" and the subsequent colonial team catapulted the same threat from their predecessors by their modified insatiable deep clutch inside the abundant wealth in the southern protectorate and other African countries. They utilized "coining" out the fabricated and derogatory "N-word," which is the same as negro, nigger, slavery, and enslaved every citizen of the slave country they named Nigeria. The educated British female journalist "coin expert" and her insidious coined out "N-word" country had spilled more blood of Ndị Igbo or Igbo people than any other ethnic group in the history of humankind in "the N-word" slave country named Nigeria. The "coin expert" probably had committed a *heinous* crime against all humankind by constantly spilling Ndị Igbo and/or Igbo people's blood simply because they considered Ndị Igbo and viewed them as their threat. The impression the colonial team as well as the educated British female journalist "coin expert conceived about Ndị Igbo or Igbo people were absolutely distorted. Ndị Igbo or Igbo people are Chineke, Chukwu Okike Abịama, Yahweh God–Builders. The main reason for this documentation is to objectively present the atrocities the colonial team had been committing against Ndị Igbo or Igbo people since 1914 in "the N-word" slave country named Nigeria.

This documentation serves as an appeal to the citizens from every nation in the world to take an appropriate action and support the *freedom* fight of Ndị Igbo/Igbo people as well as the other indigenes from the southern protectorate in "the N-word" slave country named Nigeria. The presidents, prime ministers, and royal families all over the world, especially the participants in the Berlin Conference and the colonial team should put a final end to their military aids and support the non-indigenous groups of the northern protectorate who act as their agents in "the N-word" slave country named Nigeria. Those leaders from the northern protectorate who constantly had been ruling in "the N-word" slave country named Nigeria act as the effective steady channel through which the abundant wealth of the "N-word" country is siphoned by the colonial team (who created "the N-word" slave country named Nigeria) for over a hundred years ago. The presidents, prime ministers, royal families all over world for the sake of Ụmụ Chineke, Chukwu Okike Abịama, Yahweh should support the obliteration of the derogatory name of "the N-word" country named Nigeria (which means slavery), her river Niger (which means slavery), and citizens of that geographic location in West Africa. The current geographic location named Nigeria in West Africa *needs* to be renamed with a different slave-free ancient indigenous name.

Let all nations who had been interfering with the lives of Ndị Igbo/Igbo people, other indigenes of the southern protectorate by supplying arms, giving support to the non-indigenous group of "the N-word" slave country named Nigeria disassociate themselves henceforth. The British nation that has been supporting the non-indigenes from the northern protectorate should begin to condemn the brutal killings of the nomadic cattle herders directed to the Ndị Igbo or Igbo people, and other indigenes from the southern protectorate. The non-indigenous Fulani semi-nomadic and/or nomadic herders from all over the African continent infiltrate into Nigeria undocumented. As soon as they arrive with their semi-automatic weapons, these cattle herders engage in annihilating, beheading, exterminating, killing, maiming, raping, slaughtering, and above all displacing the indigenous people of the southern protectorate out of their ancestral lands. The neocon herders brand their actions with the atrocious realization of a cattle colony bill yet to be passed in the fabricated N-word country named Nigeria. The killing rampage of the cattle herders translates that the herds of cattle are currently colonizing humankind from the southern protectorate in the twenty-first century. Every individual who is currently a citizen of "the N-word"–enslaved country named Nigeria (by the colonial team and herds of cattle) deserves the fundamental human right that Chineke, Chukwu Okike Abịama, Yahweh God had established for the humankind He created in His likeness and image. The presidents, prime ministers, royal families all over Europe (for the sake of Chineke, Chukwu Okike Abịama, Yahweh God) should provide an adequate and reasonable *redress* for the *heinous* crime committed against the indigenes since the amalgamation of the northern and the southern protectorates by the colonial team even before January 1914. The royals perform numerous charitable work in Africa, yet they created and continue to create Hercules situations that render Ụmụ Igbo and other indigenes of the southern protectorate of "the N-word" enslaved country named Nigeria.

Items for Charitable Materials

This documentation shall initiate a forum that will bring all parties together so they can develop an effective, constructive, positive, and progressive final *stop* to the atrocities committed against the indigenes from the southern protectorate in general and explicitly to Ndị Igbo/Igbo people. A slave by definition is unable to withdraw unilaterally from the owner. A slave is conditioned to a peculiar arrangement such that he/she works for a master without remuneration. IGBODOANYA, IGBOSHIKWO, IGBOCHIDONKECHINYEREGỊ, AND IGBOKWABA or IGBO are the legacy of blueprint of God's action and/or spoken words during creation. GBAM Ndị Igbo/Igbo people are not slaves.

When the Africans say that the 2018 World Cup was won by Africa and not by France, read for yourself the response of a French journalist:

> We can give the same…team to an African nation and they will not even reach the first rounds/phase: the money for preparations will be diverted, the delegation will be filled with mistresses and family members going for tour-

ism, those to prepare them psychologically will be replaced with Pastors and Fetish Priests, cooks and messengers with no experience, doctors chosen by affinity with the Minister... Shame, this team has nothing to do with Africa, colour is not enough. Long live France and bravo.

Robert Mugabe Quotes

When they move from Europe to Africa =Voyages of discovery.
When we move from Africa to Europe =Illegal immigrants.
A group of Africans in Europe =Refugees.
A group of Europeans in Africa = Tourists .
A group of Afriicans in the bush = Poachers .
A Group of Europeans in bush = Hunters !
Black people working in a foreign country =Foreigners.
White people working in a foreign country=Expatriates!!
This world has failed Africa!

"Abraham Madu" via AfricanWorldForum
(Photo credit: africanworldforum@googlegroups.com)
August 5 at 2:22 p.m.

Animals are named by their owners. Animals have no power of reasoning to name humans. So for Fulani to insist to keep the name Nigeria, given to them by F. Lugard, shows that they are less than domesticated human-animals. *Gbam!*

Who Bewitched These So-called Nigerians?

British named them Burma; they rejected it and renamed themselves Myanmar.

British named them Upper Volta; they rejected it and renamed themselves Burkina Faso, which means land of incorruptible people.

British named them Gold Coast; they rejected it and renamed themselves Ghana.

British named them Southern Rhodesia; they rejected it and renamed themselves Zimbabwe.

British named them Northern Rhodesia; they rejected it and renamed themselves Zambia.

British named them Tanganyika; they rejected it and renamed themselves Tanzania.

Germans named them colony of Southwest Africa; they rejected it and renamed themselves Namibia.

France named them Dahomey; they rejected it and renamed themselves Benin.

Belgium named them Zaire; they rejected it and renamed themselves DRC or the Democratic Republic of Congo.

And the list goes on and on and on…

But the British named some bunch of people Nigerians, and they'll rather kill to preserve it than to reject it.

"It is only an animal that bears the name that is given to it by a slave master" (Igbo proverb).

Can someone please explain to me the meaning of Nigeria?

Copied.

Answer: The dictionary meaning of "the N-word" country named Nigeria had applied in this documentation several times. Action is of utmost importance this time. *They denounce the fabricated coined out "N-word" Country Named Nigeria Fortwith.*

Just like all the countries mentioned above denounced the names they received from their colonial team, likewise the citizens of "the N-word" country named Nigeria can shatter the shackles of slavery instantly.

Any indigenous ethnic group who continues to retain the citizenship of "the N-word" country named Nigeria is colonizing and enslaving herself/himself, not the British.

Any indigenous ethnic group who continues to retain the citizenship of "the N-word" country named Nigeria is allowing the cattle to colonize and enslave herself/himself, not the British.

Ọhaneze Ndịgbo of Nnịa Nwodo, in the meantime, will keep on running far away from the conflicts while the conflicts insist upon pursuing him. IPOB is not moved! Nnịa Nwodo will not give up anything. He went in there with arrogance. *Anya Nnịa Nwodo ka nọ kwa na* this election.

They think they have money to buy their way in when Bịafra comes.

Ọhanaeze Ndị Igbo are not on the same side with "Ọhaneze Ndigbo",Nnịa Nwodo, HO! HA! Ya kpọtụba! Ya gazie.

Ụmụ nne Abrahamụọgụ Anụsịobi Madụ.

Igbo is the short version of the full words IGBO-DOANYA/to persevere, IGBOSHIKWO/to prevent, IGBOCHIDONKECHIN-YEREGỊ/to protect what God gave you, and IGBOKWABA/to preserve. Igbo was ordained by Chineke, Chukwu Okike Abịama, Yahweh. The full words of Igbo are the channels of God's recreation of human-kind. The words IGBODOANYA/to persevere, IGBOSHIKWO/to prevent, IGBOCHIDONKECHINYEREGỊ/to protect what God gave you, and IGBOKWABA/to persevere are the great four (could also be four great) IGBO (PS) which represent the short version of God's words known as IGBO. The actions of the great four IGBO PS are the sum of all activities that always take place between the sperm and the egg in the fallopian tube during the process of fertilization. There are more than enough natural resources in the African conti-nent to make every human in the world earn multimillion dollars. There is no reason to continue to slaughter Ndị Igbo/Igbo people, Benin people, Oduduwa people, and/or other ethnic tribes from the southern region of the "N-word" country. There is no reason to con-tinue to abuse, dehumanize, enslave, humiliate, insult, suppress, Ndị Igbo/Igbo people, Benin people, Oduduwa people, and/or other eth-nic tribes from the southern region of the "N-word" country. There is no reason to turn ethnic groups against each other in the "N-word" country. The world in the author's opinion would be a better place if the intelligent people teamed up and made constructive decisions that will yield positive result for the benefit of humankind where no indi-vidual should be oppressed. The aggressors should stop killing any-body that wrote or spoke the truth in the name of Chineke, Chukwu

Okike Abịama, Yahweh na Ọkpara ya bụ Jesu, na arịrịọ Nne anyị dị aso bụ Maria, na ndị Mụọma, ndị Nsọ nọ N'Igwe na N'elu Ụwa, Ndị Ịshie/Ịchie Abaraham, Sarah, Isaac, Rebecca, Jacob/Jekaọbụ/ Israel, Easu/Esọ, Gad, Ashar, Benjamin, Naphtali, ụmụ iri na otu Jacob/Jekaọbụ/Israel na Leah, Rachel, Bilhal, Zilpah, Arodi/Arọdị, Areli, Eri, Ezbon/Ezebonụ, Gera, Naaman, Ehi, Moses, Ndị Ịshie/ Ịchie Urualla Ụmụ Ezearodi/Ezearọdị Mbilieze, Egbebụike, Ebughu, Norbert-Ebughu, Simon-Ebughu, Richard-Ebughu, Ndị nile egburu na-ọgụ agha na maka ọgụ Ụmụ Igbo na Ndị nile bụ southern protec- torate, the ancestors of the great Aro, Benin, Calaba, Mbammiri Nile, Nembe, Oduduwa, Opobo, and/or the Oyiri Igbo Nile in the south- ern protectorate and other indigenous citizens of "the N-word" coun- try concerned. *Zọpụtanụ ndị nke ụnụ na oge nkeaa n'elu ụwa.* Amen. *Anyị jiri ndị kpara ekete or nkata in* "the N-Word" country ọlụọ ọla na ọfọr na asatọ. Isee o! o! o! Eziokwu Anyị ga enwe mmeri; Eziokwu Anyị ga enwe mmeri; Eziokwu Anyị ga enwe mmeri, Ụmụnne mụ jishi ike ooooooooooooooooo! Chineke, Chukwu Okike Abịama, Yahweh na Ọkpara ya bụ Jesu, na arịrịọ Nne anyị dị aso bụ Maria, na ndị Mụọma, ndị Nsọ nọ N'Igwe na N'elu Ụwa Kwụ anyị n'ihu, Kwụrụ anyị n'azụ, Kwụrụ anyị n'aka iri, Kwụrụ anyị n'aka ekweri. Anyị nọ nwe olile anya na-eche ka Uche Chineke, Chukwu Okike Abịama, Yahweh N'elu Ụwana aha Ọkpara ya na onye nwe anyị bụ Jesu Christi Isee o! o! o! Amen.

MKPỤRỤ AGBỌLỌ MA Ọ BỤ AGBỌNỌ. E JI MKPỤRỤ AGBỌLỌ MA ỌBỤ AGBỌNỌ ETE OFE. (ONE MAKES SOUP WITH AGBỌLỌ OR AGBỌNỌ SEEDS).

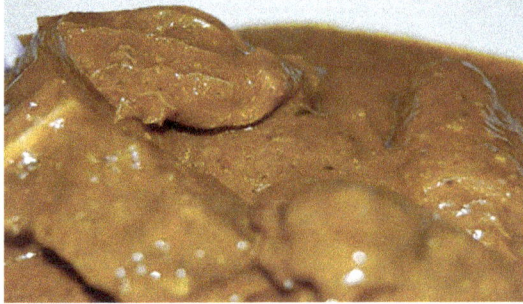

OFE AGBỌLỌ MA Ọ BỤ AGBỌNỌ. (AGBỌLỌ soup). (Photo credit: https://www.cometonigeria.com/nigerian-food-and-drinks/the-making-of-tasty-ogbono-soup/)

MKPỤRỤ ELILI MA Ọ BỤ EGWUSHI. E JI MKPỤRỤ MKPỤRỤ ELILI MA Ọ BỤ EGWUSHI ETE OFE. (ONE MAKES SOUP WITH ELILI OR EGWUSHI SEEDS).

OFE EGWUSHI (EGWUSHI soup). (Photo credit: http://splendidonline.blogspot.com/2016/07/you-must-have-these-5-local-dishes-on.html)

Ọkwụlụ Ọkwụrụ Igbo A Naghị Aka Onye Kụrụ Ya. Gbam. Kpọm Kwem.

ỌKWỤLỤ/ỌKWỤRỤ E BIERE EBIE

OFE ỌKWỤLỤ/ỌKWỤRỤ E BIERE EBIE

OSE NA AFỤ ỤFỤ. E JI OSE NA AFỤ ỤFỤ ATA OFE NA-ATỌ ỤTỌ.

AṄARA. GARDEN EGGS. AKWỤKWỌ AKỤ OFE MA Ọ BỤ AKWỤKWỌ AṄARA NA ELU ILU. E JI AKWỤKWỌ AKỤ OFE MA Ọ BỤ AKWỤKWỌ AṄARA ETE OFE. NDỊ URUALLA ANAGHỊ EJI NNU ATE OFE AKWỤKWỌ AKỤ OFE MA Ọ BỤ AKWỤKWỌ AṄARA. OFE AKWỤKWỌ AKỤ OFE MA Ọ BỤ AKWỤKWỌ AṄARA NA EDOZI NDỤ. AKWỤKWỌ AKỤ OFE MA Ọ BỤ AKWỤKWỌ AṄARA FROM ỤMỤEZEARỌ OR ỤMỤEZEARỌDỊ URUALLA.

EJULA IGBO BỤ EZIGBO ANỤ E JI ETE OFE NA ALA IGBO. Ọ NA-ATỌ ỤTỌ MA E JIRI ỤZỊZA NA ỤDA TIKỌTA YA WERE TEE OFE EJULA. Ọ NA-EBOCHI ỌBARA MGBALI ELU. Ọ NA-ADỊ MMA MA EZI NA OBI ỤLO NDỊ IGBO GỤRỤTỤ, HA TEE OFE EJULA. ỤDO DỊRỊ ỤNỤ.

OSHISHI GOVA. GUAVA TREE. AKWỤKWỌ GOVA NA AGWỌ ỌRỊA A NA-AKPỌ AKỌM MA Ọ BỤ IBA. OSHISHI GOVA FROM ỤMỤEZEARỌ OR ỤMỤEZEARỌDỊ URUALLA.

MKPỤRỤ OSHISHI GOVA. MKPỤRỤ OSHISHI GOVA NA EDOZI AHỤ NKE ỌMA. guava fruit.

LEMON TREE FROM ỤMỤEZEARỌ OR ỤMỤEZEARỌDỊ URUALLA.

MANGO AND ỤDARA TREES FROM ỤMỤEZEARỌ OR ỤMỤEZEARỌDỊ URUALLA.

MANGO: RICH IN ANTI-OXIDANT AND VITAMIN C. ORGANIC MANGO FRUITS FROM ỤMỤEZEARỌ OR ỤMỤEZEARỌDỊ URUALLA.

PHOTO CREDIT: FROM PRINCE RAPHAEL UGONNA EZEAHỤRỤKWE. THE AUTHOR'S THIRD COUSIN.

These Delicious and Exotic Ụdara/Agbalụmọ/African Star Apples Below Naturally Dropped from the Ụdara Tree (Not Plucked from the Tree). They are from Okorobi Palace Urualla, In Ideatọ Local Government Area of Imo Province/Region of West Africa.

EXCERPTS ON HEALTH BENEFITS

Here is some really good news about the nutritious load of Udara/Agbalumo/African star apple: The African star apple contains more vitamin A and C than orange and guava; the fruit is also rich in calcium, which is for strong bones and teeth. According to research, the African star apple decreases the level of blood sugar and cholesterol, and could be useful in treating heart diseases. In traditional medicine, the roots, barks, and leaves of *udara* are being used in the treatment of diseases. The bark is used for the treatment of yellow fever and malaria, while the leaf is used as a moisturizer and for the treatment of skin diseases. The fruit is known to act against and help fight against cancer. As with most fruits, it has low calories because of its little fat content, so it is a healthy food and very ideal for weight watchers. Recent researches done here in Nigeria about Udara/Agbalumo leaf carried out on rats showed two possible medicinal uses: It could serve as a natural source of antioxidant booster to remove free radicals from oxidative stress disorders, and its leaf extract contains low levels of blood glucose to treat diabetes. (https://steemit.com/fruit/@bimijay/facts-about-udara-agbalumo-african-star-apple)

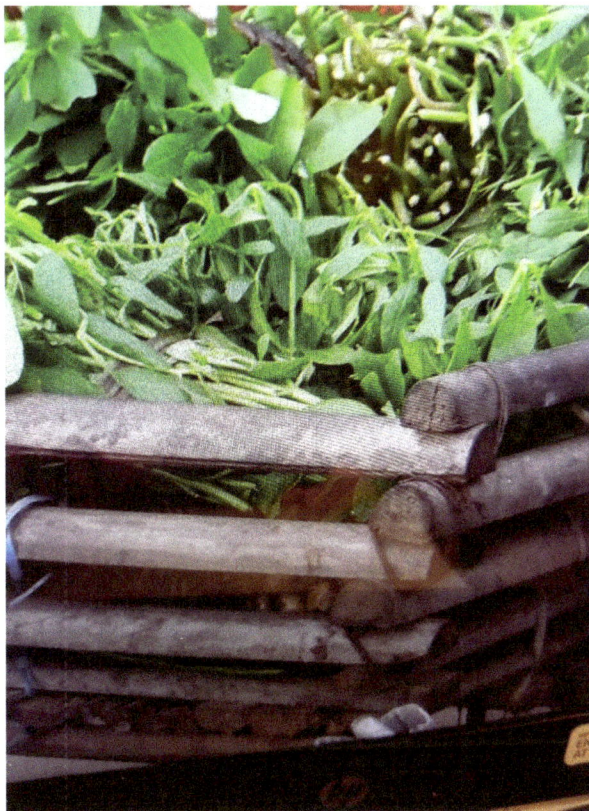

MGBỌRỌDỊ IGBO NA ENYERE AHỤ AKA YA CHỤFUO ỤMỤ MPỌNKPỌ ỌRỊA DỊ NA ICHE NA ICHE YA NA ỌRỊA NA EGBU MMADỤ. PURSLINE fortifies the immune system and helps to fight diseases. MGBỌRỌDỊ IGBO FROM ỤMỤEZEARỌ OR ỤMỤEZEARỌDỊ URUALLA

OSHISHI NKWỤ, palm tree from ỤMỤEZEARỌ or ỤMỤEZEARỌDỊ URUALLA. NDỊ URUALLA NA-EKWU NA OSHISHI NKWỤ BỤ OSHISHI NA AMỊ EGO.

AKWỤ IGBO. OSHISHI NKWỤ MỊRỊ ỤMKPỤRỤ AKWỤ. AKWỤ JUPUTERE NA KARATUFUO NA ACHỤ ỌRỊA NJANWỤ. palm nuts are loaded with carotene that obliterates the free radical cancer killers. AKWỤ FROM ỤMỤEZEARỌ OR ỤMỤEZEARỌDỊ URUALLA.

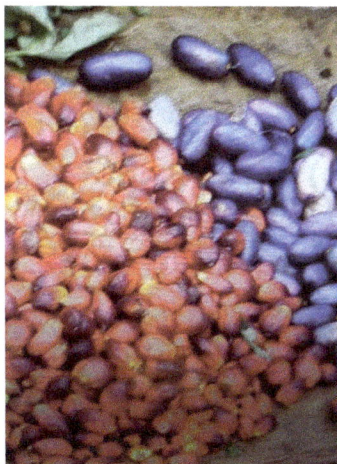

OSHISHI NKWỤ MỊRỊ ỤMKPỤRỤ AKWỤ. UBE NA NKWỤ SI NA ALA IGBO NA EDOZI AHỤ NA ENYEKWA NDỤ. AKWỤ NA UBE FROM ỤMỤEZEARỌ OR ỤMỤEZEARỌDỊ URUALLA.

(Photo credits: ỌHA LEAVES, ỤZỊZA LEAVES AND OGIRI ABOVE https://hubpages.com/food/How-to-make-a-Nigerian-delicacy-the-Oha-Soup)

OFE ỌHA
(Photocredit:https://hubpages.com/food/How-to-make-a-Nige
rian-delicacy-the-Oha-Soup)

UKWU OSHISHI ỌRJỊ IGBO. Kola Nut Tree from
OKOROBI URUALLA.

OGBE ỌRJỊ IGBO. Kola Nuts Inside the Pods. Kola Nut Pods from OKOROBI URUALLA.

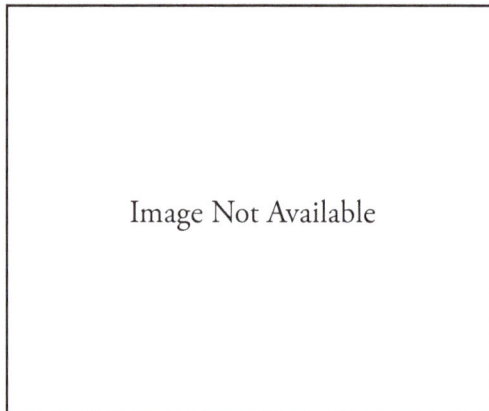

Image Not Available

ỌJỊ IGBO.

His Royal Highness King EzeUrualla Edwin Ekwosu Ezeanyika, the Okosisi III performed the traditional Igbo breaking of the Igbo kola nut.

ỌJỊ IGBO

Ọjị Abịna O! O! Onye Wetere Ọjị Wetere Ndụ

Chineke/Chukwu Abịama/Elohim/Yahweh/God *taa ọjị a waghị awa na ogbe*

Ndị Ichie/Ishie Igbo, Ala Igbo, Ikenga/Ọfọr Igbo bịa kwụdoro Igbo maka ọjị abịna Ọjị Eze Dị Eze Na Aka

Ndị Igbo/the Igbo people *Na Ata Ọjị A Wara Awa Na Ibe Na Ibe*

Ndị Igbo/the Igbo people *Asụọrọna Ndị Mmadụ Nili Nọ Uwa Ọjị O! O!*

Ya Gazie O! O! ISEEEEEEEE!!!!!!!!OOOOOOOO!!!!!!!!

King EzeUrualla Edwin Ekwosụ Ezeanyịka. The Okosisi III is the current paramount ruler of Urualla in the Ideato local government area of Imo Owerri Province in the Aro Kingdom of West Africa (WA) from 1989 till present. King EzeUrualla Okosisi III is Princess Royal Akụefete, Igbochidonkechinyeregị, Imemụrụọha, Nne, Kechipetronilla, Martina, Tete, Simon-Ebughu, and the author's maternal uncle (MU).

His Royal Highness King EzeUrualla Edwin Ekwosụ Ezeanyịka. The Okosisi III is the current paramount ruler of Urualla in the Ideato local government area of Imo Owerri Province in the Aro Kingdom of West Africa (WA) from 1989 till the present. King EzeUrualla Okosisi III is Princess Royal Akụefete, Igbochidonkechinyeregị, Imemụrụọha, Nne, Kechipetronilla, Martina, Tete, Simon-Ebughu, and the author's maternal uncle (MU). From left: Sibling, Royal Princess Chiebonam, Sabina John Anyaehie. Late Cousin Prince Fabulous Ezeugo. The Monarch King EzeUrualla Edwin Ekwosụ Ezeanyịka. The Okosisi III and Kechi the Author Ụmụezearọ village is located at Urualla, where the direct descendants of Arodi/Arọdị son of Gad, the seventh son of Jakaọbụ/Jacob, currently reside. They were among the group of Jakaọbụ/Jacob's children who relocated from Egypt to settle down at WA in about 1400 BC.

ỌKWỤRỤ EZI MA Ọ BỤ PỌPỌ IGBO. AKWỤRKWỌ ỌKWỤRỤ EZI NA ACHỤ IBA. ỌKWỤRỤ EZI OR PỌPỌ FROM ỤMỤEZEARỌ OR ỤMỤEZEARỌDỊ URUALLA.

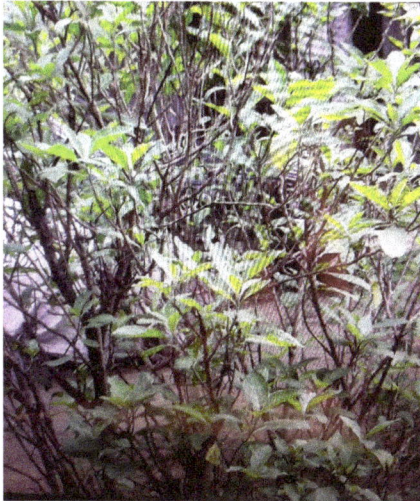

OLUGBU NA ELU ILU.OLUGBU BỤ ỌGWỌ NNỤ ỌRỊA, MA ỌRỊA AFỤ-ERE. Bitter leaves obliterate diseases, and also are a free radical cancer killer. OLUGBU FROM ỤMỤEZEARỌ OR ỤMỤEZEARỌDỊ URUALLA.

OFE OLUGBU NA ELU ILU MA NA ATỌKWA ỤTỌ. OFE OLUGBU BỤ ỌGWỌ NNỤ ỌRỊA. Bitter leaves soup could be bitter and at the same time delicious. Bitter leaves soup cures many diseases.

(Photo credit: OFE ONUGBU https://www.legit.ng/1126082-nigerian-dishes-igbo-traditional-cuisine.html)

ỤGORO MA Ọ BỤ AKỊ ILU. Ọ BỤGHỊ OTU ỤGORO MA Ọ BỤ AKỊ ILU SHI ADA NA-ỌNỤ KA O SHI ATỌ ỤTỌ. ỤGORO MA Ọ BỤ AKỊ ILU SỊRỊ, Ọ BỤ ASỤKWARAWUO AGHARA?. ỤGORO MA Ọ BỤ AKỊ ILU ALA IGBO BỤ ỌGWỌ NNỤ ỌRỊA, NA EDOZIKWA AHỤ, NA ENYEKWA NDỤ. ỤGORO MA Ọ BỤ AKỊ ILU FROM OKOROBI NAỤMỤEZEARỌ OR ỤMỤEZEARỌDỊ URUALLA.

UKWA BEKEE. The breadfruit tree from ỤMỤEZEARỌ or ỤMỤEZEARỌDỊ URUALLA.

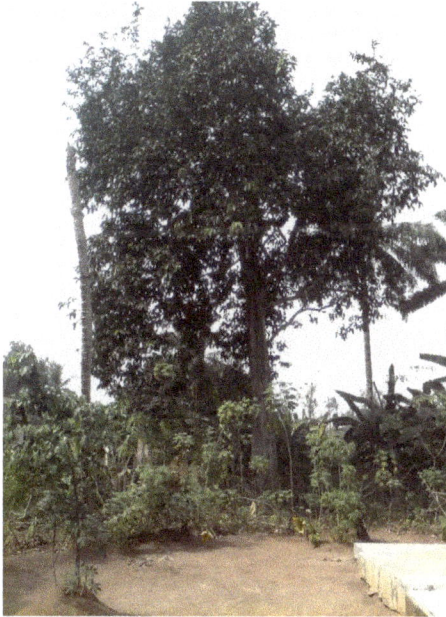

OSHISHI ỤKWA tree from ỤMỤEZEARỌDỊ URUALLA.

ỤKWA fruits that dropped from the ỤKWA tree. Almost fermented and ready to be processed to extract the seeds. ỤKWA seeds are reliable sources of protein.

MKPỤRỤ ỤKWA A GBASARA AGBASA E JI EGHU AHỤ. A NA EJIKWE ỌKA, OGIRI NA ỤKPAKA AGWỌRỊ MKPỤRỤ ỤKWA. AGWỌSA YA NA ERI YA, YA NA ATỌ RỊKPỌỌ. (Husked ỤKWA seeds ready to be cooked and transformed into AHỤ balls. Toss corn, OGIRI, ỤKPAKA, and boiled ỤKWA seeds, and one produces nutritious salad.)

MKPỤRỤ ỤKWA A GBASARA AGBASA GHAKPỌỌ E JI EGHU AHỤ. Ọ BỤ ỤKWA NDỊ AGHAPKỌRỌ AGHAPKỌ KA NDỊ MMABỤ NA EZIGARA IKWU NA IBE HA NDỊ NỌ NA ALA BEKEE. (Dried ỤKWA seeds ready for AHỤ balls. The type of folks who send to their relatives abroad.)

MKPỤRỤ ỤKWA E GHERE EGHE. A NA EZIGAKWARA YA IKWU NA IBE HA NDỊ NỌ NA ALA BEKEE. (Roasted ỤKWA seeds also being shipped to family members abroad).

OSHISHI UNERE ỌSA NA UNERE IKE (Banana and plantain trees) from ỤMỤEZEARỌ OR ỤMỤEZEARỌDỊ URUALLA.

UNERE ỌSA NA UNERE IKE (Banana)

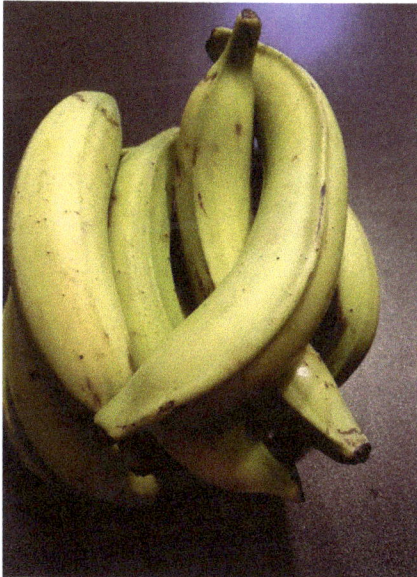

UNERE IKE (Plantain)

CONCLUSION

IGBO is the short version of the full words IGBODOANYA/to persevere, IGBOSHIKWO/to prevent, IGBOCHIDONKECHINYEREGỊ/ to protect what God gave you, and IGBOKWABA/to preserve. Igbo was ordained by Chineke, Chukwu Okike Abịama, Yahweh. The full words of Igbo are the channels of God's recreation of humankind. The words IGBODOANYA/to persevere, IGBOSHIKWO/to prevent, IGBOCHIDONKECHINYEREGỊ/to protect what God gave you, and IGBOKWABA/to preserve are the great four (could also be four great) IGBO (PS) which represent the short version of God's words known as IGBO. The actions of the great four IGBO PS are the sum of all activities that always take place between the sperm and the egg in the fallopian tube during the process of fertilization. This is not the period for blame. This documentation is focused on facts and undiluted truth.

The purpose of the documentation is not to blame the colonial team who coined out "the N-word" slave country named Nigeria, or praise the victims from the southern protectorates who had been dehumanized since 1914. The purpose of the documentation is to bring to the attention of the oppressors that they should cease and desist from abusing the citizens of "the N-word" slave country named Nigeria. The colonial team crushed the indigenes of the southern protectorate, especially Ndị Igbo/Igbo people (whose land had been the solid source of the wealth of the nation) with dehumanized cruelty, unjust exercise of authority and/or power. The oppressed from "the N-word" slave country named Nigeria, on the other hand, must unite, denounce, and off-load the imposed slavery citizenship of the slave country named Nigeria. The coined out "N-word" slave country named Nigeria is nothing but a nation enshrined with the state of opprobrium. The coined out "N-word" slave Nigerian name had negatively impacted (adversely reduced the population of Ndị Igbo/Igbo people) and other indigenes of the southern protectorate since 1914. Ndị Igbo/Igbo people and other indigenes of the southern protectorate must henceforth reject to be labeled or addressed as Nigerians.

Every citizen of "the N-word" slave country named Nigeria (both the oppressor and the oppressed) must engage in a high level of responsible and constructive reasoning that can address the atrocious situation in "the N-word" slave country named Nigeria at this point in time. Nigeria and Niger mean negro, niggard, and slavery. Every citizen of "the N-word" slave country named Nigeria needs to objectively assess and understand the 1884 to 1885 Berlin Conference of the colonial team, Transatlantic Slave Trade, the educated female British journalist "coin expert," and her declaration of "the N-word" slave country named Nigeria in 1914. The amalgamation of the northern and southern protectorates governed by Lord Lugard 1914 was the creation of "the N-word" slave country named Nigeria.

Every citizen of "the N-word" Slave country named Nigeria must understand that he and or she has been enslaved since the abovementioned events till date of this documentation. The British government technically granted "the N-word" slave country named Nigeria her independence on October 1st, 1960. Lord Macaulay, The 1884 to 1885 Berlin Conference of the colonial team, the educated British female journalist and Lord Lugard had sewn their seeds of discord and left. "The N-word" slave country named Nigeria was not negotiable when the educated British female journalist enslaved a nation by coining, fabricating, and dehumanizing every citizen in "the N-word" slave country named Nigeria. Nigeria is not a word from any ethnic language group from "The N-word" slave country named Nigeria. Nigeria means slavery, and the name was unilaterally imposed on the citizens of the coined out slave country. Nigeria, "the N-word" slave country, has never been negotiable. Nigeria, "the N-word" slave country, is not negotiable. Nigeria, "the N-word" slave country, will never been negotiable. Nigeria, "the N-word" slave country, and the non-negotiable aspect of Nigeria is the plot from the colonial/imperial team to enslave the powerful empires/ kingdoms from the southern protectorate, especially the Ndị Igbo/ Igbo people. That plot established for over a hundred years since 1914 was structured by the colonial team to have the citizens of "the N-word" slave country named Nigeria with no choice than to be perpetually enslaved from generation to generation up until the date of this documentation. The colonial team granted the slave citizens of "the N-word" slave country named Nigeria their independence in 1960, yet the colonial team's invisible hands still rule Nigeria as per Lord Macaulay's address to the British Parliament in February 2nd, 1835. The colonial team appeared to have ended their colonization of the citizens of "The N-word" slave country named Nigeria after they left in October 1, 1960.

The citizens of "the N-word" slave country named Nigeria appeared to be currently colonized by the herds that cattle colonized and enslaved both the indigenes and the non-indigenes of the "the N-word" slave country named Nigeria. "The N-word" slave country named Nigeria has now become a nation where cows have rights more than humans. Herds of cattle are valued more than humans. The bill for herds of cattle is also included in the constitution of "the N-word" slave country named Nigeria. Herds of cattle are in the process of technically colonizing, displacing, enslaving, and exterminating humankind. The colonization of "the N-word" slave country named Nigeria from a definite ethnic group of humankind who claimed superiority to the herds of cattle rearers has caused the century-old colonized country to have currently deteriorated to the lowest degree ever. Nothing practically works in that "N-word" slave country named Nigeria.

The beauty of the non-negotiable positive side of "the N-word" Slave country named Nigeria is that the colonial team did not negotiate or involve the indigenes of the northern and southern protectorate when an educated British female journalist fabricated and coined out the derogatory and despicable "N-word" slave name she called Nigeria. It doesn't matter at that era if Lord Macaulay actually informed the British parliament on February 2nd, 1835, that the Indians, Ndị Igbo/Igbo people, as well as other ethnic groups and/or tribes from the southern protectorate have "high moral values, people of such caliber." The colonial team probably had superimposed Lord Macaulay's so-called unsubstantiated account, turned around, rewrote history, and dehumanized the indigenes of the southern protectorate, especially Ndị Igbo/Igbo people. Ndị Igbo/Igbo people had been dehumanized, subjected to hardship (suffering from inhumane treatment and above all, a loss of millions of lives) created by the colonial team even before the amalgamation in January 1914. There was no viable contract between the indigenes of the northern and southern protectorate and the British–educated female journalist in 1914 when she coined out the derogatory "N-word" country named Nigeria and imposed the slavery name to the people of "high moral values, people of such caliber."

There was no contract signed between the colonial team and the indigenes before they perpetually named then slaves and permanently enslaved them in January 1914. There was no contract signed between the colonial team and the indigenes after January 1914 and/or any time after that up to the twenty-first century in the current year of 2018. Therefore, there is no contract to be broken. The non-negotiable positive side of the dehumanized "N-word" country named Nigeria is that all ethnic groups in "the N-word country" named Nigeria have infinite worth known as dignity. All ethnic groups in "the N-word country" named Nigeria have the fundamental human rights to protect and preserve their lives and properties. Every ethnic groups in "the N-Word country" named Nigeria has the right to preserve every culture, food, language, Omenala, Ntọnala Tradition, etc. unique to the group. Ndị Igbo/Igbo people as well as other ethnic groups and/or tribes from the southern protectorate have been negatively defined, annihilated, exterminated, judged, subdued, and trampled by the colonial team since the seventeenth century. The cattle herders have negatively defined, annihilated, exterminated, judged, subdued, and trampled Ndị Igbo/Igbo people as well as other ethnic groups and/or tribes from the southern protectorate since from the so-called independence day in October 1st, 1960, till this twenty-first century. At this point, let nobody *blame* the colonial team or the cattle rearers anymore. The cry in this era is akin to the dynasures. Ndị Igbo/Igbo people as well as other ethnic groups and/or tribes from the southern protectorate are the people enslaving themselves in this twenty-first century in so much as they continue to accept/retain and declare themselves the citizens of the derogatory "N-word" slave country named Nigeria. Ndị Igbo/Igbo people, as well as other ethnic groups and/or tribes from the southern protectorate, are like the elephant chained to the ground for centuries. Ndị Igbo/Igbo people, as well as other ethnic groups and/or tribes from the southern protectorate, were programed to enslave/insult themselves by themselves to themselves each time they affirm, acknowledge, agree, articulate, call, claim, confess, declare, own up, proclaim, pronounce, sign, and write that they are "the N-word" Nigerian. Nigerian means the *dehumanized, derogatory* negro, niggard, nigger, Niger, Nigeria, and above all slavery.

Now, Ndị Igbo/Igbo people as well as other ethnic groups and/or tribes from the southern protectorate *should* get up, unleash their innate strength, break the chain that held them down those past centuries into pieces. Ndị Igbo/Igbo people as well as other ethnic groups and/or tribes from the southern protectorate *must* mash up the chain into shreds. Ndị Igbo/Igbo people as well as other ethnic groups and/or tribes from the southern protectorate *got to* refuse, reject, renounce the citizenship of the coined/fabricated N-word slave country named Nigeria. Ndị Igbo/Igbo people, as well as other ethnic groups and/or tribes from the southern protectorate, have never been slaves before the arrival of the colonial team. Henceforth, Ndị Igbo/Igbo people, as well as other ethnic groups and/or tribes from the southern protectorate or any other part of "the N-word" country named Nigeria, are not slaves. Henceforth, Ndị Igbo/Igbo people will never be slaves again. Ndị Igbo/Igbo people *need* to choose a befitting name that will reflect who they really are. Ndị Igbo/Igbo people should name their country appropriately in their language. Ndị Igbo/Igbo people *must* reclaim, reform, restore, revitalize, revive their subdued powerful empires/kingdoms now or never. Ndị Igbo/Igbo people have *got* to name themselves in their *native languages*.

When enough is more than enough, backlog kicks in. When that happens, red tape is bound to be slashed. Exception to policy and rules *hits* top of the priority line. That is the urgent stage Ndị Igbo/Igbo people are at now. Every citizen from other countries in the entire whole wide world probably, objectively understands the situation. These citizens from other parts of the world are not the citizens of "the N-word" country named Nigeria. The *big question* is, do the presidents and leaders of Nigeria understand the meaning of the country named Nigeria and "the N-word" river Niger. If they did, they would have rejected the coined out name of "the N-word" country named Nigeria in January 1914 and most importantly on October 1ˢᵗ, 1960. Basically, the presidents and the leaders of Nigeria have been celebrating slavery since. Sọ nanị Chineke/Chukwu Okike Abịama/God ga ekpe onye ọbụna ikpe. Amen. All ethnic groups in Nigeria have the ability and the fundamental human right to renounce their citizenship of the fabricated country named Nigeria now or never. It has been more than enough for over one hundred years. Let my people renew and restore the Igbo kingdom. Let my people revive their heritage.

PRAYER FOR NDỊ IGBO, ỤMỤ OBI CHUKWU, NDỊ NA AGARA CHINEKE CHUKWU OKIKE ABỊMA OZI:

His father Zechariah was filled with the Holy Spirit, this prophecy in Luke 1:68–79, The Benedictus/Gospel canticle:

> Blessed be the Lord, the God of Israel, for he has set them free, and he has established for us a saving power in the house of his servant David, just as he proclaimed, by the mouth of his holy prophets from the ancient of times, that he will save us from our enemies and from the hands of *all* those who hate us, and show faithful love to our ancestors, and so keep in mind his holy covenant. This was the oath he swore to our father Abraham, that he would grant us, free from fear, to be delivered from the hands of our enemies, to serve him in holiness and uprightness in his presence, all our days. And you little child, you shall be called Prophet of the Most High, for

you will go before the lord to prepare a way for him, to give his people knowledge of salvation through the forgiveness of their sins, because of faithful love of our God in which the rising Sun has come from on high to visit us, to give light to those who live in darkness and the shadow dark as death, and to guide our feet into the way of peace.

N'ihi, Egbe Bere Ugo Bere Nke Siri Ibe Ya Ebena Nku Ga Akwa Ya. Mgbe Chi Mmadụ Jiri Bọ/Focha/Hosa Bụ Ụtụtụ Ya. Chi Mmadụ Abọla, Efogo, Ehona. Ndị Igbo/Mmadụ Abọla Chi, Abọna Chi, Ebiliela, Ebiliena, Etetego na Ụla Ụra Gbam. Kpọm Kwem.

EJULA (UGBORO ABỤỌ OR TWICE)
ANỤNỤ KPAKỌRỌRỊ KPARA OFE (UGBORO ABỤỌ/ TWICE)
GBASHIE N'ITE ANỤNỤ KPAKỌRỌRỊ KPARA OFE
JI BURU MBE LAWA ANỤNỤ KPAKỌRỌRỊ KPARA OFE

(Photo credit: Mr. Lambo. OFE EJULA NA ỌKỤKỌ NA ATỌ ỤTỌ, NA EDOZIKWA AHỤ)

(Photo credit: Mr. Lambo.)

ỤTARA JI A SỤMARA MMAA. Palatable pounded yams. NA ALA IGBO, NDỊ EZE NA NDỊ BI NA OBI EZE NA ERI NANỊ ỤTARA JI MGBE ỌBỤLA HA CHỌRỌ ILO IHE OLULO. OGARANYA NA NDI BARA ỤBA NA-ERI NANỊ ỤTARA JI MGBE ỌBỤLA HA CHỌRỌ ILO IHE OLULO.

(Photo credit: Mr. Lambo. MMANYỊ NKWỤ NA NGWỌ IGBO)

NDỊ URUALLA JI MMANYỊ NKWỤ ALỤ NWANYỊ MAKA NA NKWỤ GBAA MMANYỊ Ọ NAGHỊ ANWỤ. NGWỌ GBAA MMANYỊ, YA NWỤỌ. URUALLA PERMITS WINE FROM PALM TREE FOR TRADITIONAL MARRIAGE. PALM WINE FROM NGWỌ PALM IS NOT ACCEPTABLE BECAUSE THE NGWỌ PALM DIES AFTER THE WINE IS HARVESTED.

(Photo credit: https://www.nairaland.com/2632578/book-biafra-isreal-photo)

Family Portrait. Third Row: Author Princess Royal Kechi, Prince Peter, Princess Jacqueline. Second Row: Princess Royal Edna, late Prince Simon, Papa, late Princess Royal Magdalene, Mama, Prince Nchoo Baby, Princess Sabina Tordla, late Princess Alice. Standing: Princess Rita, late Prince Chucky, late Cousin Immaculata.

PRAYER FOR NDỊ IGBO, ỤMỤ OBI CHUKWU, NDỊ NA AGARA CHINEKE CHUKWU OKIKE ABỊMA OZI: His father Zechariah was filled with the Holy Spirit, this prophecy in Luke 1:68–79, the Benedictus/Gospel canticle:

> Blessed be the Lord, the God of Israel, for he has set them free, and he has established for us a saving power in the house of his servant David, just as he proclaimed, by the mouth of his holy prophets from the ancient of times, that he will save us from our enemies and from the hands of *all* those who hate us, and show faithful love to our ancestors, and so keep in mind his holy covenant. This was the oath he swore to our father Abraham, that he would grant us, free from fear, to be delivered from the hands of our enemies, to serve him in holiness and uprightness in his presence, all our days. And you little child, you shall be called Prophet of the Most High, for

you will go before the lord to prepare a way for him, to give his people knowledge of salvation through the forgiveness of their sins, because of faithful love of our God in which the rising Sun has come from on high to visit us, to give light to those who live in darkness and the shadow dark as death, and to guide our feet into the way of peace.

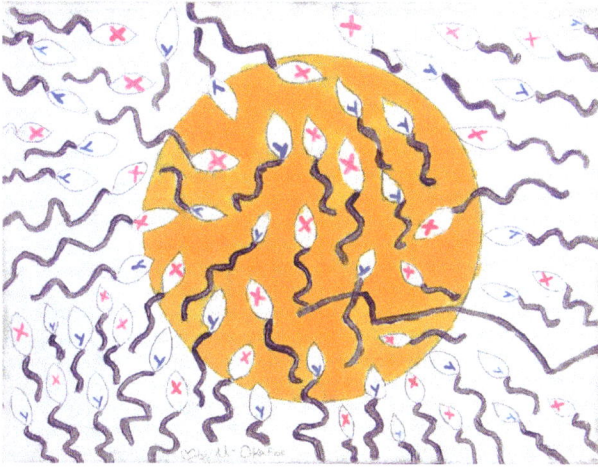

This is the only authentic/genuine human race.

The only real human showing IGBODOANYA, the initiation of the four great Igbo P building actions during fertilization in the fallopian tube. The subsequent actions IGBOSHIKWO, IGBOCHIDONKECHINYEREGỊ, and IGBOKWABA continues until transition of humankind to the glory of Chineke or Chukwu Abịama or God or Elohim or Yahweh. The short form of IGBODOANYA, IGBOSHIKWO, IGBOCHIDONKECHINYEREGỊ, and IGBOKWABA is Igbo. The above champion has prevented other sperms from penetrating the egg. Like the coconut, almost everything about NDỊ IGBO *is extremely valuable*. That is why Chineke, Chukwu Okike Abịama, God, Elohim, Yahweh, made NDỊ IGBO ỤMỤ CHUKWU Gbam. Kpọm Kwem. Ndewoo!

Drawn by Royal Princess Obiamaka Uchenna Obinna-Okafor.

The granddaughter of the Author.
PRAYER FOR NDỊ IGBO, ỤMỤ OBI CHUKWU, NDỊ NA AGARA CHINEKE CHUKWU OKIKE ABỊMA OZI:

His father Zechariah was filled with the Holy Spirit, this prophecy in Luke 1:68–79, the Benedictus/Gospel canticle:

> Blessed be the Lord, the God of Israel, for he has set them free, and he has established for us a saving power in the house of his servant David, just as he proclaimed, by the mouth of his holy prophets from the ancient of times, that he will save us from our enemies and from the hands of *all* those who hate us, and show faithful love to our ancestors, and so keep in mind his holy covenant. This was the oath he swore to our father Abraham, that he would grant us, free from fear, to be delivered from the hands of our enemies, to serve him in holiness and uprightness in his presence, all our days. And you little child, you shall be called Prophet of the Most High, for you will go before the lord to prepare a way for him, to give his people knowledge of salvation through the forgiveness of their sins, because of faithful love of our God in which the rising Sun has come from on high to visit us, to give light to those who live in darkness and the shadow dark as death, and to guide our feet into the way of peace.

ỤKWỤỌBA (PINEAPPLE).

ỤGỤ AKWỤKWỌ NRI E JI ETE OFE. (Fluted Pumpkin Leaves)

(Telfairira occidentalis) Vegetable. The amazing health benefits of ỤGỤ leaves (*Telfairia Occidentalis*).

This tropical vine known as *Telfairia occidentalis* is well grown in West Africa as a leaf vegetable and also for its edible seed. It belongs to a member of the Curcurbitaceae *family* and is indigenous to southern Nigeria. Ugu is mostly cultivated in Nigeria by the southeastern Nigeria, and widely distributed among the Igbo-speaking people, particularly in Imo state. It is mainly used in soups and herbal medicines. The seed produced by the gourd are high in protein and fat, and can therefore contribute to a well-balanced diet. It is widely cultivated in west and central Africa (Benin, Cameroon, Nigeria, Sierra Leone, Angola, and up to Uganda in east Africa). It is called *ugu* by the Igbos, *ugwu* by the Yorubas, and *ekobon* by the Cameroonians.

Considered an "oil seed," the fluted gourd is high in oil (30 percent). The shoots of *T. occidentalis* contain high levels of potassium and iron, while seeds are composed of 27 percent crude proteins and 53 percent fats. The leaves contain a high amount of antioxidants and hepatoprotective and antimicrobial properties.

(Photo credits: https://www.thenaturesfarmacy.com/health-bene fits-of-ugu-leaf-telfairia-occidentalis/)

ỤGỤ; AKWỤKWỌ NRI ỤGỤ A KPỌCHURU AKPỌCHU (sautéed ỤGỤ leaves).

(Photo credit: https://www.eatingnigerian.com/sauteed-fluted-pumpkin-leaves-with-onions-ugu/)

OFE ỤGỤ; (ỤGỤ SOUP). (Photo credit: http://obindigbo.com.ng/2014/11/food-preparing-ugu-soup-igbo-style/)

AKWỤKWỌ NRI ỤGBỌGỤRỤ (ỤGBỌGỤRỤ vegetable)
(Photo credit: https://www.africanbites.com/pumpkin-leavesugu-soup/)

OFE ỤGBỌGỤRỤ (ỤGBỌGỤRỤ SOUP) AKWỤKWỌ UGỤ AKWỤKWỌ

(Photo credit: https://www.africanbites.com/pumpkin-leavesugu-soup/)

REFERENCES

Photo credit: http://www.dcstamps.com/southern-nigeria-protec torate/

Credit: https://dictionary.cambridge.org/us/dictionary/english/protectorat

Photo credit: https://biafrandotorg.files.wordpress.com/2015/08/snc.jpg 03/18/2018

http://www2.oakland.edu/biology/lindemann/faq.htm

http://www2.oakland.edu/biology/lindemann/spermfacts.htm

http://www2.oakland.edu/biology/lindemann/spermfacts.htm

(International Journal of Sociology and Social Policy 1999, 19:¾:22-36 in press) https://www.princeton.edu/~prolife/articles/wdhbb.html 02/19/2018

https://en.wikipedia.org/wiki/Human_fertilization 02/19/2018

https://www.merriam-webster.com/dictionary/fertilization

//www.facebook.com/Omnipotent-Omnipresent-Omniscient-God-232405093457294/ https://www.medicinenet.com/script/main/art.asp?articlekey=3090

https://en.wikipedia.org/wiki/Frederick_Lugard,_1st_Baron_Lugard#cite_note-LG27261-18

http://www.dictionary.com/browse/niggard

https://www.poynter.org/news/how-cnn-documented-human-slave-auctions

Wilberforce Speech to the House of Commons 1789 (206.5 KB)

Photo Credit: http://abolition.e2bn.org/people_24.html

http://www.dictionary.com/browse/niggard

https://en.wikipedia.org/wiki/Nigerians

https://en.wikipedia.org/wiki/Languages_of_Nigeria

https://en.wikipedia.org/wiki/Languages_of_Nigeria

http://www.dictionary.com/browse/niggard

Photo Credit: http://www.dcstamps.com/southern-nigeria-protectorate/

africanworldforum@googlegroups.com

http://www.genecards.org/cgi-bin/carddisp.pl?gene=ADAM17

http://popular-archaeology.com/issue/june-2013/article/researchers-shed-new-light-on-genetic-adam-and-eve

https://www.nairaland.com/2632578/book-biafra-isreal-photo

https://www.ncbi.nlm.nih.gov/gene/102

https://www.reference.com/science/genetic-code-10a22647ab463e9b?aq=genetic+code&qo=cdpArticles

https://www.istockphoto.com/photo/summer-holidays-with-great-friends-gm470747135-35285884

https://www.istockphoto.com/photo/double-dating-is-awesome-gm474199977-35385282

//www.facebook.com/Omnipotent-Omnipresent-Omniscient-God-232405093457294/

https://www.medicinenet.com/script/main/art.asp?articlekey=3090

The New Jerusalem Bible: Doubleday 1990.

ORAL TRADITIONAL INFORMATION FROM MGM

ORAL TRADITIONAL INFORMATION FROM PGM

ORAL TRADITIONAL INFORMATION FROM MU

ORAL TRADITIONAL INFORMATION FROM PU

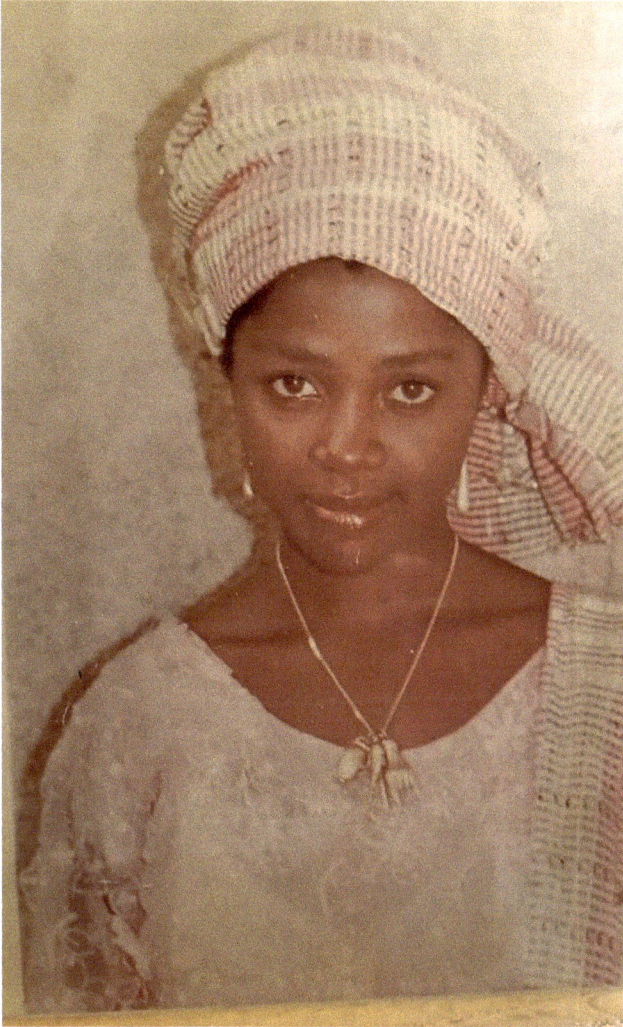

Princess Akụefete, Igbochidonkechinyeregị, Imemụrụọha, Kechipetronilla, Martina, Nne, Tete Simon-Ebughu. The Author of Igbo Is The Human Race.

Princess Akụefete, Igbochidonkechinyeregị, Imemụrụọha, Kechipetronilla, Martina, Nne, Tete Simon-Ebughu and the Author of Igbo Is The Human Race.

Princess Akụefete, Igbochidonkechinyeregị, Imemụrụọha, Kechipetronilla, Martina, Nne, Tete Simon-Ebughu. The Author of Igbo Is The Human Race.

Dr. Ursula-Pearl Nwabueze the Daughter of Princess
Akụefete, Igbochidonkechinyeregị, Imemụrụọha,
Kechipetronilla, Martina, Nne, Tete Simon-Ebughu.
TheAuthor of Igbo Is The Human Race.

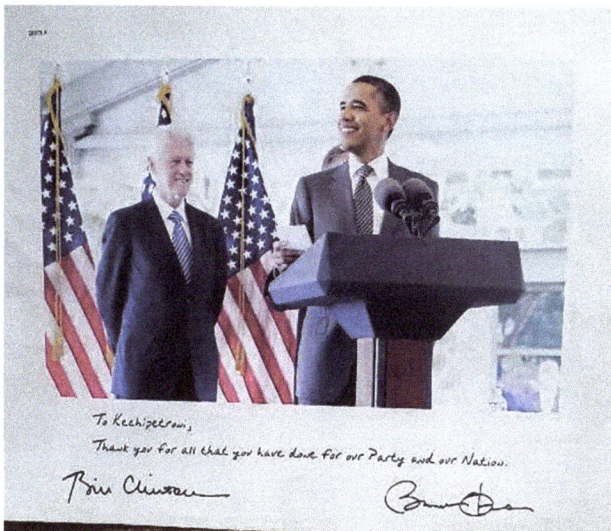

To Kechipetrom,

Thank you for all that you have done for our Party and our Nation.

Bill Clinton   *Barack Obama*

To Kechipetroni Simonebughu,

Thank you for your support and friendship. I hope I can continue to count on you as we work toward achieving the change our nation needs.

Barack Obama

President Barack Obama

To Kechipetroni,

On behalf of Bo and myself, please accept our gratitude and thanks for your leadership and support at this critical juncture in American history.

Bo 🐾

Second from the left is Princess Akụefete,
Igbochidonkechinyeregị, Imemụrụọha, Kechipetronilla,
Martina, Nne, Tete Simon-Ebughu and the Author of Igbo
Is The Human Race. Third from the left is Late Reverend
Monsignor James Hunt. In the center is Late New York
City Mayor Ed Koch. The little Girl in front of the Mayor
is Dr. Ursula-Pearl Nwabueze Kechi's Daughter.

Princess Akụefete, Igbochidonkechinyeregị, Imemụrụọha,
Kechipetronilla, Martina, Nne, Tete Simon-Ebughu
and the Author of Igbo Is The Human Race. Late
Reverend Monsignor James Hunt. Dr. Ursula-Pearl
Nwabueze during her First Holy Communion.

This is the picture of my Greatgrandmother which is up to two hundred years old.

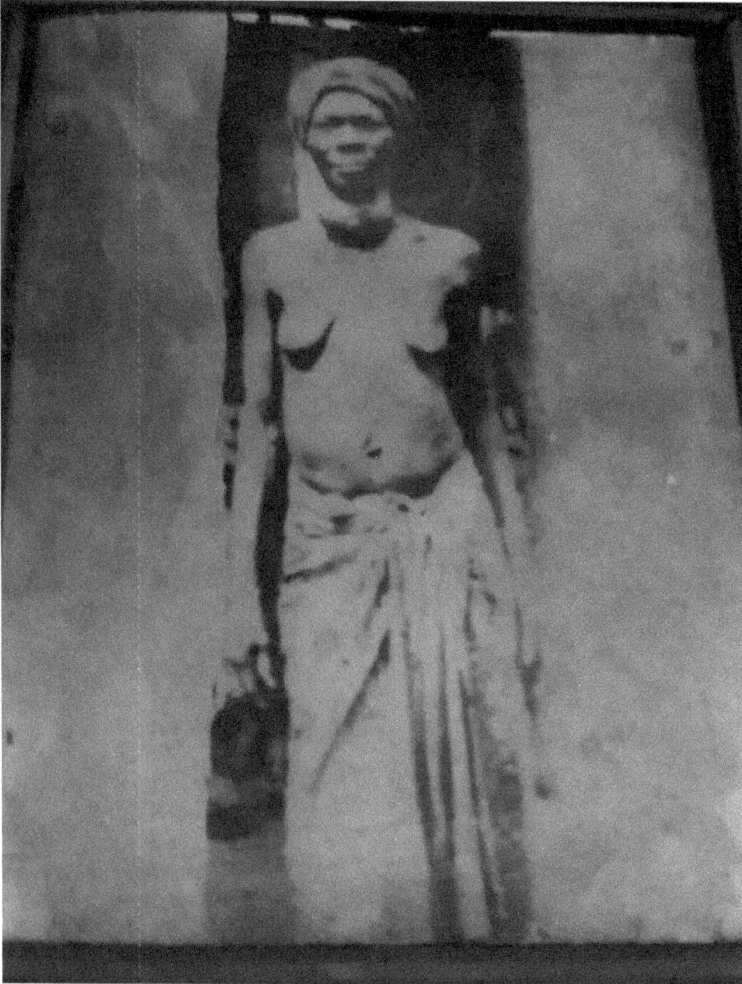

Her Royal Highness (HRH) Queen Lọlọ, Nnenwebi, Ojembaenweiro, Ọrjiugo, Ugosapụrụasaụ (Nee Ugwu) Ezeanyịka.

Queen Nnenwebi was the biological mother of His Royal Highness; King Ezeugo Ezeanyịka Okosisi 1 of Urualla in the Ideatọ local govenment area of Imo Owerri Province in the Eastern Region of the Arọ Kingdom located at the geographical area of West Africa.

Queen Nnenwebi was the Greatgrandmother of Princess Akụefete, Igbochidonkechinyeregị, Imemụrụọha, Kechipetronilla, Martina, Nne, Tete, Simon-Ebughu, the author of Igbo Is The Human Race.

Queen Nnenwebi was born sometime around1862. She expired few years after the death of her son HRH King Ezeugo Ezeanyịka The Okosisi 1 of Urualla in 1948.

King Ezeugo Ezeanyịka Okosisi 1 (who ruled Urualla from 1909 to 1948) was the Author's Maternal grandfather (MGF) of Princess Akụefete, Igbochidonkechinyeregị, Imemụrụọha, Kechipetronilla, Martina, Nne, Tete Simon-Ebughu and the Author of Igbo Is The Human Race.

Urualla is located at the Ideato local government area of Imo Owerri Province, in the Arọ Kingdom of West Africa (WA).

Ụmụezearọ village is located at Urualla where the direct descendants of Arodi/Arọdị son of Gad, the seventh son of Jakaọbụ/Jacob currently reside. They were among the group of Jakaọbụ/Jacob's children who relocated from Egypt and settled down at that area in WA in about 1400 B.C.

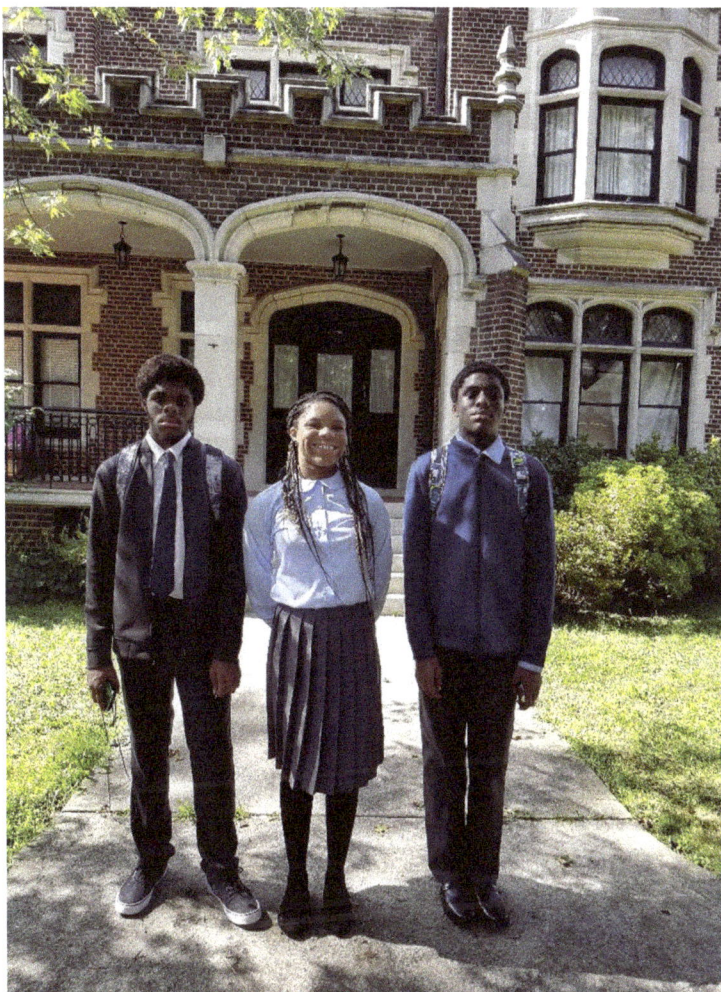

From left to Right: Obishirike Ọrjịakọr Uchenna-Okafọr, Obiamaka Uchenna Obinna-Okafọr, Ọfọrnweze Omemgbeoji Uchenna-Okafọr are the grandchildren of Princess Akụefete, Igbochidonkechinyeregị, Imemụrụọha, Kechipetronilla, Martina, Nne, Tete, Simon-Ebughu. The author of Igbo Is The Human Race.

Lieutenant Precious-Mary Elias's First salute when she was
Commissioned in June 2016 at New York city USA.
Lieutenant Precious-Mary Elias is the baby daughter of
Princess Akụefete, Igbochidonkechinyeregị, Imemụrụọha,
Kechipetronilla, Martina, Nne, Tete, Simon-Ebughu,
the author of Igbo Is The Human Race.

PHOTO CREDIT: BOOK ON BIAFRA AND
ISREAL (PHOTO) - POLITICS - NIGERIA

ONE OF THE PROOF' THAT BIAFRA
EXISTED IN THE ANCIENT TIMES.

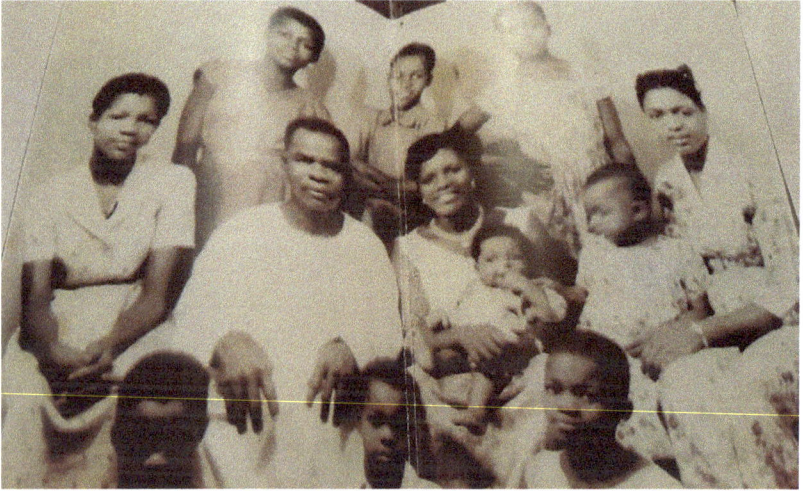

FAMILY PORTRAIT.
Third Row:
The Author Princess Kechi, Prince Peter Onyee,
Princess Jacqueline Kanayo Adukpo-Egi.
Second Row:
Princess Royal Edna Maduako, late Prince Simon, Papa, late
Princess Royal Magdalene, Mama, Prince Nchoo the Baby,
Princess Sabina Linda John-Anyaehie the Toddler holding
baby Prince Nchoo, late Princess Alice Ezeugo Nawabueze.
Standing:
Princess Rita Ego Arinze, late Prince
Chucky, late Cousin Immaculata.

Late Most Reverend Bishop Thomas V. Daily,
the Author's Spiritual Father.
Princess Precious-Mary Elias, the Author's daughter.
Princess Akụefete, Igbochidonkechinyeregị, Imemụrụọha,
Kechipetronilla, Martina, Nne, Tete Simon-Ebughu,
the Author of Igbo Is The Human Race.

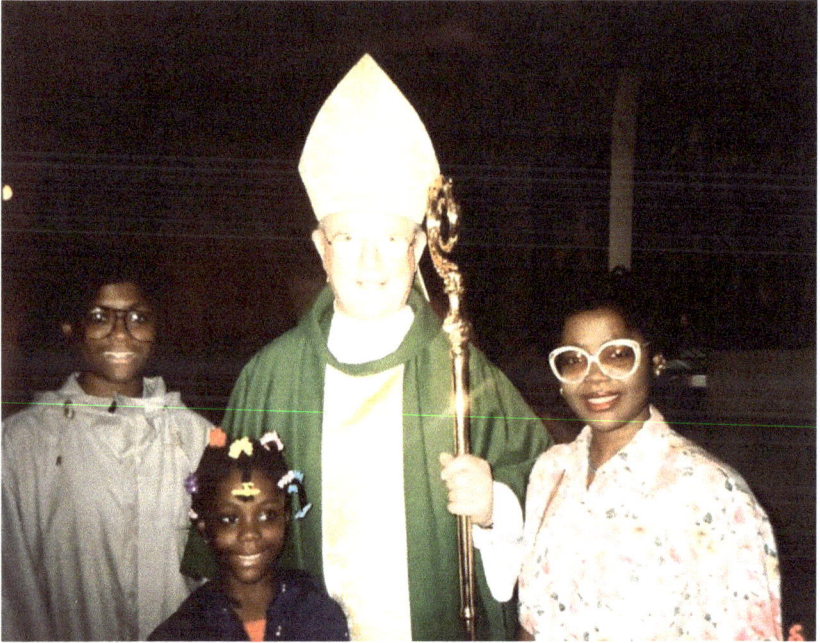

Princess Ursula-Pearl Nwabueze, the Author's daughter.
Late Most Reverend Bishop Thomas V.
Daily, the Author's Spiritual Father.
Princess Akụefete, Igbochidonkechinyeregị, Imemụrụọha,
Kechipetronilla, Martina, Nne, Tete Simon-Ebughu,
the Author of Igbo Is The Human Race.
Princess Precious-Mary Elias, the Author's daughter.

Princess Kechipetronilla, Martina,
Nne Ntete, Tete Simon-Ebughu.
The Author of Igbo Is The Human Race

Princess Kechipetronilla (Kechi) Martina Simon-Ebughu was born into the lineage of royalty in Urualla Ideato local government area of Imo, Owerri Province in the Arọ Kingdom of West Africa (WA) on March 28th, 1958. Princess Kechi is a native of Ụmụezearọ village at Urualla where the direct descendants of Arodi/Arọdị son of Gad/Gadị, the seventh son of Jacob/Jakaọbụ currently reside. Ụmụezearọ people were among the group of Jacob's/Jakaọbụ's children who relocated from Egypt and settled down in West Africa at about 1400 BC. Princess Kechi is one of the biological fourteen children, Seven Princes and Seven Princesses of Princess Magdalene Lọlọ Ezibụakụ

Ezeugo bore for Prince Simon Ọrjịakọ Simon-Ebughu, who was a Catholic School Teacher.

Princess Kechi earned multiple university degrees which include liberal arts/sciences, bachelor of science in accounting, masters in political science/economics and nursing. Princess Kechi made several dean's lists, received the Phillips Lomax Memorial Award for Academic Excellence from the City University of New York (CUNY). Princess Kechi was a member of the late mayor of New York Ed Koch's Talent Bank. Princess Kechi served the society in her professional carrier as a deputy director for HIV Prevention at the South Brooklyn Health Center in New York. Princess Kechi was also employed by the city of New York, the Adminisration for Children's Services, in August 15, 1988. She served the low-income group of children for twenty-eight years before she retired in March 12th, 2018, as a child protective specialist supervisor.

Princess Kechi has two daughters, Ursula-Pearl Uchenna Nwabueze and Precious-Mary Kechijioke Elias. Ursula, who is a physician (DPM), also earned seven university degrees which include but are not limited to bachelor of science in biology, bachelor of science in nursing, masters in public health, and masters in nurse education. Ursula-Pearl is an adjunct professor with CUNY and a nurse educator at a hospital in Brooklyn, New York. She is currently working on her academic doctorate degree at Columbia University in New York. Precious-Mary Elias, the author's baby, has multiple college degrees which include but are not limited to a bachelor of science in mathematics and a master of science in math education from Brooklyn College CUNY. Precious-Mary Elias is currently a first lieutenant in the US military. Princess Kechi has three grand-children from Ursula-Pearl, two grandsons, Obi Boy and Ofor, and one granddaughter Obi Girl. The three grandchildren are currently attending high school.

Princess Kechi and her family immigrated to New York City about forty years ago. The members of the Urualla royal family became active members of Saint Peter Claver (SPC) Parish in Brooklyn, New York. Princess Kechi served her new community as a board member of the Clever/Elim Housing Corporation, president of the Claver Sodality of the National Council for Catholic Women, member of the SPC League of Sacred Heart, and a member of the parish choir. Princess Kechi actively engaged in her parish ministry by serving as an extraordinary minister of the blessed Eucharistic sacrament. The late bishop, Most Reverend Thomas V. Daily, conferred Princess Kechi with the honor of Woman of the Year in 1994. During most Migration Day celebrations and the Marian pilgrimages to the National Shrine in Washington, DC, Princess Kechi usually participates with other ethnic groups in leading with the recitation of the rosary in her native Igbo language. Princess Kechi also led with the recitation of the rosary in the Igbo language during the departure ceremony of the Holy Father, Pope Benedict XVI, at JFK in April 2008.

Princess Kechi is not frugal with her talents. She has always been the annual member of the court of honor of the Bishop's Annual Catholic Appeal in the diocese of Brooklyn and Queens, New York, for many years. Princess Kechi was appointed as an honorary member of President Barack Obama's "kitchen cabinet" on August 3rd, 2009.

CPSIA information can be obtained
at www.ICGtesting.com
Printed in the USA
BVHW051522191219
566393BV00003B/8/P

9 781645 157809